사회복지 슈퍼비전의 이해와 활용

– 교육복지 현장을 중심으로 –

홍순혜 · 조성심 · 안정선 · 방진희 · 엄경남

KNOWLEDGE COMMUNITY 공동체

Preface

3년 전 여름, 학교 현장 사회복지사로 일하는 저자 지인들이 친목도모 겸 정보교류 차원에서 모임을 가진 적이 있다. 거기서 오간 수많은 이야기들 중 "학교 실무자들이 소진하고 있다. 현장을 떠나고 싶어한다. 학생들을 제대로 도와주고 있는지 확신이 없다…"와 같은 말들이 모임 후에도 저자들의 뇌리에서 떠나지 않았다.

그로부터 6개월 후 서울여자대학교 교육복지연구센터 프로그램으로 '교육복지 현장 실무자 슈퍼바이저 양성과정'이 생겨나게 되었다. 그렇게 많은 학교 현장 실무자들이 소진하고 있고 자신들의 일에 확신이 부족하다면, 이들을 정서적으로 지지해 주고 교육적 · 행정적으로 도와줄 수 있는 전문가가 필요하지 않을까? 그런 전문가가 있다면 실무자들의 역량이 강화되어 맡은 학생들을 보다 더 소신 있게, 그리고 효과적으로 도울 수 있지 않을까? 현재 소진해 있는 경험 많은 실무자들이 교육과 훈련을 통해 재충전되어 슈퍼바이저로 거듭날 수 있다면 도움을 필요로 하는 신참 실무자들에게 좋은 자원이 되고 지원군이 될 수 있지 않을까? 그런 생각을 하게 되었다.

우리 교육 현장에서 학교사회복지가 실천된 지 15여 년, 교육복지는 10년이 넘었다. 하지만 학교사회복지, 교육복지 슈퍼비전 체계는 매우 미흡한 상태였다. 학교사회복지사 자격제도가 도입되면서 자격유지 조건으로 일정 시간 슈퍼비전을 받을 것을 명시했지만, 슈퍼비전을 줄 수 있는 슈퍼바이저의 부족, 슈퍼비전에 대한 교육청, 학교, 실무자의 이해 부족, 슈퍼비전을 인정해 주고 지원해 줄 수 있는 체계의 부족 등으로 슈퍼비전 조건은 유명무실해졌다. 이런 상황에서 교육복지 현장 슈퍼바이저 양성과정이 시작되었다.

이 교육과정 도입 이후 학교 현장이 조금씩 바뀌어가고 있다. 교육청의 프로젝트조정자, 지역사회교육전문가, 학교사회복지사들이 슈퍼비전의 필요성을 인식하기 시작했고, 시 · 도 또는 지역 교육청 차원에서 슈퍼비전 체계를 만들려는 노력이 가시화되고 있다. 이러한 변화에 교육복지 현장 실무자 슈퍼바이저 양성과정이 조금이나마 보탬이 되지 않았나 싶다.

지금 내놓은 바로 이 한 권의 책 '사회복지 슈퍼비전의 이해와 활용 : 교육복지 현장을 중심으로'가 이 양성과정의 결실이자 이 과정을 이끈 동력이다. 이 책은 5명의 저자가 각자 집필하여 한 권으로 모양새만 엮은 그런 책이 아니다. 수없이 많은 저자회의, 실무자 간담회, 양성과정을 진행하면서 만난 많은 실무자들의 의견들, 실무자 대상 욕구조사 등을 통해 만들어진 오랜 연구결과이다. 이 책의 내용 개발과정과, 교육내용을 활용한 슈퍼비전 교육이 슈퍼바이저의 역량강화에 얼마나 기여할 수 있는지에 대한 효과성이 곧 학술지에 게재될 예정이다. 책의 내용 개발과 유용성에 대해 관심 있는 독자는 차후 학술지를 참고하면 좋을 것 같다.

이 책의 처음 집필의도는 경험이 많은 교육복지 현장 실무자를 슈퍼바이저로 양성하는 데 도움을 주기 위한 것이었기 때문에 사례나 슈퍼비전 실제가 교육복지 현장을 중심으로 되어 있다. 하지만 사회복지 슈퍼비전 전반에 대해서도 다루고 있기 때문에 사회복지의 다양한 분야 실무자들에게도 도움이 된다. 시중에 사회복지 슈퍼비전에 대한 개론서가 몇 권 출간되어 있지만, 개별개입, 집단개입, 사례관리, 지역사회 네트워크, 프로그램 개발 및 평가와 같이 사회복지의 핵심적 공통 서비스 분야별 슈퍼비전을 다루고 있는 책은 거의 없다. 이 책은 이런 다양한 서비스에 대한 슈퍼비전을 강조하고 있을 뿐만 아니라 분야별 슈퍼비전에서 간과해서는 안 되는 핵심 포인트들을 꼼꼼히 다루고 있기 때문에 사회복지 전 분야의 실무자들에게도 도움이 될 수 있을 것으로 생각된다.

이 책은 실무경험이 많아 슈퍼바이저로 활동하고자 하는 사람들뿐만 아니라 실무경험이 부족하여 슈퍼비전을 받아야 하는 초임 실무자들에게도 유용하다. 슈퍼바이저들이 알고 슈퍼비전 주어야 할 내용들을 슈퍼바이지들이 미리 알고 있다면, 정신적으로 소진하지 않으면서도 클라이언트에게보다 효과적으로 서비스를 전달할 수 있을 것이다.

또한 아직 대학 현장에서 사회복지를 배우고 있는 학생들에게도 유익하다. 슈퍼비전은 실무자의 직무와 직접 관련성이 있으므로, 이 책은 실무자가 현장에서 제공해야 하는 다양한 사회복지 핵심 서비스들을 제대로 전달하는 방법들을 단계별로 자세히 설명하고 있다. 따라서 대학 수업의 부교재나 참고도서로도 활용 가능할 것이다.

다양한 대상을 위한 활용 가능성에도 불구하고 이 책으로부터 가장 큰 도움을 받을 수 있는 집단은 학교 현장에서 사회복지를 실천하고 있는 프로젝트조정자, 지역사회교육전문가, 학교사회복지사일 것이다. 특히 학교 현장 슈퍼바이저로 활동하고자 하는 사람은 이 책의 PART 3 '학교 내 사회복지실천가 대상 슈퍼비전 과정'을 통해 월별로 어떤 내용의 슈퍼비전을 제공하면 좋을 지에 대한 구체적인 정보도 접할 수 있다.

이 책은 교육복지 현장 슈퍼비전에 대한 선행연구나 참고도서가 매우 미흡한 상황에서 저자들의 교육 및 실무경험, 그리고 여러 차례의 슈퍼바이저 교육에 참여했던 실무자들의 조언을 중심으로 완성되었기 때문에, 연구의 결과물이면서 동시에 과정물이라고 할 수 있다. 따라서 저자들은 앞으로 이 책을 기반으로 실제 교육복지 현장 슈퍼바이저로 활동하게 될 많은 실무자들의 경험과 의견에 더욱 귀 기울이고자 한다. 그들의 목소리를 통해 책의 내용이 보다 더 발전할 수 있기를 기대하며, 그동안 교육복지 현장 슈퍼바이저 양성과정을 통해 의견을 준 많은 실무자들에게 깊은 감사를 보낸다. 이 한 권의 책이 우리나라 사회복지 슈퍼비전의 활성화와 실무자들의 역량 강화, 궁극적으로는 클라이언트에게 보다 질 좋은 서비스를 제공하는 데 기여할 수 있기를 기대한다.

2014년 10월

저자 일동

Contents

Part 1 서론

1. 사회복지 슈퍼비전의 필요성
2. 학교 현장의 특수성과 슈퍼비전의 중요성

1. 사회복지 슈퍼비전의 필요성

사회복지 슈퍼비전이란 클라이언트에게 최선의 서비스를 제공하기 위하여 중간관리자나 경험이 많은 선임자인 슈퍼바이저가 일선 실천가인 슈퍼바이지에게 긍정적인 슈퍼비전 관계 속에서 특정 세팅이나 상황의 고유한 특성을 고려하면서 그 세팅의 정책과 절차에 따라 행정적 · 교육적 · 지지적 기능을 수행하는 것이다(김융일 · 양옥경, 2004). 사회복지 슈퍼비전의 1차적인 목적이 클라이언트에게 최선의 서비스를 제공하는 것이라는 점에서 볼 때 서비스를 제공하는 기관이나 실무자들에게 슈퍼비전은 서비스의 질적 제고를 위해 꼭 필요한 기능이라고 할 수 있다.

사회복지 슈퍼비전의 필요성이 강조되는 이유를 보다 자세히 살펴보면 다음과 같다.

첫째, 사회복지 현장의 환경은 계속 변화하고 있다. 다양하고 심각한 문제를 가진 클라이언트들이 증가하고 있고, 전에 경험해 보지 못한 새로운 유형의 문제들이 지속적으로 발생하고 있기 때문에 이에 대처하기 위해 사회복지사들은 다양한 문제영역과 대상에 대한 풍부한 지식과 개입기술들을 갖추어야 할 필요가 있다. 따라서 슈퍼비전을 통해 사회복지사들의 전문적 역량을 강화하고 자기효능감을 강화시키는 작업이 필요하다. 이는 직무에 대한 만족을 향상시키고 직무 스트레스를 줄여줄 수 있다.

둘째, 사회복지실무자들은 다양한 기관에서 휴먼서비스를 제공하는 타 전문가들과 함께 일하는 경우들이 많다. 휴먼서비스의 제공은 한 인간에 대한 전인적(holistic) 접근을 지향하기 때문에 전문영역별로 서비스를 정확히 구분하여 제공하기 쉽지 않다. 그러다 보면 다양한 전문직들 간의 역할갈등 또는 전문직 정체성 혼란을 경험할 수 있다.

셋째, 사회복지실천은 일반적으로 공적 자금의 지원을 받게 되는데, 이 경우

사회복지사의 의사결정을 통해서 클라이언트에게 자원이 할당된다. 따라서 클라이언트에게 서비스를 효율적 · 효과적으로 전달했는지를 객관적으로 보여주어야 하는 책무성 이행이 사회복지사들에게 강조된다. 이와 같은 목적 달성을 위해 전문가 또는 전문가 집단에 대한 관리와 감독을 필요로 한다.

넷째, 사회복지실천은 업무의 특수성으로 인해 윤리적 딜레마 상황을 자주 경험할 수 있다. 이런 문제의 해결을 위해서 선임자의 풍부한 경험과 지식이 도움을 줄 수 있다. 또한 사회복지사의 실천이 윤리적으로 적절했는지에 대한 지속적인 모니터링도 필요하다.

마지막으로 사회복지실천은 그 개입의 효과성을 예측하기 쉽지 않을 뿐만 아니라 복잡하고 심각한 문제를 가진 클라이언트를 다뤄야 할 경우 사회복지사 자신이 정서적으로 소진할 수 있는 가능성이 많기 때문에 지속적인 정서적 지지가 필요하다.

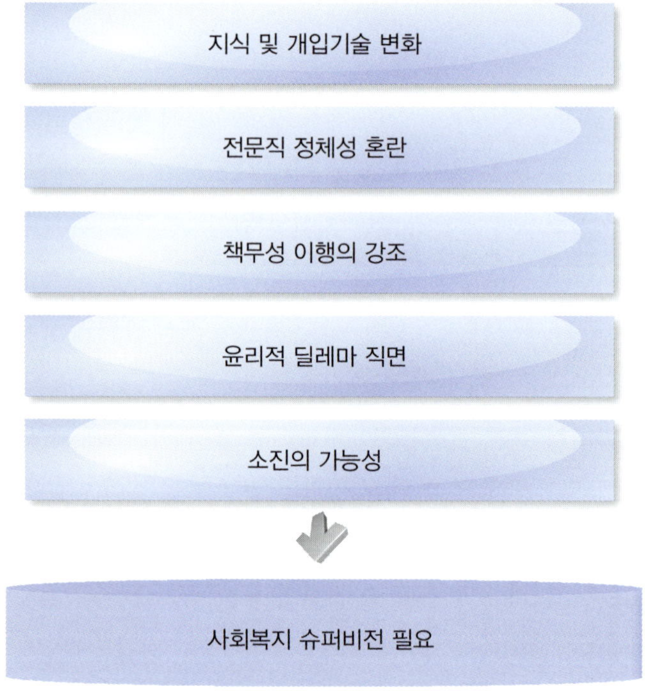

|그림 1| 사회복지 슈퍼비전이 필요한 이유

2. 학교 현장 사회복지의 특수성과 슈퍼비전의 중요성

사회복지에서 슈퍼비전의 중요성이 강조되고 있는 만큼 사회복지의 중요한 한 분야인 학교사회복지, 학교 현장에서도 슈퍼비전이 매우 강조된다. 학교 현장에서의 슈퍼비전은 사회복지 슈퍼비전의 기본적이고 공통적인 내용을 공유하지만, 학교 현장의 특수성과 그에 따른 실천가의 역할 상이성을 고려할 때 강조점이 다를 수 있다.

먼저 학교 현장의 특수성을 보다 자세히 살펴보면 다음과 같다.

① 학교사회복지는 사회복지 현장이 아닌 2차 세팅인 학교 현장에서 진행된다. 학교 현장에서 근무하는 대부분의 전문가들은 교사이기 때문에 이들과 사회복지사들이 수행하는 업무는 상당히 상이하며, 교사들이 갖고 있는 사회복지에 대한 이해도도 전반적으로 낮다고 할 수 있다.

② 학교사회복지는 사회복지와는 상이하게 교육과 복지의 이중목적 달성을 추구한다. 학교 현장의 목적이 학생들의 학습권을 보장하고 학교에 잘 적응하여 자아를 실현할 수 있는 건강한 시민을 양성하는 데 있다고 할 때, 학교 내 사회복지실천가는 교육과 복지 양 분야에 대한 지식과 기술을 필요로 한다.

③ 학교사회복지나 사회복지는 학생이나 가족의 변화뿐만 아니라 학교나 지역사회를 포함하는 체계변화에도 초점을 둔다. 학생이나 가족의 문제가 학교 교사의 인식이나 태도, 학교의 교칙이나 절차, 지역사회의 상황이나 정책 등에 기인하는 경우 학교 내 사회복지실천가는 학교를 둘러싼 다양한 체계변화에 개입한다.

④ 학교사회복지의 1차적 대상은 다른 사회복지 분야의 클라이언트와 마찬가지로 학생이나 가족이 될 수 있지만, 학교 현장에서의 클라이언트 변화는

가정, 학교, 지역사회의 연계와 협력적 관계를 통해 가장 효과적으로 해결될 수 있다.

이와 같이 학교 현장에서 진행되는 교육복지의 특수성을 감안할 때 학교 내 사회복지실천가들의 역할은 사회복지기관의 사회복지사들과는 상이할 수 있다.

학교 내 사회복지실천가들의 역할 특수성을 정리해 보면 다음과 같다.

① 일반 사회복지기관에서는 다수의 실무자들이 함께 공동의 목적 달성을 위해서 활동하기 때문에 실무자들 사이에 역할분담이 이뤄지고 있으나, 학교 현장에서는 보통 1명의 사회복지실천가가 사업을 진행하고 있다. 따라서 학교 내 사회복지실천가에게는 개별개입, 집단개입, 학급개입, 학부모상담, 교사 자문, 지역사회 자원 발굴 및 연계, 정책 제안 등 미시적 접근에서부터 거시적 접근에 이르기까지 모든 개입에 대한 역량이 요구된다.

② 교육복지 현장은 사회복지 2차 현장으로서 매년 학교 내 교사, 행정가가 바뀔 수 있으며, 이들의 사회복지에 대한 이해도는 전반적으로 낮기 때문에 학교 내 사회복지실천가는 교내에서도 사업에 대한 지속적인 홍보활동을 수행해야 한다.

③ 현재 모든 학교 현장에서 교육복지나 학교사회복지 업무는 동일한 형태로 진행되고 있지는 않기 때문에 사업주체와 지역별로 실천가들에게 상이한 역할이 요구되기도 한다. 이런 이유로 학교 내 사회복지실천가들은 역할 혼란을 겪을 수 있으며, 학교 내에 상주하는 상담가나 특수교사 등과 업무가 중복될 경우 정체성 혼란을 경험할 수 있다.

④ 학교 내 사회복지실천가들은 보통 학교 내에 유일한 사회복지 분야 전문가이기 때문에 혼자 일해야 하는 경우들이 많고, 주변 사람들의 낮은 사회복지 이해도 때문에 업무에 대한 공감 정도가 낮아 고립감을 느낄 수 있다. 따라서 학교 현장에서 일하는 실무자들에게는 그 어떤 분야보다도 정서적인 지지가 요구된다고 할 수 있다.

⑤ 학교사회복지의 목적은 교육과 사회복지의 이중목적 달성에 있기 때문에

학교 내 사회복지실천가는 학교체계 및 교육정책 등에 대한 이해와 더불어 사회복지 지식과 기술도 겸비하여야 한다.

⑥ 교육복지는 많은 잠재성을 가지고 성장하는 단계에 있는 아동 및 청소년 학생들을 1차적 대상으로 하기 때문에, 문제를 가진 학생에 대한 치료적 개입뿐만 아니라 모든 학생을 대상으로 하는 예방 교육이나 프로그램에도 초점을 둔다.

⑦ 환경의 변화에 따라 학생들의 문제도 다양화되고 있기 때문에 학교 내 사회복지실천가는 자살, 학교폭력, 임신, 다문화, 성문제, 가출 등 다양한 문제들에 대한 지식 및 개입기술과 함께 위기개입능력도 갖추고 있어야 한다.

⑧ 교육복지는 학생뿐만 아니라 가정, 학교, 지역사회 등 학생을 둘러싼 다양한 체계에도 개입함으로, 학교 내 사회복지실천가는 학생 개입뿐만 아니라 다양한 체계에 개입할 수 있는 능력을 필요로 한다.

⑨ 학교 현장에서는 학교 교사, 행정가와 함께 일해야 함으로 학교 내 사회복지실천가는 전문성을 토대로 이들과 협력적인 관계를 구축할 수 있어야 하며, 가정, 학교, 지역사회의 협력관계를 통해 사업을 진행하기 때문에 지역사회 네트워크 능력, 다체계적 팀워크 능력을 갖출 필요가 있다.

위와 같이 학교 내 사회복지실천가들은 특수한 현장에서 독특한 역할을 수행하고 있으나, 1인 활동체계이기 때문에 문제에 직면했을 때 해결하는 데 어려움을 겪을 수 있다. 따라서 학교체계, 교육체계, 교육정책, 교육복지사업에 대한 이해와 사회복지 가치, 전문지식 및 기술을 겸비하고, 경험 또한 풍부한 슈퍼바이저(교수, 전문 슈퍼바이저, 경험 많은 타 학교 내 사회복지실천가 등)의 슈퍼비전이 매우 중요하다고 할 수 있다. 슈퍼바이저와 함께 어려움을 겪고 있는 행정적 문제의 해결방법을 찾고(행정적 슈퍼비전), 다양한 대상체계를 다루는 전문적 지식과 기술을 습득하고(교육적 슈퍼비전), 스트레스를 줄여주고 소진을 예방해 줄 수 있는 정서적 지지(정서적 슈퍼비전)를 제공받는다면 학교 내 사회복지실천을 보다 효과적으로 그리고 만족스럽게 펼쳐나갈 수 있을 것이다.

학교 현장 사회복지의 특수성	실천가 역할의 특수성
현장 : 학교체계	• 1인의 실천가가 미시적 · 중시적 · 거시적 모든 업무 수행 • 교사의 사회복지 이해를 위한 지속적 홍보 필요 • 학교 내 상담교사, 특수교사 등과의 업무 중복성 및 정체성 혼란 • 고립감 경험
목적 : 교육과 복지의 이중목적 달성	• 학교, 교육정책에 대한 지식 및 기술 필요 • 학교 현장에서 일어날 수 있는 다양한 문제에 대한 개입기술과 지식 필요
대상 : 학생, 가정, 학교, 지역사회	• 모든 학생 대상 • 치료적 개입 및 예방적 개입 • 학생 개입뿐 아니라 체계 개입도 병행 • 개인, 집단, 가족, 지역사회 관련 다양한 개입 기술 필요
전략 : 가정-학교-지역사회의 협력적 관계	• 네트워크 기술 필요 • 다체계적 팀워크 능력 필요 • 교사, 학부모, 지역사회와 협업

↓

학교체계, 교육체계, 학교 내 사회복지실천에 대한 이해와 사회복지 가치, 지식, 기술을 겸비한 슈퍼바이저의 슈퍼비전 중요

|그림 2| 학교 내 사회복지실천가의 역할 특수성과 교육복지 슈퍼비전의 중요성

Part 2 사회복지 슈퍼비전의 이해

1. 사회복지 슈퍼비전의 개관
2. 학교 내 사회복지실천가 대상 슈퍼비전의 개념 및 목적
3. 학교 내 사회복지실천가 슈퍼비전의 기능 및 내용
4. 슈퍼바이저에 대한 이해

Chapter 1 사회복지 슈퍼비전의 개관

1. 사회복지 슈퍼비전의 구성요소

생각해 보기

슈퍼비전이 성공적으로 진행되기 위해서는 어떠한 요소들을 종합적으로 고려하여야 할까요? 슈퍼비전의 실천을 위한 요소들과 슈퍼비전의 효과를 위해서 고려해야 할 요소들은 무엇일까요?

성공적인 슈퍼비전을 위해서는 단순히 슈퍼비전 유형이나 기법만의 논의가 아니라, 슈퍼비전의 종합적 구성요소가 고려되어 실행되어야 한다. 슈퍼바이지와 슈퍼바이저 둘 사이 내지 집단 사이의 상호작용과 소통만 고려한 슈퍼비전은 한계가 있을 수밖에 없다. 각 요소들을 고려해서 슈퍼비전의 실행계획 내지 슈퍼비전 설계, 체계 구축이 이루어져야 한다.

먼저 슈퍼비전의 종합적 구성요소를 제시해 보면 다음의 |그림 1-1|과 같이 제시될 수 있다.

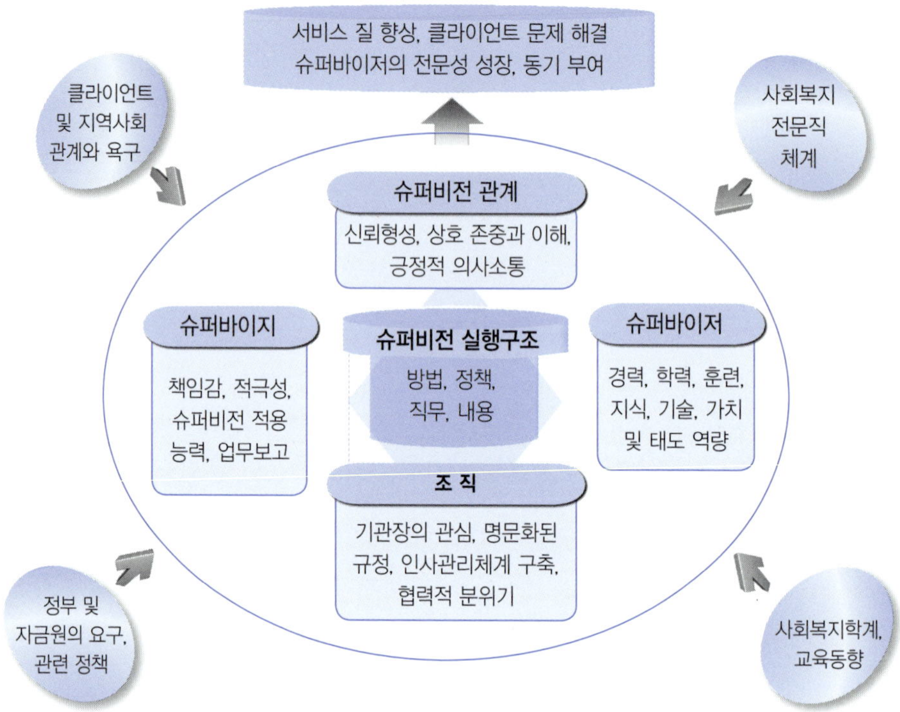

|그림 1-1| 사회복지 슈퍼비전의 종합적 구성요소(안정선, 2007)

위와 같은 슈퍼비전의 구성요소에 따라 대표적인 요소들을 간단히 살펴보면 다음과 같다(안정선, 2007; 안정선 · 윤철수 · 진혜경 · 박경현, 2010; 안정선 · 최원희, 2010 재구성).

1) 슈퍼비전의 세부 구성요소

(1) 슈퍼바이저

슈퍼비전이 효과적으로 이루어지기 위해서는 슈퍼바이저의 역할이 가장 중요하다. 슈퍼바이저의 인구통계학적인 배경인 연령, 성, 경력, 학력 등과 슈퍼바이저의 스타일이나 행동 특성, 역량, 기질적 성향, 의사소통 방식 등은 슈퍼비전 과정에 중요한 영향을 미치는 것으로 알려져 있다. 선행연구에서 남성보다 여성 슈퍼바이저를 더 선호하는 것으로 나타나기도 하였으며, 참여적 스타일의 사람일수록 슈퍼바이저로서 바람직한 행동 특성인 친절함과 개방성을 갖고 있다고 보고되기도 했다. 또 슈퍼바이지의 능력에 대한 피드백을 주는 행동이 바람직한 슈퍼비전을 위해 가장 중요한 것으로 나타난 연구도 있다(Munson, 1979; Worthington & Roehlke, 1979; Pesut and Williams, 1990; Smith, 2000; Jeffrey, 2001; Stevens, et al., 2002; 강철희 · 최소연, 2005).

슈퍼바이저는 기본적인 태도와 역량을 갖추고 쌍방적 의사소통과 합의할 수 있으며, 지지적이고 즉각적이며 직접적인 피드백을 줄 수 있는 사람이어야 한다(김경실, 1999)고 강조하였다. 안정선(2007)은 사회복지관 슈퍼바이저의 필요 지식, 기술, 가치 및 태도 영역을 연구하여 슈퍼바이저의 필요 역량을 개발한 바 있는데, 이를 아래와 같이 학교사회복지 현장에 적절하게 수정한 내용은 슈퍼바이저 관련한 영역에서 구체적으로 다룬다. 슈퍼바이저로서 직접 체크하여 자신의 강점과 보완해야 할 측면들을 평가해 두면 지속적인 성장 · 발전에 도움이 될 것이다.

생각해 보기

현장에서 슈퍼바이지들이 선호하는 슈퍼바이저 유형, 비선호하는 슈퍼바이저 유형은 무엇일까요?
당신이 선호하는 슈퍼바이저는 어떤 슈퍼바이저인가요?

※ 슈퍼바이저의 이해영역(제4장) 참고

(2) 슈퍼바이지

효과적인 슈퍼비전을 가능하게 하기 위해서는 슈퍼바이저의 특성만큼이나 슈퍼바이지의 역량과 슈퍼비전에 임하는 태도 역시 중요한 영향을 미친다. 또한 슈퍼바이지의 경력, 나이, 성별, 개인적 특성에 따라 슈퍼비전에 대한 개별화된 욕구가 있을 수 있으며, 슈퍼비전에 대처하는 역량에 차이가 있을 수 있다. 따라서 슈퍼바이저는 슈퍼바이지가 슈퍼비전에 임하기 전에 자신의 역량을 파악하고 필요한 역량을 계발할 수 있도록 돕는 것이 필요하다. 슈퍼비전을 시작하기 전에 슈퍼바이지 역량점검표에 체크하도록 한 뒤 슈퍼바이저와 슈퍼바이지가 함께 논의하면서 슈퍼바이지의 강점을 격려하고 약점을 보완할 수 있도록 차후 슈퍼비전을 이행해나가는 것이 효과적이다.

생각해 보기

현장에서 슈퍼바이저들이 선호하는 슈퍼바이지 유형과 비선호하는 슈퍼바이지 유형은 무엇일까요?
당신이 선호하는 슈퍼바이지는 어떤 슈퍼바이지인가요?

(3) 슈퍼바이저과 슈퍼바이지의 관계

슈퍼바이저와 슈퍼바이지가 어떤 사람인지를 떠나 두 사람의 관계는 효과적인 슈퍼비전을 위한 중요한 도구이다. 슈퍼비전 관계는 전문적으로 돕는 관계라는 점에서 사회복지사와 클라이언트 관계와는 구별된다. 즉, 슈퍼바이저와 슈퍼바이지의 관계는 능력부여의 관계로서 슈퍼비전의 목적과 기능을 성취시키는 기본적인 요소이며, 슈퍼바이저는 전문지식과 윤리규범을 바탕으로 후배 사회복지사에게 책임감을 가지고 전문기술을 가르치게 된다. 슈퍼바이저와 슈퍼바이지의 관계 그 자체가 슈퍼비전의 질에 영향을 미칠 수 있다.

한국적 상황에서 슈퍼비전 관계의 성공요인을 제시한 최원희(2009)의 연구에 의하면, 슈퍼비전 관계의 성공요인은 ① 상호 신뢰, ② 명확한 의사소통과 피드백, ③ 상호 이해와 존중, ④ 동료의식, ⑤ 친밀감, ⑥ 상호 역할과 능력에 대한 인정과 격려, ⑦ 전문적 관계의 유지 등으로 나타났다. 슈퍼바이저와 슈퍼바이지 관계의 속성은 여러 선행연구자들의 의견을 반영해 볼 때 가장 효과적인 슈퍼비전의 구성요소이다. 어떤 관계성을 맺고 슈퍼비전을 실행하는 것이 상호 발전을 위한 방법일지 고민해 보아야 한다.

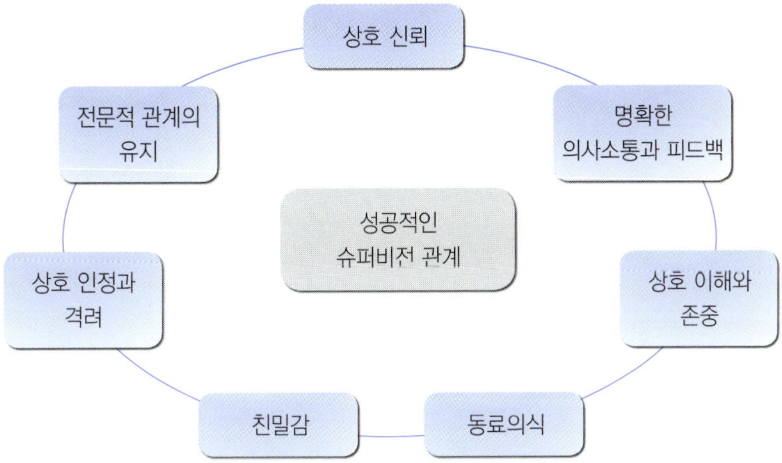

|그림 1-2| 슈퍼바이저와 슈퍼바이지의 관계(최원희, 2009)

(4) 조직 특성

효과적인 슈퍼비전을 위해서 조직의 특성들은 중요한 영향력을 가진다. 조직요인과 관련해서 기관이 공정하고 선명한 규율과 절차를 갖고 그것을 따르고 활용하게 하는가의 여부와 슈퍼비전의 실행에 있어 조직 또는 운영주체의 관점 등은 슈퍼비전의 결과에 큰 영향을 미친다. 신임 슈퍼바이저는 역할과 위치, 동료와의 관계 등에서 불안할 수 있기 때문에, 기관 차원에서 슈퍼바이저의 직무와 위치에 대해 명확히 하는 것이 필요하다. 또한 신임 슈퍼바이저에서 숙련 슈퍼바이저로 발전해나가기까지의 슈퍼비전을 통한 계속적인 훈련과정이 마련되어져야 하며, 슈퍼바이저에 대한 자격결정의 부분도 기관의 중요한 슈퍼비전 정책이 된다.

슈퍼비전을 위한 조직 특성의 영역 중에서 슈퍼비전 체계 구축과 직접적으로 관계가 있다고 판단되는 영역은 슈퍼비전 정책이다. 슈퍼비전 정책은 슈퍼비전 평가, 규정, 기록 및 기록유지, 슈퍼바이저와 슈퍼바이지 교육, 지침활용 등으로 정리될 수 있는데, 학교 현장 슈퍼비전 실천 시에 활용할 수 있는 세부내용을 살펴보면 다음과 같다(안정선, 2007).

① 슈퍼비전 평가

효과적인 슈퍼비전의 실행과 체계의 수정, 발전을 위해 슈퍼바이저 평가, 슈퍼비전 운영 평가, 슈퍼비전 만족도 평가, 슈퍼비전 구조에 대한 피드백 등 다양한 평가체계를 구축, 실행하도록 한다.

② 슈퍼비전 규정

슈퍼바이저 자격, 책임, 구조, 내용, 교육이수 등을 포함하는 명문화된 슈퍼비전 규정을 수립한다.

③ 슈퍼비전 기록 및 기록유지

주기적으로 시행되는 슈퍼비전에 대한 기록을 남기며 지속적으로 기록이 유지되고 조직에 의해 모니터링되어야 한다.

④ 슈퍼비전 교육

우선 슈퍼바이저 역할을 수행하는 인력들에 대해 슈퍼바이저 교육체계를 마련하여 시행하여야 한다. 슈퍼바이저로 입문하는 인력 외 기존 슈퍼바이저들에 대한 보수교육도 진행되어야 한다.

슈퍼비전은 슈퍼바이저와 슈퍼바이지 양자의 상호 책임하에 진행되는 과정이기에 슈퍼바이지 교육도 실시한다. 슈퍼바이지에 대한 교육은 슈퍼비전에 대한 책임 공유와 슈퍼비전을 받을 권리, 그리고 슈퍼바이지의 역량에 대한 내용을 주제로 한다. 특히 슈퍼비전의 준비와 자신의 자기개발 계획에 대한 내용이 강조되어야 한다.

⑤ 슈퍼비전 지침 활용

슈퍼비전의 원활한 수행을 위해 슈퍼비전 표준을 기반으로 하는 슈퍼비전 지침을 준비하여 적극 활용한다.

(5) 슈퍼비전 실행구조

슈퍼비전은 슈퍼비전의 주기, 시간, 장소, 과정과 단계 등의 기본적인 구조와 슈퍼비전의 내용 등 체계적인 실행구조를 갖는다.

① 슈퍼비전 기본 구조

가. 슈퍼비전 주기

일반적으로 개별 슈퍼비전은 월 1회 이상[1] 개별 슈퍼비전의 빈도는 사회복지사의 경력이나 직위, 숙련성에 따라 차별화될 수 있다. 월 1회는 슈퍼비전 빈도의 최소 기준이다. 이에 추가로 개별·집단·동료 슈퍼비전의 형태로 슈퍼비전이 주기적으로 제공되어야 한다. 슈퍼비전 계획서에는 전체적인 슈퍼비전 일정이 마련되어야 하며, 정기적인 일정 외에 필요시 부가적으로 슈퍼비전을 시행할 수도 있어야 한다.

1) 개별 슈퍼비전의 빈도는 슈퍼바이지의 경력이나 직위, 숙련성에 따라 차별화될 수 있다. 월 1회는 슈퍼비전 빈도의 최소 기준이다. 그러나 학교 현장의 특수성을 반영한 실행구조를 설계하는 것이 필요하리라 본다.

나. 슈퍼비전 시간

정기적 슈퍼비전은 통상 30분~1시간 이상의 길이로 진행한다. 월 1회 이상 유지되는 개별 슈퍼비전의 경우, 충분한 시간을 확보하고 일정한 과정에 의해 진행되어야 한다. 집단 슈퍼비전의 경우, 보다 긴 시간이 요구되기도 한다. 그러나 특정 상황과 사안에 따라 슈퍼비전이 필요한 경우에는 시간을 조정하여 효과적으로 진행할 필요가 있다.

다. 슈퍼바이지의 수

슈퍼비전 실행을 위해 적절한 슈퍼바이지의 수는 슈퍼바이저 1인당 3~4명이 적절하다. 1명의 슈퍼바이저가 지속적으로 슈퍼비전을 실행하는 현장에서 담당하는 슈퍼바이지의 수를 의미한다. 그러나 학교 현장 사정에 따라 한 명의 슈퍼바이저가 보다 많은 슈퍼바이지들을 감당하게 되는데, 이러한 경우에는 집단 및 동료 슈퍼비전의 방법이 강화되어야 하겠다.

라. 슈퍼비전 장소

슈퍼비전을 위한 조직환경에서 논의된 바와 같이 기관은 개별 및 집단 슈퍼비전 등을 실행할 수 있는 준비된 공간을 마련한다. 슈퍼바이저는 슈퍼바이지가 슈퍼비전을 편안히 느낄 수 있도록 최대한의 환경을 준비하되 때에 따라서는 클라이언트를 만나는 현장과 지역사회기관이나 인터넷 공간 등에서 즉각적으로 이루어질 수 있다.

마. 슈퍼비전 과정과 단계

슈퍼비전의 과정과 단계는 슈퍼비전의 실행이 어떤 과정을 통해 이루어지는가에 대한 내용이다. Shulman(1993)은 슈퍼바이저와 슈퍼바이지의 관계에 대한 기초를 세우고 친밀감을 형성하는 준비단계, 슈퍼비전에 대한 계약이나 동의가 이루어지고 상호 신뢰를 쌓아나가는 시작단계, 감정이입, 기술과 정보 공유 등 실질적인 슈퍼비전이 실행되는 작업단계, 슈퍼비전 과정을 요약하고 성취한 바를 나누며, 슈퍼바이지의 장단점을 정리하는 종결단계의 4단계로 제시하였다. Caspi and Reid(2002)는 과제중심 슈퍼비전 모델을 제시하면서 슈퍼비전 단계를 시작, 중간, 종결의 세 가지로 제시하였다. 이를 종합하여 본 지침서에서는 준비단계, 초기단계, 중간단계, 그리고 종결 및 평가 단계의 4단계 구성하였다.

② 슈퍼비전 내용

슈퍼비전의 내용은 사회복지실천의 구체적인 지식과 태도, 가치관 등을 증진할 수 있는 것들로 구성되어야 하며, 동시에 슈퍼바이지의 개별적 능력에 따라 욕구를 충족시켜 줄 수 있어야 한다. Fortune(1994)은 일반주의 실천이론에 따라 사회복지전문직으로서의 발달 측면, 행정적 측면, 정책적 측면, 기본적 대인관계 기술 측면, 클라이언트체계 개입을 위한 측면의 지식과 기술 등의 다섯 가지 영역과 하위내용들을 제시하고 있다.

슈퍼비전 내용의 다른 기본축이 되는 것은 바로 슈퍼바이지의 직무영역이다. 제시된 직무표준과 직무기술서를 기반으로 슈퍼비전의 내용이 구성되어야 한다. 슈퍼바이저가 실질적으로 수행해야 하는 기능과 관련해서는 슈퍼비전의 실제 단원에서 구체적으로 다룬다. 또한 슈퍼비전 방법에 관련한 내용도 이 장의 뒷부분에서 별도로 다룬다.

2) 슈퍼비전의 구성요소를 고려한 사회복지 슈퍼비전 표준

위와 같은 구성요소들을 고찰하여 한국적 상황에서 종합적 요소를 고려한 슈퍼비전 표준이 제시되었는데, 각 요소별로 주요 내용을 살펴보면 다음과 같다.

〈표 1-1〉 사회복지 슈퍼비전 표준체계 핵심내용 요약(안정선, 2007)

슈퍼비전 구성요소		핵심내용
슈퍼비전 목적		• 서비스의 질 향상 • 클라이언트의 문제 해결 • 슈퍼바이지의 전문적 성장 • 슈퍼바이지의 동기 부여
슈퍼바이저 자격 및 역량	자 격	• 5년 이상의 경력, 학부졸업 이상, 직급자 수준 • 장기 경력 슈퍼바이지에 대한 담당 슈퍼바이저의 숙련성 고려 • 전문적 슈퍼비전의 경험을 통한 훈련과 준비 • 현 해당 기관에서의 일정 근무경험 확보
	지 식	• 프로그램 계획, 실행, 효과성 평가 제반 지식 • 슈퍼바이저 자신의 강 · 약점, 편견 등에 대한 자기인식과 이를 위한 과학적 지식 • 슈퍼바이지 직무 전반에 대한 이해 • 클라이언트체계에 대한 개입방법 • 슈퍼비전 및 리더십 관련 지식
	기 술	• 의사소통기술(경청, 의사표현, 의사전달 등) • 전문적 사회복지실천기술 • 긍정적 지지 및 격려 기술 • 조직 상하 및 동료와의 관계형성기술 • 갈등 중재기술
	가치 · 태도	• 일관성 • 사회복지 윤리 내재화 및 기관규정 준수 등 윤리적 태도 • 다양한 의견개진 수용과 관점공유 등 개방적 태도 • 직무에 대한 책임감 • 공정한 처우
슈퍼바이지 역량		• 직무에 대한 책임감 • 직무수행에 대한 적극적 태도 • 슈퍼비전 내용에 대한 자발적 적용 자세와 실행력 • 시기적절하고 명확한 업무보고
슈퍼비전 관계		• 신뢰 형성 • 상호 존중 • 긍정적 의사소통 • 상호 이해
조직 특성		• 기관장의 슈퍼비전에 대한 이해와 관심 표명 • 조직의 공정하고 명문화된 규정과 절차 마련 • 조직 인사관리체계 구축과 실행 • 조직 전반의 협력적인 분위기 구축 노력

실행구조	방 법	• 개별 슈퍼비전 월 1회 이상 30~60분으로 주기적 실시 • 다양한 유형의 슈퍼비전 활용 • 다양한 슈퍼비전 기법 및 도구 활용 • 교육적 진단, 계획 수립과 계약, 실행, 평가의 과정과 단계로 실시 • 슈퍼비전 계약과 서식 개발 • 슈퍼바이저 1인당 3~4명의 슈퍼바이지 담당 • 준비된 슈퍼비전 공간 마련
	직 무	• 슈퍼바이저 자신의 자기 개발 및 지식습득 • 직무 검토 및 평가, 방향성 논의 • 사례 및 프로그램에 대한 피드백 제공 • 업무 스트레스 관리 및 직무만족 증진을 위한 지지, 격려 • 슈퍼바이지 특성과 성향, 역량 등에 대한 정보 수집 및 이해 노력
	정 책	• 슈퍼비전 평가체계 실행 • 슈퍼비전 규정 마련 • 슈퍼비전 기록의 효율적 활용
	내 용	• 슈퍼바이저 담당 직무와 욕구 • 일반주의 실천 기반 지식과 기술 • 지역사회 실천 기반 지식과 기술 • 기관 사명과 비전, 철학 및 기관행정 • 전문가로서의 태도와 책임감, 사회복지전문직 윤리와 가치 • 사회복지 동향과 변화추세

슈퍼비전 구성요소와 표준내용은 슈퍼비전 지침서를 마련하거나 설계할 시에 필요한 기초내용으로 활용될 수 있다. 일반적인 사회복지실천 현장을 중심으로 하는 표준내용이므로 학교 현장의 특성을 고려하여 적용될 필요가 있겠다.

3) 슈퍼비전에 영향을 미치는 외부적 요소

생각해 보기

해당 직무수행에 영향을 미치는 요소들은 무엇일까요?
우리 직무의 존속과 자원 제공에 관여하고 있는 이해관계자들은 누구를 의미하는 것일까요?

슈퍼비전 실행과정은 조직 내부 역동관계만을 토대로 이루어지기는 어렵다. 슈퍼비전 실행과정에 영향을 주는 외부요인으로서 학교가 지역사회 · 클라이언트와 갖는 관계, 지역사회와 클라이언트가 갖는 욕구, 정부 및 후원자 등 비용조달주체가 하는 요구, 학교 및 교육 관련 정책과 법령 등이 있다. 또 다른 차원에서 슈퍼비전 실행과정에 영향을 미치는 외부요인으로서 사회복지전문직 윤리, 사회복지사 협회, 학교사회복지사 협회, 사회복지학계, 교육계에서 설정하는 방침과 규정 등이 있다. 슈퍼비전은 이러한 외적 요인에 대한 고려 없이 실행될 수 없다. 슈퍼비전은 지역사회와 클라이언트의 변화에 능동적으로 대처할 수 있어야 하며, 무엇보다 지역사회 · 클라이언트가 갖는 욕구에 부응하는 서비스를 제공해야 하기 때문이다. 더 나아가 정부 및 후원자 등 비용조달주체가 요구하는 책무성 이행 요구에 적절하게 반응해야 하기 때문이다.

즉, 슈퍼비전 실행은 사회복지관을 둘러싼 일반 환경인 지역사회와 클라이언트, 전문직 체계를 포함하는 생태체계적 요소들을 고려하여 실행되어야 한다. 즉, 지역사회와 학생, 사회복지전문직 체계, 학교체계 외에도 슈퍼비전의 구성요소인 슈퍼바이저, 슈퍼바이지, 슈퍼비전 관계, 조직 등 하위체계들을 모두 고려하여 이루어져야 한다.

사업의 존속과 발전에 영향이 있는 이해관계자 집단의 요구를 분석하고, 이를 사업기획과 평가과정상에 반영하고자 하는 노력이 필요하다. 학교 내에 홀로 근무하는 경우가 많은 학교 내 사회복지실천가들의 경우에는 더욱이 학교와 지역사회 전체를 바라보면서 직무를 수행할 수 있는 관점이 필요하다. 슈퍼바이지들에게도 이러한 역량을 확보할 수 있도록 슈퍼비전이 제공되어야 한다.

2. 사회복지 슈퍼비전의 모델

생각해 보기

당신은 어떤 모델을 기반으로 슈퍼비전을 진행하고 있나요?
자신의 가치와 경험에 맞는 적절한 모델은 무엇입니까?

1) 슈퍼비전을 둘러싼 생태체계적 관점

슈퍼비전 실천은 실천과정에 영향을 주는 생태체계적 요소들에 둘러싸여 이들과의 상호작용을 통해서 이루어진다(Kadushin, 1992).

① **지역사회** : 지역사회는 일반적 지역사회, 전문직 지역사회, 비전문가 집단 지역사회 등이며 슈퍼비전 실천의 가장 토대가 되는 광범위한 요소이다.

② **사회복지전문직** : 사회복지전문직은 슈퍼바이저와 슈퍼바이지 동맹이 반드시 준수해야 할 가치들과 문제해결을 가능케 하는 기술체계를 제공함으로써 슈퍼비전에 영향을 미친다.

③ **사회복지 조직과 기관** : 조직체계는 슈퍼비전의 구조, 슈퍼비전 역할에 대한 권리와 의무, 그리고 슈퍼비전 역할의 담당자를 결정한다. 조직의 문화, 조직의 사명과 절차 등은 슈퍼비전 실행에 있어서 중요한 영향을 미친다.

④ **기관 내의 부서** : 슈퍼바이저가 근무하는 기관 내 부서는 슈퍼바이저가 책임져야 할 구체적 과업들에 영향을 미친다.

⑤ **슈퍼바이저-슈퍼바이지 관계** : 슈퍼바이지-슈퍼바이저 두 사람 관계는 슈퍼비전 과정이 이루어지는 특수한 상호작용체계를 제공한다.

모든 사회복지 슈퍼비전은 이상과 같은 생태체계적 요소들과의 긴밀한 상호작용 속에서 이루어져야 한다.

2) 발달모델

발달모델은 실천, 사회복지사, 팀, 기관 체계의 4체계의 기능과 과정을 강조한 모델이다(Brown & Bourne, 1996). 발달모델은 슈퍼비전의 체계접근법과 발달과정에 대한 이해를 제공한다. 즉, 실천체계, 사회복지사 체계, 팀체계, 기관체계 등 4체계가 기본적으로 기반이 되어 유도(induction), 연결(connection), 통합(integration)이라는 세 가지 단계로 더욱 복잡성이 증가되어 간다. 첫 번째 유도단계에서는 기본적인 4체계의 각각에 대한 탐색이 중요하며, 연결단계에서는 이 네 가지 체계들 간의 관계에 초점을 두게 되고, 마지막으로 통합단계에서는 네 가지 기본체계에 대한 통합적인 탐색이 주요 관건이 된다(김융일 · 양옥경, 2002).

Hawkins 외(2000)의 발달모델은 슈퍼바이지 발달의 4단계를 자기중심적 수준의 단계, 클라이언트 중심적 수준의 단계, 과정중심적 수준의 단계, 맥락중심 안에서의 과정수준 단계로 제시하고 있다. 슈퍼바이지가 성장해감에 따라 지시적이며, 정보와 조언, 기술 중심의 슈퍼비전에서 자율성과 창의성의 강조, 반성적 통찰과 지식의 통합을 이룰 수 있는 슈퍼비전이 필요한 것이다.

슈퍼비전을 실행해나가면서 슈퍼바이지만 성장하는 것은 아니다. 슈퍼바이저 또한 성장해나가게 된다. 슈퍼비전을 실행해감에 따라 슈퍼바이저도 보다 덜 고압적이며, 자신의 유능감을 오히려 덜 드러내는 방향으로 슈퍼비전을 진행한다는 슈퍼바이저 발달모델이 있다.

Tip 성장단계에 따른 슈퍼비전

슈퍼바이지가 성장해가는 단계에 따라 슈퍼비전을 실행한다. 나의 슈퍼바이지는 어떤 위치에 와있는가? 또한 슈퍼바이저인 나는 어떤 성장수준에 와있는가?를 고려하자.

3) 실천이론에 근거한 모델

슈퍼바이저의 선호에 의해 다양한 실천이론에 기반한 모델이 제시될 수 있다. 즉, 정신역동, 행동, 인지행동, 통합, 체계, 인본주의, 가족치료, 인간중심, 합리정서, 게슈탈트, 인지발달, 사회학습, 사회적 역할, 임파워먼트, 과제중심이론 등이 슈퍼비전에 활용될 수 있다. 슈퍼바이저에 따라서 이 모델들 중 하나의 모델을 집중적으로 활용하기도 하며, 상황에 적합하게 절충적으로 사용하기도 한다(이시연 외, 2003). 본 모델들은 한국적 상황에서의 슈퍼비전 모델 개발이 취약한 상황에서 슈퍼바이저와 슈퍼바이지에게 적절하다고 판단되는 사회복지실천이론을 선택하여 슈퍼비전 실행에 활용할 수 있는 대안을 제시해 준다.

Tip 실천기반 모델 사용 시 유의점

이러한 다양한 실천기반 슈퍼비전 모델을 사용할 시의 유의점은 슈퍼바이지는 클라이언트가 아니라는 점에 유의해야 할 것이다. 슈퍼바이지는 개입의 대상이 아니라 함께 협력하여 직무성과를 창출하고 조직목표에 헌신해야 하는 동료이다.

4) 슈퍼비전 '내용'모델

Fortune(1994)의 슈퍼비전 내용모델은 슈퍼비전을 기획할 시에 근간이 되는 모델이 될 수 있는데, 바로 내용 구성 측면이다. 어떤 내용들을 슈퍼비전 계획에 포함할 것인가? 이러한 질문에 기본적인 내용 토대를 제공해 주는 모델이 내용모델이다. 주요 내용은 다음과 같다.

〈표 1-2〉 내용모델의 주요 내용 분류와 과제 예시

영 역	슈퍼비전 내용	세부내용의 예
전문적 발달을 위한 교육 내용	- 가치 및 윤리적 사명감 - 인간의 다양성 존중 - 사회 및 경제 정의 증진의 사명감 - 자아인식 - 전문적 성장의 책임감 - 효과성 평가	• 전문직의 가치, 윤리, 기능 등의 내면화 • 대상자와 관련된 윤리적 이슈 인식 • 사회복지 가치에 대한 사명감 증진 • 자기인식, 강점과 약점 분석 • 사회복지사로서의 전문적 성장에 대한 독려, 자기개발 강조 • 사회복지사로서의 자신의 활동에 대한 평가
행정적 측면의 지식 및 기술	- 기관 사명의 이해 - 기관 구조 파악 - 관료주의 내에서의 기능하는 방법 - 기록 유지와 기록활동	• 기관의 사명과 철학의 이해 • 일반사회복지의 목적과 사명의 이해 • 기관의 조직과 담당 업무에 대한 이해, 조직분석 • 기관 내부 조직 의사소통 유형 • 사회복지사로서의 업무할당량과 업무권한 설정 및 조정 • 기관 내의 기록양식 활용과 유지
정책적 측면의 교육 내용	- 사회복지정책 - 지역사회에 관한 지식 - 서비스 전달체계의 지식	• 기관에 영향을 주는 중앙과 지방정부의 사회복지정책 지도 • 사업 관련 법률과 법절차, 규정안 등에 대한 지도 • 지역사회 정보와 서비스 이용방법, 자원조사 • 사회복지서비스 연계망 이해, 관련 조직 이해 • 지역사회 자원 연계 및 의뢰절차, 접수과정 등에 대한 이해

기본적 대인 관계 기술	➡	- 대인관계 의사소통기술 - 동료와의 관계기술	• 동료들과 일할 수 있는 능력 강화 • 팀워크 향상을 위한 집단과제 부여 • 대상자 문제해결을 위해 상사, 동료, 타 부서 등과 협력하도록 지도
클라이언트 체계 개입을 위한 일반적 기술	➡	- 인간행동과 다양성 지식의 적용 - 면접기술 - 사정기술 - 개입계획 및 적용 기술 - 평가기술 - 종결기술 - 집단에의 개입기술 - 의뢰와 사례관리 기술 - 옹호활동	• 사회복지사로서의 개별면접, 집단지도 기술 • 사회복지 프로그램 기획, 운영, 종결 기술 • 사회복지 개입의 효과성 평가 지도 • 사회복지사로서의 사정기술 • 지역사회로부터의 욕구 파악 • 대상자에 대한 적절한 정보수집 지도 • 사회복지사로서 중재, 갈등해결, 옹호기술 • 사회복지사로서 대상자체계에 개입할 수 있는 기술 및 전략 지도 • 사례에 대한 케이스 컨퍼런스 및 피드백

사회복지 현장 슈퍼비전의 핵심적 내용은 주로 개인 및 가족 그리고 집단과의 직접실천에 관한 내용, 그리고 실천을 위한 전문적 기술, 그리고 서비스 전달조직 및 지역사회 자원을 활용하는 데 필요한 지식을 포함한다. 본 모델은 슈퍼바이지의 직무수행 역량을 확인하거나 슈퍼비전에 관한 욕구 분석틀로도 활용될 수 있다.

5) '과제'중심 슈퍼비전 모델

과제중심 슈퍼비전 모델은 슈퍼비전에 임상실천 모델을 적용한 접근이다. 본 모델은 슈퍼비전 시에 추구해야 하는 목표를 명확히 설정하고, 이를 성취하기 위한 과제를 설정하여 함께 협력해나간다는 측면에서 활용도가 높은 모델이라고 할 수 있다.

과제중심 슈퍼비전 모델은 실습생을 대상으로 하는 모델로 Caspi(1997)에 의해 개발되었고, 이시연(2001)에 의해 한국 상황에 도입되어 수정된 모델이 탄생했다. 구체적인 단계별 내용을 살펴보면 다음과 같다(이시연, 2001 보완).

(1) 사회적 단계

불안 감소의 대화, 관계형성에 도움이 되는 일상적인 질문과 대화의 시간을 갖는다.

(2) 과제 검토

실행한 과제의 달성 정도를 평가한다. 과제를 충분히 혹은 완전히 실행한 슈퍼바이지들은 축하해 주어야 한다. 만일 과제가 수행되지 않았다면, 혹은 일부 달성했다면, 슈퍼바이저와 슈퍼바이지는 장애물에 대해서 논의하고, 이러한 장애물을 해결하기 위한 과제를 정하는 등 장애물을 다루는 방법과 대안이 될 수 있는 과제를 고려한다.

(3) 표적의 목적 설정

일단 과제가 검토되면, 장애물에 대한 논의가 이루어지고, 과정이 평가되며, 다음 계약에 대한 표적의 목적을 선택한다. 이는 협동적인 과정이 되어야 한다. 슈퍼바이저는 슈퍼바이지가 실천하려는 목적에 대한 제언을 하고, 슈퍼바이지는 다음 회합 전까지 달성해야 할 세 가지 목적을 고려하고 선택하며 우선순위를 정한다.

(4) 과제의 개발

슈퍼바이저와 슈퍼바이지는 목적을 달성하기 위한 과제를 함께 결정한다. 슈퍼바이저는 핵심내용에 근거하여 목적을 성취하는 데 활용할 수 있는 다양한 과제를 제시한다. 또한 슈퍼바이지는 문헌조사나 생활경험을 활용할 수 있다. 각각의 목적에 따라 두세 가지 과제를 선택한다. 과제가 행동중심 용어로 세분화될 수 있어야 하고, 가능하다면 경험적이어야 한다.

(5) 장애물에 대한 논의

① 슈퍼바이저와 슈퍼바이지는 목적을 이루기 위한 과제들을 고려한 후, 과제 수행을 방해할 수 있는 장애물들을 정의한다.
② 회합 동안 실행하는 과제는 발견된 장애물을 해결하기 위한 새로운 방법들을 실천해 볼 수 있을 뿐만 아니라 나타날 수 있는 장애물들을 예측하는 방법으로서 도움이 된다.
③ 지난 회합 이후 동안 나타난 장애물들을 조사하고, 이러한 장애물을 어떻게 해결할 것인가에 대해서 함께 결정한다.

(6) 회합 동안 실행하는 과제

회합 동안 실행하는 과제로는 역할극이나 모델링 등 다양한 과제를 활용할 수 있다. 다양한 슈퍼비전 기법을 활용한다. 이러한 방법은 장애물을 규명하고 제시하는 데 활용될 수 있다.

(7) 슈퍼바이저와 슈퍼바이지의 계약

슈퍼바이지의 직무수행 관련 목적과 과제수행에 대한 기록을 활용한다.

Tip 과제중심 모델의 강점

나는 슈퍼비전의 목표를 무엇으로 설정할 것인가? 이것을 이루기 위해 어떤 과제를 제시하고 함께 목표달성을 위해 협력해나갈 것인가? 내용모델이 슈퍼비전에서 기반으로 하는 주요 내용을 중심으로 한 모델이라면 과제중심 모델은 슈퍼비전의 목표 설정과 이를 달성하기 위한 주요 과제의 개발과 평가에 초점을 둔 모델이다.

6) 학습조직 슈퍼비전 모델

본 모델은 학교사회복지사와 같이 1명 내지 소수로 근무해야 하는 특성을 가진 전문직에 적용할 수 있는 효과적인 슈퍼비전 모델로 학교 현장 집단 및 동료 슈퍼비전 실천의 기본틀로 활용할 수 있겠다. 김지연(2007)은 학교사회복지사의 슈퍼비전 체계를 보완하는 대안적 슈퍼비전 모델을 개발하여 제시하였다. Senge(1990)의 학습조직이론과 Austin and Hopkins(2004)의 학습조직 슈퍼비전 모델을 근간으로 부산지역 학교사회복지사들을 대상으로 12회기의 집단 슈퍼비전 및 동료집단 슈퍼비전 회기를 진행하여 본 모델을 개발하였다. 본 모델에서 학습조직은 '구성원들이 원하는 요구를 끊임없이 창출시키고 문제해결력을 향상시키기 위해 학습을 공유하면서 지속적으로 배우며, 이를 일상적 업무활동에 적용하고, 개인 숙련, 정신모델, 공유 비전, 팀 학습, 시스템 사고의 특성을 가진 학교사회복지사 집단'으로 정의되었다. 김지연(2007)은 학습조직 슈퍼비전의 지침을 제시하였는데, 먼저 학습조직 슈퍼비전의 구조는 집단, 동료집단을, 기능은 교육적 · 지지적 측면으로 구성되며, 학교사회복지사의 업무수행능력을 향상시키기 위한 현임훈련 방법으로 활용될 수 있다. 본 모델의 목적은 사회복지사의 자기효능감 향상으로 개발된 것이다.

학습조직 슈퍼비전 실행을 위한 구성요소와 단계의 운영방법, 학습내용, 평가의 내용이 담겨진 김지연(2007)의 학습조직 슈퍼비전 모델을 간단히 정리, 요약해 보면 다음과 같다.

1) 학습조직 슈퍼비전 체계의 구성

(1) 학습 팀(set)의 구성 : 학습팀원과 리더, 기록자를 선정, 팀 리더의 역할

- 공유비전의 브레인스토밍 과정에서 핵심가치를 정하고 의사결정에 반영
- 집단 내의 전반적인 의사소통과 역동을 조정하고 집단과 슈퍼바이저를 연결
- 장소, 일자 등 집단의 구조화를 다루며 동료집단 회기의 진행

(2) 정신모델 : 직무자들의 신념체계, 실험정신과 도전정신, 윤리강령 및 정체성과 비전을 다루고 공유

(3) 개인 숙련 : 슈퍼비전에 대한 기대와 동기, 개인별 연간 훈련계획, 슈퍼비전 개인목표, 슈퍼비전 멘토링 체계 구축 · 슈퍼바이저의 역할

- 교육적 슈퍼비전을 통해 구성원의 학습동기와 욕구를 파악하고, 학습과제를 제시하며 동료집단 회기의 학습내용에 대해 피드백을 제공
- 슈퍼비전 회기에서 다루어진 내용이 실천에 어떻게 적용되었는지 검토
- 집단 내의 갈등을 다루고 편안한 마음으로 질문할 수 있도록 촉진

(4) 공유비전 : 슈퍼비전 목표와 비전을 공유, 개인 및 팀의 목표를 구분하여 수립. 매 슈퍼비전 회기 평가 실시, 주기적인 공유비전의 검토와 수정

(5) 시스템 사고 : 생태체계적 관점에서 다양한 과업환경적 맥락 이해 타 전문직과의 협력영역 및 직무고유 영역을 정의

(6) 팀 학습 : 학습조직 내의 하위 팀에서 작성한 학습과제들을 수행하고 완성. on-line, off-line에서 팀 학습이 효과적으로 기능, 공유체계 강화

(7) 전문직 협회의 지원과 승인 : 사전 승인된 전문직 보수교육 인정 슈퍼바이저 및 자문가 위촉 지원

2) 학습조직 슈퍼비전 과정과 운영방법

(1) 슈퍼비전 목표 설정

집단목표와 개인목표를 구분하여 설정(개인목표는 집단 구성원 및 슈퍼바이저와의 토의를 통해 수립하며, 중요성의 비중에 따라 가중치를 부여)

(2) 학습내용의 체계

적응적 학습과 생성적 학습을 모두 수행

(3) 슈퍼비전 과정과 단계의 운영방법
- 슈퍼비전 회기 진행과정 : 도입, 슈퍼비전, 동료집단 피드백, 정리
- 슈퍼비전 운영 과정 : 이완(1~3회기, 목표 및 과제 설정, 실행), 변화(4~9회기, 집단 슈퍼비전, 과제실행 계속), 재동결(10~12회기, 슈퍼비전 효과 평가)
- 회기의 진행과정 : 집단 슈퍼비전과 동료집단 슈퍼비전 진행

(4) 학습조직 구축과정과 내용 : 학습조직 진단, 조직분석, 개인학습-팀 학습-조직학습 차원의 내용과 방법의 결정

(5) 평가 : 슈퍼비전 기록, 월 1회 공유비전의 검토와 수정, 성과지표의 측정, 슈퍼비전 효과의 측정

Tip 집단 슈퍼비전 및 동료 슈퍼비전 구조를 적용하여 학교 현장에서의 슈퍼비전에 적합하도록 개입연구를 통해 개발된 모형으로, 학교 현장 사회복지실천가들에게 함의를 주는 모델로 김지연(2007)이 도움이 될 것이다.

7) 종합모델 : 문화적 맥락을 고려한 종합모델, 한국형 종합모델

Tusi and Ho(1997)와 Tsui(2004)는 이제까지의 다양한 슈퍼비전 모델들을 토대로 통합적인 관점에서 문화적 맥락을 고려한 종합적 모델을 제시하고 있다. 본 종합모델에서는 사회사업의 철학과 원칙, 지도감독의 관계, 지도감독의 과정, 슈퍼비전의 기능, 슈퍼비전의 맥락으로서의 문화 등을 주요 개념틀로 제시하고 있다. 무엇보다 슈퍼비전 맥락으로서의 문화 개념을 강조하면서 슈퍼비전은 참여자들의 문화적 맥락의 일부분으로 이해되어야 한다. 예를 들어, 기관의 정책은 상부관리자들의 문화와 자금원의 문화, 지역사회의 문화, 전문직의 문화 등에 의

해 형성되며, 지도감독자의 역할과 스타일, 기술 등은 슈퍼바이저 개인의 문화에 의해 매우 큰 영향을 받는 것이라고 하였다. 슈퍼바이지의 업무경험, 훈련욕구, 정서적 욕구 등도 모두 그들의 문화에 의해 영향을 받는다고 하였다.

핵심포인트

슈퍼비전을 실행할 시에 기본적으로 슈퍼비전 모델을 기반으로 진행되어야 한다. 다양한 슈퍼비전 모델 중에 기관의 슈퍼비전 실행목적과 슈퍼바이저의 역량과 관점에 기반하여 슈퍼비전 모델이 선택되고 활용되어야 할 필요가 있다.

토론해 보기

- 슈퍼비전과 자율성에 대해서 어떻게 생각하나요? 이 양축은 공존할 수 있는 요소들일까요?
- 당신은 어떤 모델이 개인적으로 마음에 듭니까? 조직환경과 직무를 고려했을 때에 어떤 모델이 적절하다고 생각하나요?

3. 사회복지 슈퍼비전의 유형과 기법

생각해 보기

어떤 유형과 기법을 통해 슈퍼비전을 받은 경험이 있나요?
내가 잘 활용할 수 있는 방법은 어떤 방법인가요?

슈퍼비전의 기본적인 방법은 슈퍼비전 계약, 유형, 기법, 도구 활용 등으로 정리된다. 구체적인 내용을 살펴보면 다음과 같다.

1) 슈퍼비전 계약

슈퍼바이지에 대한 교육적 사정 후, 슈퍼비전 내용과 과정, 의무에 대하여 슈퍼바이저와 슈퍼바이지 상호의 협약을 맺는다. 슈퍼바이저와 슈퍼바이지는 상호 간에 슈퍼비전에 대한 기대와 욕구를 표명하고 서식을 통해 기록을 남기도록 한다. 구체적인 내용과 서식에 대해서는 슈퍼비전 실행의 장(제7장)에서 다룬다.

2) 슈퍼비전 유형

슈퍼비전은 개별 슈퍼비전, 집단 슈퍼비전, 동료 슈퍼비전, 외부자문 등의 유형을 활용할 수 있으며, 기관 및 부서의 상황 및 사안에 따라 다양한 유형을 적절히 선택하여 실시한다. 단, 슈퍼바이지를 개별화하여 실시하는 개별 슈퍼비전은 월 1회 이상 유지되어야 하며, 기관 내・외부 인적자원을 최대한 활용하여 슈퍼비전이 효과적으로 실행될 수 있어야 한다.

학교 현장에서 필요시, 교장이나 교감, 여러 부서별 부장교사 등에게 특정 아젠다와 관련하여 도움을 받고자 하는 경우, 사전에 협의를 통해 학교교육 현황 및 학생지도에 대하여 자문을 듣는 것도 방법이 될 수 있다.

3) 슈퍼비전 기법

구체적인 슈퍼비전을 제공하는 기법으로는 슈퍼바이지의 사례나 프로그램 기록 검토, 역할극, 토론, 책읽기, 기법 전수, 코칭, 녹음과 녹화, 관찰 및 참관 등이 대표적이다. 특히 교육적 슈퍼비전의 경우 다양한 교육적 도구들을 활용하여 슈퍼비전을 제공하였을 때 슈퍼바이지의 만족도가 높다. 보통 기록물을 검토하는 수준의 방법만을 사용하는 경우가 많은데, 일정한 기법에 고정되지 않고 다양한 기법을 혼용하여 사용할 수 있도록 상호 노력한다.

4) 슈퍼비전 도구 개발 및 활용

슈퍼비전은 일련의 과정으로 진행되며 각 단계에서 활용할 수 있는 다양한 도구와 서식을 적극 활용한다. 슈퍼비전 계획서, 슈퍼바이지 학습사정도구, 슈퍼바이지 역량진단도구, 슈퍼비전 기록, 슈퍼비전 평가서, 슈퍼바이저 평가서 등의 양식을 적극 활용한다. 구체적인 방법과 서식활용에 대해서는 슈퍼비전 실행단계의 장(제6~8장)에서 다룬다.

핵심포인트

슈퍼비전 방법은 다양하게 활용되는 것이 필요하다. 슈퍼바이저는 기록검토나 논의 등의 기본적인 방법 외에도 슈퍼바이지의 학습촉진 및 동기화를 위해 보다 다각적인 차원에서 슈퍼비전 기법에 대해 고민해야 할 것이다.

토론해 보기

- 한국적 상황에서 슈퍼비전에서의 계약은 어떤 내용 수준으로, 어떻게 진행되는 것이 좋을까요?

Chapter 2

학교 내 사회복지실천가 대상 슈퍼비전의 개념 및 목적

생각해 보기

학교 내 사회복지실천가 대상 슈퍼비전이란 무엇이며 어떠한 목적으로 진행되는 것일까요?

1. 학교 내 사회복지실천가 대상 슈퍼비전의 개념

사회복지 슈퍼비전은 시대의 변화에 따라 많은 학자들에 의해 다양하게 정의되어 왔다. 슈퍼비전 초기의 정의는 주로 교육적이거나 행정적인 측면에 초점을 맞추었으나, 점차 행정적 · 교육적 · 지지적 측면의 통합적인 정의를 강조하는 경향을 보이고 있다(강철희 · 최소연, 2005; 최원희, 2009; 안정선 · 최원희, 2010).

슈퍼비전의 다양한 측면이 있지만 기능을 중심으로 한 슈퍼비전의 개념을 학교 내 사회복지실천가에게 적용해 보면, 슈퍼비전이란 교육복지 분야에서 일정 정도의 지식과 경험을 가진 슈퍼바이저가 지식과 기술의 향상을 통해 슈퍼바이지가 전문적으로 성장할 수 있도록 돕고(교육적 기능), 교육복지서비스의 효과적인 전달을 위해 학교 내외의 정책과 절차를 이용해 효율적으로 업무를 수행하며(행정적 기능), 실천 현장에서 슈퍼바이지가 직면하는 문제점을 해결할 수 있도록 지원(지지적 기능)하는 활동이다. 이를 통해 조직 및 교육복지 사업의 목적을 달성하고, 궁극적으로 학생 및 학부모 등 클라이언트에게 최상의 서비스를 제공하도록 하는 행정적 · 교육적 · 지지적 상호작용으로 볼 수 있다.

핵심포인트

슈퍼비전은 슈퍼바이저, 슈퍼바이지, 클라이언트, 조직이 서로에게 영향을 주고받는 활동이며, 조직 내에서 슈퍼바이저와 슈퍼바이지 간의 활동을 통해 궁극적으로 클라이언트에게 최상의 서비스를 제공하고자 계획된 행위로 볼 수 있다.

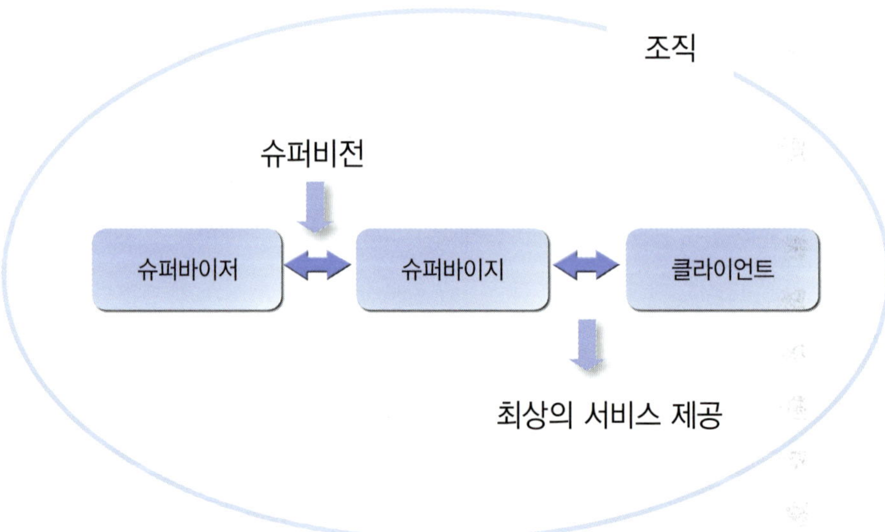

2. 학교 내 사회복지실천가 대상 슈퍼비전의 목적

슈퍼비전은 클라이언트, 슈퍼바이지, 슈퍼바이저, 조직 모두에게 유익을 주는 활동으로 볼 수 있다. Payne(1994)의 구분에 따라 슈퍼비전에 영향을 받는 관련 당사자별로 학교 내 사회복지실천가 슈퍼비전의 목적을 분류해 보면 다음과 같다.

- **슈퍼바이지 차원** : 학교 내 사회복지실천가가 효과적으로 실천을 수행하도록 지원. 자신의 고유한 개입방법을 개발, 전문적 발달을 도모하고 스스로 관리 및 성장할 수 있도록 함
- **클라이언트 차원** : 교육복지 서비스의 대상이 되는 아동, 청소년, 학부모 등이 최대의 이익을 얻도록 부적절한 실천으로부터 아동, 청소년 및 가족을 보호함
- **슈퍼바이저와 조직 차원** : 슈퍼비전을 제공하면서 슈퍼바이저 역시 함께 성장. 조직이 학교 내 사회복지실천가의 업무를 관리하고 학교 내 사회복지실천사업의 궁극적인 비전 달성을 위한 조직 차원의 개입목표를 유지하도록 함

슈퍼비전의 목적을 Kadushin & Harkness(2002)가 제시한 기능별로 분류해 학교 내 사회복지실천가의 슈퍼비전에 적용해 보면 다음과 같다.

- **행정적 슈퍼비전** : 학교 내외의 자원을 활용해 효과적이고 효율적으로 업무수행
- **교육적 슈퍼비전** : 학교 내 사회복지실천가가 전문가로서 성장하고 발전할 수 있도록 실천기술과 지식 확대
- **지지적 슈퍼비전** : 학교 내 사회복지실천가의 업무만족을 높임

핵심포인트

학교 현장 사회복지 슈퍼비전은 사회복지사의 전문적인 성장을 통해 교육복지사업의 원활한 수행 및 발전에 기여하는 것을 목표로 하며, 이를 통해 궁극적으로 클라이언트인 학생 및 학부모에게 최선의 서비스를 제공하는 것을 목적으로 한다고 볼 수 있다.

Chapter 3

학교 내 사회복지실천가 대상 슈퍼비전의 기능 및 내용

생각해 보기

학교 내 사회복지실천가를 대상으로 하는 슈퍼비전은 어떠한 기능을 해야 하며, 그러한 기능을 수행하기 위해 어떠한 내용을 담아야 할까요?

1. 사회복지 슈퍼비전 기능 개요

슈퍼비전은 조직의 목적을 달성하기 위해 다양한 기능으로 구성된 특수한 활동이다(양옥경 외, 2010). 슈퍼비전의 기능이라는 개념을 처음 사용한 학자는 Dawson(1926)으로, 이후 여러 학자들에 거쳐 논의되다가 Kadushin(1992)에 의해 행정적 · 교육적 · 지지적 3대 기능으로 정리되었다(안정선 · 최원희, 2010). Richard et al.(1990), Morrison(2005)은 여기에 중재적 기능을 추가해 행정적 · 교육적 · 지지적 · 중재적 기능을 제시하기도 하였다. 여기서는 가장 전통적이고 일반적으로 받아들여지고 있는 Kadushin(1992)의 3대 기능을 중심으로 각 기능을 이루기 위해 슈퍼비전에서 다루어야 할 내용에 대해 먼저 검토해 보고, 이러한 내용을 학교 내 사회복지실천가 대상 슈퍼비전에 적용해 살펴보도록 하겠다. 편의상 기능을 분류하였지만, 각 기능들은 분리되거나 독립적으로 존재하지 않으며 모든 기능들이 상호관계 속에 고려되어야 함을 기억해야 한다(Hughes & Pengelly, 1997).

세 가지 기능에 대해 간단히 정리하면 아래와 같다. 행정적인 기능은 조직 내외의 자원을 활용해 효과적이고 효율적으로 업무를 수행하는 것과 관련되어 있으며, 교육적 기능은 사회복지사가 전문가로서 성장할 수 있도록 기술과 지식을 확대하는 것, 지지적 기능은 사회복지사의 소진을 예방 및 해소하고 업무만족을 높이는 것과 관련된 개념으로 볼 수 있다. 각 영역별 목표와 내용, 필요 도구, 과제내용을 보다 상세히 정리하면 〈표 3-1〉과 같다.

■ **행정적 슈퍼비전** : 슈퍼바이지에게 적절한 작업환경을 제공하는 것을 목표로, 조직의 구조 속에서 슈퍼바이지를 도울 수 있는 기관 자원에의 접근법 제공
⇒ 효율적으로 과제를 수행하는 사회복지사

■ **교육적 슈퍼비전** : 슈퍼바이지의 업무능력 개선을 목표로 업무에 필요한 지식과 기술 제공
⇒ 자질 있고 능력 있는 사회복지사

■ **지지적 슈퍼비전** : 업무만족감 고취를 목표로 효과적인 업무수행을 위한 심리적 자원 제공
⇒ 공감적이고 이해심 많은 사회복지사

〈표 3-1〉 슈퍼비전의 3대 기능

구 분	행정적 슈퍼비전	교육적 슈퍼비전	지지적 슈퍼비전
목 표	작업환경 제공	업무능력 개선	업무만족감 지원
장애물	비합리적 조직	무지와 낮은 인지능력	정서 불안정
내 용	조직의 구조 속에서 사회복지사의 업무를 도울 수 있는 기관 자원의 접근법 제공	업무에 필요한 지식과 기술 제공, 목적적 · 의도적으로 전문적 자아를 활용하도록 도움	효과적으로 업무를 수행할 수 있도록 심리적 자원 제공
관심영역	효율적인 조직에 사회복지사를 연결시켜 사회복지사가 조직의 구조와 자원을 효율적으로 이용할 수 있도록 하는 것	지식과 기술의 향상을 통해 사회복지사의 효율성을 증대하는 것	업무수행을 방해하는 스트레스를 감소시키고 사기를 증진시켜 사회복지사의 효율성을 증대하는 것
필요 도구	조직의 미션 · 핵심가치 · 비전, 정관, 내규, 업무규정표, 직무기술서, 업무표준지침서, 지역사회서비스 전달체계, 지역사회 자원목록, 기관의 역사책 등	자기지식 개발틀, 직원교육일정표, 학습유형목록, 윤리행동강령, 참고도서, 사례기록, 주중 업무계획표, 월 업무보고서, 분기별 사업계획서, 연 사업계획서, 연 사업평가서, 프로그램 평가서 등	스트레스 사정도구, 사회복지사의 임파워먼트 척도 등
사회복지사 모델	효율적으로 과제를 수행하는 사회복지사	자질 있고 능력 있는 사회복지사	공감적이고 이해심 많은 사회복지사
과 제	– 직원의 채용과 선발 – 직원의 임명과 배치 – 업무계획 – 업무할당 – 업무위임 – 업무검토, 평가 – 업무조정 – 의사소통 촉진 – 행정적 완충 – 변화 대행 – 옹호 – 지역사회 연계	– 가르침 – 학습 촉진 – 훈련 – 경험과 지식 공유 – 정보제공 – 명확화 – 가이드 제공 – 문제해결법을 찾도록 원조 – 전문성 성장 제고 – 조언, 제안	– 스트레스 유발상황 방지 – 스트레스 해소 – 스트레스 대처 원조 – 신뢰형성 – 관점공유 – 결정에 대한 책임공유 – 성공을 위한 기회 제공 – 동료를 통한 지지 제공 – 업무관련 긴장 완화

출처 : 김경희(2007).

이러한 슈퍼비전의 기능을 잘 달성하기 위해 포함해야 할 내용을 영역별로 정리하면 다음 표와 같다.

〈표 3-2〉 영역별 슈퍼비전 내용

영 역	슈퍼비전 내용
기본 정신	(1) 사회사업의 가치 · 실천윤리에 대한 사명감 준수 (2) 사회복지사로서의 정체성 확립 (3) 자신의 전문적 성장에 대한 책임감 (4) 사회복지사의 전문적 지식 기반 형성에 기여 (5) 법인 및 소속 기관의 사명 · 핵심가치 · 비전에 대한 이해 (6) 일에 대한 열정과 신념 발현
행정적 기능	(1) 기관의 공식적 · 비공식적 구조 파악 (2) 기관운영에 영향을 주는 국가 · 지방단위의 복지정책에 대한 이해 (3) 지역사회에 대한 이해 (4) 지역사회 복지서비스 전달체계에 관한 지식 · 활용기술 (5) 기록관리 (6) 업무의 우선순위 (7) 효율적 시간관리 (8) 각 팀 또는 단위사업 간 조정 · 협력 (9) 업무규정에 따른 직무수행 및 책임 (10) 제반 행정절차와 규정 준수
교육적 기능	(1) 클라이언트 체계 개입을 위한 지식 · 기술 ① 인간의 다양성 존중 및 인간행동의 다양성에 대한 지식 · 적용기술 ② 자료수집 · 면접 · 사정 · 개입 · 평가 · 의뢰 · 종결 및 사례관리 기술 ③ 집단사회사업 실천기술 ④ 지역사회 주민의 욕구에 대한 대처능력 (2) 클라이언트를 위한 옹호활동 (3) 사회 · 경제정의 증진에 대한 사명감 (4) 새로운 프로그램의 개발 (5) 실천에 대한 효과성 · 효율성 평가 (6) 자원 개발 및 활용 (7) 기록 기술 및 분석 (8) 자아 인식 · 자기 지식 개발 (9) 대인관계에 필요한 의사소통기술 (10) 동료와의 관계형성기술 (11) 갈등 및 위기상황 처리능력

교육적 기능	(12) 자기 평가능력 (13) 정보 제공
지지적 기능	(1) 신뢰 (2) 관점의 공유 (3) 능력의 극대화 (4) 창의성 자극 (5) 업무수행의 과정 · 결과에 대한 인정 (6) 업무관련 긴장 완화 (7) 스트레스 유발상황 방지 · 해소 · 대처 원조 (8) 결정에 대한 책임 공유 (9) 성공을 위한 기회 제공 (10) 동료를 통한 지지 제공

출처 : 김융일 · 양옥경(2002); 양옥경 외(2010); 안정선 · 최원희(2010).

위에서 제시한 슈퍼비전의 기능별 관심영역과 내용, 각 기능에서 추구하는 사회복지사의 모습을 토대로 학교 내 사회복지실천가 대상 슈퍼비전에서는 각 기능별로 어떠한 내용의 슈퍼비전을 실행해야 할지 살펴보도록 하겠다. 학교 현장에의 적용내용은 본 연구자가 이론적인 검토와 함께 현장에서의 경험, 실무자들과의 토론을 토대로 적용해 본 내용이다.

2. 행정적 슈퍼비전

슈퍼바이저와 슈퍼바이지는 기관의 목적과 기능을 달성하기 위해 고용된 조직구성원 중 한 사람이다. 사회복지기관은 특수한 사회적 욕구를 충족시키고 가능한 자원을 동원하여 클라이언트에게 최선의 전문적 서비스를 제공하고자 하는 목적을 가지고 있다. 행정적인 슈퍼비전은 기관 내외 자원을 최대한 활용해 기관의 목적을 달성하도록 하는 것과 관계된 기능으로 볼 수 있다.

1) 학교사회복지 현장에서 행정적 슈퍼비전을 위한 조직적 고려 요소

행정적인 슈퍼비전을 진행하기 위해 조직 차원에서의 고려가 선행되어야 한다. 기관 목적과의 일치성, 책무성 이행, 이해관계자의 요구 반영, 서비스의 질 유지, 직무성과 확보 등이 이에 해당한다. 일반 사회복지 현장에서의 과업내용을 토대로 학교사회복지 현장에서 조직적으로 고려해야 하는 부분을 살펴보면 다음과 같다.

기본 과업	과업내용		학교사회복지 현장에서의 적용
1. 기관 목적과의 일치성	• 사회복지사는 조직의 피고용자로서 기관의 목적을 달성해야 함	➡	• 학교의 목적 달성 • 학교 내 사회복지실천사업의 비전 달성
2. 책무성 이행	• 정부 자금원을 통해 클라이언트에 대해 간접적인 책임. 자금을 받은 기관은 다양한 방침과 절차의 요구에 따라 일을 완수해야 함 • 업무성과 평가	➡	• 학교 내 사회복지실천사업을 통해 취약계층 아동의 삶의 질이 달라지고 있는지, 교육복지사업의 궁극적인 취지인 빈곤대물림 차단에 기여하는 방향으로 가고 있는지 점검 • 업무절차 준수
3. 이해 관계자의 요구 반영	• 클라이언트, 감독자, 기관 등 이해당사자들의 요구 반영 • 서비스 이용자들을 이해하고 수용	➡	• 학생과 가족, 학교와 지역사회, 교육부 및 교육지원청의 요구 반영
4. 서비스의 질 유지	• 서비스 과정 전반과 결과에서 서비스 질 향상 • 사회사업 실천기술을 가르치고 전문적 조언과 지원을 하는 등 서비스의 질 향상을 위해 교육적 · 지지적 슈퍼비전이 함께 제공되어야 함	➡	• 학교 내 사회복지실천 서비스가 프로그램의 양만이 아닌 우수한 질을 확보 • 학생들에게 실제적으로 도움이 되는 서비스가 되도록 지원

5. 직무성의 달성과 평가	• 책무성 이행을 수행하기 위해 성과 평가의 도입과 실행 • 사회복지실천가의 직무성과 평가	• 학교 내 사회복지실천사업에 대한 성과 평가 • 학교 내 사회복지실천가와 프로젝트조정자의 직무성과 확인

출처 : 기본 과업과 과업내용은 안정선 · 최원희(2010)에 근거해 재구성함.

2) 학교사회복지 현장에서 행정적 슈퍼비전을 위한 세부과업

슈퍼비전의 행정적인 기능을 수행하기 위한 세부과업에는 직원의 선발 및 배치, 업무 계획 및 분장, 평가 및 조절, 갈등관리, 의사소통기능, 옹호 및 행정적 완충 기능 등이 있다. 학교 현장에서 일하는 사회복지사들이 각 과업에서 다루어야 할 슈퍼비전 내용은 무엇인지 살펴보면 다음과 같다.

세부과업	과업내용	학교사회복지 현장에서의 적용
1. 직원의 선발 및 배치	• 조직을 구성하는 개인이 조직의 성격에 적합하도록 직업에 맞는 태도, 기술, 지식 등을 숙지하고 직원 선발에 기여 • 직원 선발 후 이들의 배치, 임명 및 소속된 부서기능 안내, 직원 간 관계, 근무 여건 등 소개	• 학교 내 사회복지실천사업에 적절한 인력 선발 • 근무시간, 급여, 출장 등 근무 여건 안내 • 학교 문화 및 교직원 특성 소개

2. 업무 계획 및 분장	• 적절한 부서 배정 후 기관이 직원에게 원하는 것을 계획하되 슈퍼바이저는 기관의 정책과 목적을 사회복지사가 수행해야 할 과제로 전환해야 함 • 업무나 사례 배분 시 슈퍼바이지 특성에 대한 고려*	➡	• 학교 내 사회복지실천가의 직무 안내, 단위 학교상황 속에서 실무자의 역할에 대한 인지 및 자리매김, 학교와 학교 내 사회복지실천가와의 기대치 조율 • 학교 내 사회복지실천가가 학교에 정착하는 과정에서 슈퍼바이저는 학교와 실무자 사이 중재 역할 • 학교 내 사회복지실천가의 강 · 약점, 특성을 잘 파악하고 조합해 지역협의체 및 공동사업을 추진하도록 지원
3. 업무 평가 및 조절, 갈등관리	• 할당된 업무 위임에 있어 계획대로 잘 수행되는지 모니터 • 지각, 결석 등 근무상황에 대한 관심, 지침 준수, 명백한 의사소통을 통한 공정한 처리 • 슈퍼바이지 수행에 대한 공식적인 평가 및 업무 조정 • 동료 사회복지사와 관계 형성, 부서 간 협력 등 상호 협조 극대화 • 지역사회 네트워크에 속한 다른 기관들과 조정기능, 수직적 · 수평적 조정 및 통합 역할	➡	• 학교 내 사회복지실천가의 업무가 바른 방향으로 가고 있는지에 대한 점검 • 근무태도에 대한 조언 • 학교와 교육지원청의 평가에 대해 학교 내 사회복지실천가와 소통, 정확한 상황 파악과 대처 • 인근 지역의 학교 내 사회복지실천가들과 긴밀한 협력관계 • 교내 부서 안에서 혹은 부서 간 업무 진행상황에 대한 지원 • 네트워크 기관들과의 관계 형성, 협력활동 진행
4. 의사소통 기능	• 업무가 표준화되기 어렵고 지침서에 온전히 담기 어려운 다양한 상황이 많은 조직의 경우 의사소통기능 중요 • 슈퍼바이저는 위로 상사, 아래로 부하직원을 두는 중간위치로 공식적 의사소통 통로를 통해 업무의 본질과 업무수행의 조건이 명확히 이해되도록 해야 함 • 슈퍼바이저는 기관 내 부서 간, 기관 간에 수평적 의사소통 통로 역할을 담당	➡	• 학교 내 사회복지실천가가 학교 내 조직구조 속에서 공식적인 의사소통을 원활히 할 수 있도록 지원 • 학교 내 사회복지실천가가 학교와 지역사회를 연결하는 역할이 중요함을 인식하고 지역기관과의 의사소통 및 협력 능력을 높일 수 있도록 지원

5. 옹호 및 행정적 완충 기능	• 슈퍼바이저는 기관 행정부서, 타부서 그리고 기관이 속한 지역사회의 도전에 대항해 직원을 옹호하는 역할. 행정적 매개자로서 슈퍼바이지의 관심사와 견해를 적극적으로 대표할 수 있어야 함 • 슈퍼바이저는 기관과 슈퍼바이지 사이의 완충자 기능. 기관의 불합리한 요구와 환경으로부터 슈퍼바이지를 보호하고 슈퍼바이지의 일탈행동으로부터 기관을 보호해야 함 • 슈퍼바이저는 기관과 클라이언트와의 관계에 있어 완충자로서 역할. 클라이언트와 슈퍼바이지 보호	➡	• 기관으로부터 부당한 대우를 받을 때 학교 내 사회복지실천가를 보호하고 정당한 활동에 대해 적극적으로 옹호 • 학교 내 사회복지실천가의 일탈행동이 기관에 미치는 영향에 대해 탐색해 보도록 하고 일탈행동 방지 지원 • 학교 내 사회복지실천가의 미숙한 실천으로부터 클라이언트 보호, 클라이언트의 부당한 요구로부터 학교 내 사회복지실천가 보호역할

* ① 슈퍼바이지 개인의 강점과 약점, 능력과 특성 고려
 ② 슈퍼바이지 업무 형평성 고려
 ③ 과업 배분기준이 다양해야 슈퍼바이지 능력 골고루 발휘
 ④ 주어진 업무나 사례가 슈퍼바이지에게 도전과 자극이 될 수 있는지 파악
 ⑤ 클라이언트와 슈퍼바이지 조합에 나이, 성별, 성향 등 고려
 ⑥ 전체 업무 부담과 업무 수행시간을 평가해 계획 수립
 ⑦ 업무분장 과정에서 가급적 슈퍼바이지의 관심과 의견을 표현할 수 있도록 참여. 업무수행 방법 토의기회 제공

출처 : 기본 과업과 과업내용은 안정선 · 최원희(2010); 양옥경 외(2010); 김경희(2011)에 근거해 재구성함.

핵심포인트

슈퍼비전의 행정적인 기능은 기관이 최적의 작업환경을 제공하도록 하고 슈퍼바이지가 기관 자원을 효율적으로 활용해 조직의 목적을 달성할 수 있도록 하는 것과 관련된 활동으로, 이 기능이 잘 수행되었을 때 슈퍼바이지는 효율적으로 과제를 수행하는 사회복지사가 될 수 있다.

3. 교육적 슈퍼비전

Kadusin(1992)은 상당수 사회복지 현장에서 기관들이 직원들을 제대로 훈련시키지 않고 업무에 임한다는 것을 지적하고 있으며, 교육을 슈퍼바이저의 주된 의무로 제시하고 있다. 교육적 슈퍼비전은 사회복지사가 그의 업무를 수행하기 위해 알 필요가 있다고 느끼는 것을 가르치고 배우도록 돕는 것이다. 사회복지사와 클라이언트의 상호작용을 자세히 분석하는 과정을 통해 사회복지실천의 과업수행에 요구되는 지식, 기술, 태도를 가르치는 것이다. 교육적 기능에는 가르치기, 배움을 촉진하기, 훈련시키기, 경험과 지식을 나누기, 정보 제공하기, 명확화하기, 지도하기, 해결책을 찾도록 돕기, 전문적 성장을 강화하기, 충고하기, 제안하기 등의 활동이 있다.

교육적 슈퍼비전을 잘 받은 사회복지라면 자신의 수행을 좀 더 전문적인 견지에서 평가하고 훌륭한 실천을 구분하며 스스로를 평가하는 어떤 기준을 갖게 될 것이다. 이를 통해 통제, 조정, 의사소통, 협력, 평가와 같은 행정적 슈퍼비전의 기능이 좀 더 용이해질 수 있다.

1) 학교 내 사회복지 현장에서의 교육적 슈퍼비전 내용 탐색

슈퍼바이저는 슈퍼바이지로 하여금 개인, 집단, 지역사회가 그들의 사회문제를 스스로 다루도록 도와주면서 사회복지사가 어떻게 행동해야 하는가를 반드시 가르쳐야 한다. Perlman의 문제해결 모델에 의하면, 모든 사회복지사의 핵심상황은 클라이언트(people)가 사회복지사에 의한(personnel) 원조를 받기 위해(process) 사회복지기관(place)에 직접 오거나 의뢰되는 것이며, 이때 클라이언트는 사회적 기능상의 문제(problem)를 지니고 있다고 분석하고 있다. 학교 내 사회복지 슈퍼비전에서 다루어야 할 내용을 살펴보면 다음과 같다.

영 역	과업내용	학교사회복지 현장에서의 적용
1. 문제	• 슈퍼바이저는 슈퍼바이지에게 사회문제의 원인과 이에 대한 지역사회의 반응, 사회문제의 심리사회적 특성, 지역사회 단체에 사회문제가 미치는 영향, 사람들의 생활에 특정 문제가 미치는 영향, 기관이 주로 관심을 두는 사회문제와 기관서비스 간의 관계에 대한 것을 가르쳐야 함	• 빈곤대물림, 학교부적응, 학교폭력, 학습부진 등 아동, 청소년 및 학생을 둘러싼 사회적인 이슈에 대한 이해와 적절한 관점 견지 • 교육복지사업의 지향점 이해와 학교 내 사회복지실천사업이 학교의 정책 방향 속에 자리매김 하도록 해야 함
2. 클라이언트	• 클라이언트가 사회문제의 압력에 반응하는 인간행동에 대한 교육 • 개인과 가족들이 사회문제를 받아들이는 반응과 적응방법, 집단과 지역사회에서 사람들이 사회문제에 행동하는 방법을 가르쳐야 함	• 빈곤가정, 방임 · 학대가정, 한부모 및 조손 가정, 다문화 · 새터민가정, 장애인이 있는 가정 등 다양한 형태의 가정에 대한 이해와 이들이 속한 지역사회에 대한 이해 • 이에 대한 학생들의 적응양상과 대처방식 교육
3. 과정	• 클라이언트의 사회적 역기능을 예방, 완화, 회복하도록 하는 과정에 필요한 사회복지사의 의무 파악 • 개인, 집단, 지역사회가 그들의 문제를 효과적으로 극복하도록 클라이언트를 이해하고 변화를 가져다 줄 수 있는 이론 지도	• 학생 및 가정, 개인, 집단, 지역사회에 대한 개입기술, 사회복지사의 윤리강령 및 행동지침 이해 • 생태체계적인 관점, 위기개입 등 학생을 둘러싼 문제를 이해하고 해결하는 근거가 되는 이론에 대한 이해
4. 기관	• 기관 조직과 기관 정책이 어떻게 형성되고 변화될 수 있는지 파악 • 다른 기관과의 연계, 지역사회 네트워크에 어떤 조화를 이루고 있는지에 대해 지도	• 학교조직, 교육과정, 교직원 등 학교에 대한 이해 • 학교정책 수립과정에 대한 이해 및 관여 • 타 학교, 지역사회 및 지역사회기관에 대한 이해 및 지역사회 네트워크 형성

5. 실무자 자신	• 자기인식을 더욱 발전시키도록 하기 위해 슈퍼비전에서 슈퍼바이저는 슈퍼바이지가 목적적 · 의식적으로 전문적 자아를 활용하도록 해야 함	➡	• 학교 내 사회복지실천가의 자기인식 증진 및 전문적 자아 형성으로 실천가 자신과 클라이언트의 차이에 대해 이해하고 존중하도록 함

출처 : 기본 과업과 과업내용은 안정선 · 최원희(2010)에 근거해 재구성함.

2) 교육적 슈퍼비전에서 슈퍼바이저와 슈퍼바이지의 관계

가르침은 인간관계에서 발생하므로 슈퍼바이저와 슈퍼바이지가 서로 수용하고 긴장을 풀 때 학습효과가 가장 높게 나타날 것이다. 연구결과 관계의 성질에 따라 슈퍼바이지의 개방성이나 변화에 대한 수용성이 달라진다고 보고하고 있다. 슈퍼바이저가 슈퍼바이지와 효과적으로 관계를 맺는 것은 슈퍼바이지가 클라이언트와 맺는 관계의 모델이 되기도 하므로 유의해야 한다.

3) 효과적인 학습을 위한 지침과 기법

교육적 슈퍼비전에 있어 슈퍼바이저는 슈퍼바이지가 어떻게 업무를 수행해야 하는지를 가르쳐야 한다. 가르치기와 배우기를 잘 해야 하는데 Kadushin(1992)이 제시하는 효과적인 학습을 위한 지침과 기법은 아래와 같다.

지 침	기 법
1. "동기화시켜라" – 배우는 것이 필요하다고 느끼도록	① 학습내용의 유용성을 인식시켜라 ② 슈퍼바이지 개인의 동기와 욕구의 관점에서 학습이 의미 있는 것이 되도록 하라 ③ 낮은 동기의 영역을 높은 동기의 영역으로 결합시켜라 ④ 슈퍼바이저는 슈퍼바이지에게 동기가 있다면 이를 자극하고 보호해야 하며, 그렇지 않다면 동기를 갖도록 서서히 가르쳐야 한다.

2. "에너지를 투자하게 하라" – 거부, 불안, 죄책감, 수치심, 실패에 대한 두려움, 자율성에 대한 공격, 불확실한 기대라는 장애를 극복하기 위해 학습을 향한 에너지가 필요	① 규칙을 명확히 세워라 ② 슈퍼바이지 스스로 해결책을 결정할 권리를 존중하라 ③ 수용하는 분위기, 심리적인 안정감, 그리고 안전의 틀을 형성하라 ④ 사회복지사가 이미 알고 있는 것과 할 수 있는 것을 인식하고 활용하라 ⑤ 친숙한 내용에서 생소한 내용으로 옮겨가라 ⑥ 슈퍼바이지의 학습능력에 대한 정당한 확신을 표현하라 ⑦ 가르칠 내용을 숙지하고 이를 기꺼이 가르칠 준비를 하라
3. "만족을 주어라" – 사람들은 만족스러운 것은 계속하기 원함	① 성공의 가능성을 높이기 위한 학습의 여건을 만들라 ② 전문적 성취에 대해 칭찬할 때, 그것이 정당할 때, 학습의 긍정적 만족감은 증가한다 ③ 긍정적인 피드백을 통해 칭찬하라 ④ 몇 번의 정식 평가회의마다 정기적인 실태조사를 시행하라 ⑤ 학습을 부분적으로 나눌 수 있다면 성공할 가능성이 훨씬 높아진다. ⑥ 학습자료를 단계적으로 연관성 있게 제시하라 ⑦ 실패에 대해 슈퍼바이지를 준비시켜라
4. "학습과정에 적극 참여시켜라" – 일방적이 아닌 공유, 학습의 주도성을 갖도록	① 슈퍼바이지가 슈퍼비전 일정을 계획하는 과정에 참여하도록 하라 ② 슈퍼바이지가 질문하고 토론하고 반박하고 의문을 표현할 기회를 제공하라 ③ 가르치고자 하는 지식을 적용하고 활용할 수 있는 기회를 제공하라
5. "교육내용에 의미를 주어라" – 의미 있으면 열심히 배움	① 가능하면 슈퍼바이지가 흥미와 관심을 보이는 내용을 가르치도록 하라 ② 제시될 내용이 일반적 이론에 부합한다면 의미 있게 여겨질 것이다. ③ 의미 있는 가르침이 되기 위해서는 선택이 필요하다. ④ 창의적인 반복은 의미 있는 학습을 만든다. ⑤ 지속성, 연결성, 통합성을 고려한 학습은 좀 더 의미 있는 내용이 될 것이다. ⑥ 이전에 언급된 학습의 원칙을 기억하라
6. "슈퍼바이지를 개별화시켜라" – 슈퍼바이지가 가진 학습자로서의 독특함을 고려하면 교육효과가 높아짐	① 교육 진단을 통해 슈퍼바이지를 개별화하라 ② 교육 진단이 이루어졌다면 이것을 꼭 활용하라 ③ 슈퍼바이지가 자신이 이미 알고 있는 것과 배우길 원하는 것을 평가하는 과정에 적극 참여하도록 하라 ④ 학습속도의 차이에 따라 개별화하라

출처 : 김융일 · 양옥경(2002).

핵심포인트

교육적 슈퍼비전은 슈퍼바이지의 업무능력을 개선하는 것을 목표로 하며, 이를 위해 업무에 필요한 지식과 기술이 향상되도록 돕는 활동이다. 교육적 슈퍼비전이 잘 수행되었을 경우 자질 있고 능력 있는 사회복지사로 성장할 수 있다.

4. 지지적 슈퍼비전

지지적인 슈퍼비전은 슈퍼바이지의 사기와 직무만족도를 향상시키기 위해 스트레스 유발상황을 방지하고 스트레스 해소를 도우며, 책임을 공유하고 신뢰를 형성하며 관점을 공유하는 것이다. 슈퍼바이저는 직원들 간의 공감대를 형성하고 이러한 공감대를 통해 팀 결속을 강화할 수 있어야 하며, 이를 위해 슈퍼바이저는 슈퍼바이지를 지원할 수 있는 시간과 여유를 가져야 한다.

효과적인 슈퍼비전은 크게 두 가지 요소로 업무와 관련된 기술, 정보, 서비스에 해당하는 슈퍼비전의 도구적 측면과 심리적으로 안정된 상태에서 자신들의 업무를 행복하고 만족스러우며 편안하게 하는 표현적인 측면으로 나눌 수 있다. 업무중심과 사람중심, 생산에 대한 관심과 사람에 대한 관심, 이는 상황에 따라 최적의 혼합이 달라질 수 있다. 사회복지 조직은 도구적인 측면이 강조되는 일반 조직에 비해 표현적인 측면을 경시할 수 없는 특성이 있으며, 사람 자체에 중점을 두고 인간의 능력 발달과 보호가 주된 관심영역이기 때문이다.

지지적 슈퍼비전은 사회복지사에게 동기를 부여하고 업무의 욕구와 관련된 불안을 감소시키며, 업무에 대한 만족감을 증진시켜 행정적 · 교육적 슈퍼비전의 효과에 영향을 미칠 수 있다. 지지의 근원은 클라이언트, 동료집단, 사회지지망, 슈퍼바이지의 적응 등이 될 수 있다.

1) 직무 스트레스의 네 가지 주요 원인

다양한 이해관계자들로부터의 강도 높은 요구로 인해 사회복지 직무는 스트레스와 소진에 노출되어 있다. 직무 스트레스의 발생요인으로 직업상 요구, 모호하고 불합리한 조직정책, 물리적 환경, 인간관계에서의 요구 등을 제시하고 있는데, 이러한 기준에 따라 학교 내 사회복지실천가들이 현장에서 스트레스를 받을 수 있는 부분들을 살펴보면 다음과 같다.

요 인	요인 설명		학교사회복지 현장에서의 적용
1. 직업상 요구	집단 간 간섭이 크면 클수록 상황이 불명확할수록, 다양한 요구의 업무를 수행해야 하는 경우 스트레스가 커짐. 과중한 업무량, 직업불안 역시 직무 스트레스 정도 증가, 역할갈등, 모호성으로 최고조에 이름	➡	학교 내 사회복지실천가 역할의 모호성, 과중한 업무, 불안정한 입지 등으로 인한 스트레스
2. 모호하고 불합리한 조직정책	사안결정에 관한 상세한 가이드라인이 존재하지 않는 경우 슈퍼바이지들이 스트레스를 받음	➡	힘의 불균등 속에 사안에 따라 임의적 결정, 명확한 지침 부재
3. 물리적 환경	기온, 조명, 소음, 사무실 디자인 등의 문제는 피로감과 짜증을 불러일으켜 직무 스트레스 유발	➡	활동하기에 부족한 불충분한 교육복지실, 프로그램실
4. 인간 관계에서의 요구들	스트레스는 개인의 성격, 심리적인 여유와 거리, 직위, 능력 및 수입의 차이에서 발생. 이러한 조건들이 사람 간의 긴장관계 유발. 슈퍼바이지들이 클라이언트와 관계성에서 자신을 직업상 잘 분리하지 못했을 경우 많은 스트레스를 받게 됨. 지역사회에서 사회복지전문직이나 기관에 대해 부정적인 시각이나 비판이 있을 때, 슈퍼바이지 개인의 성격문제로 인해 스트레스를 받을 수 있음	➡	직업의 불안정성, 교사와 급여 및 근무조건의 차이, 지역기관과 원활하지 못한 소통

출처 : 기본 과업과 과업내용은 안정선 · 최원희(2010)에 근거해 재구성함.

2) 스트레스 결과

스트레스로 인해 사회복지사는 다양한 형태의 신체적 · 정서적 · 행동적 징후를 경험하게 된다(Brown & Bourne, 1996). 피로, 식욕상실, 불면증, 두통, 이유 없는 심리적 · 신체적 고통을 겪게 되기도 하고, 더 나아가 행동상의 징후가 나타나기도 한다. 자신을 고립시키거나 지나친 자기 비판을 하기도 하며 업무에 기계적으로 접근하고 열정을 상실하기도 한다. 짜증을 내거나 무기력해지고 개혁과 변화에 대해 저항하게 되어 사회와 개인관계의 붕괴를 경험하기도 한다. 이와 같이 스트레스를 잘 다루지 못하면 업무에 지장을 초래하게 되며, 기관의 분위기, 업무성과를 심각하게 손상시키는 결과를 가져온다. 따라서 슈퍼바이저는 슈퍼바이지가 업무와 관련된 스트레스에 잘 적응하고 극복해가도록 돕는 책임을 수행해야 한다. 슈퍼바이저는 불안, 죄의식, 불만을 감소시키고, 확신, 자신감, 적응력을 증진시키며 슈퍼바이지의 강점을 극대화하는 노력을 기울여야 한다. 부정적인 감정은 높은 이직이나 업무에 대한 무관심, 대인관계상의 마찰 등으로 이어져 효과적인 기관 운영을 저해하기 때문이다.

토론해 보기

- 학교 내 사회복지실천가들은 학교 내외에서 다양한 요구를 받으며 모호한 역할, 불안정한 신분, 명확한 가이드라인 부재, 동일 전공자가 거의 부재한 학교환경, 많은 사람들과의 부대낌 등 여러 가지 스트레스를 받을 수 있는 환경 속에 있다. 개선이 불분명한 이러한 상황에 대해 자신은 어떻게 대처했는지, 슈퍼바이지에게 어떠한 지지를 제공하면 도움이 될지 나눠보자.

3) 스트레스 감소와 개선, 예방 방법

슈퍼바이지의 스트레스를 감소시키고 예방하기 위해 슈퍼바이저와 조직이 할 수 있는 일들은 무엇이 있을까? 안정선 · 최원희(2010)가 제시하는 스트레스의 관리방안을 제시하면 다음과 같다.

① 슈퍼바이저가 업무를 효과적으로 수행할 수 있도록 직무와 클라이언트에 대해 적절한 정보를 제공한다.

② 사회복지사를 지지하고 일시적으로 도피할 수 있는 환경을 마련한다. 휴가, 각종 연수, 워크숍, 학회 등 교육적 자극과 재충전, 휴식의 기회를 확보한다.

③ 융통성 있는 업무계획과 업무분담을 하고 때로는 담당 업무량을 조정할 수 있다. 최종적으로 업무를 순환하거나 교체하는 방법을 활용하기도 한다.

④ 어려운 결정에 대해 슈퍼바이저가 책임을 분담하고 갈등을 겪는 업무에 대해 문제해결을 위한 원조를 제공한다.

⑤ 기관정책에 대해 명확한 개념을 형성하도록 돕고, 자신들의 고유업무 목표, 기관 내에서의 역할을 확인하도록 지지를 제공한다.

⑥ 슈퍼바이지의 훌륭한 업무수행을 칭찬하고, 노력과 수고에 대해 기관의 감사를 전달한다.

⑦ 직접적인 면담으로 현실과 일에 대해 인지적으로 재구성할 수 있도록 한다.

4) 지지적 슈퍼비전에 있어 네 가지 차원의 지원

지지적인 슈퍼비전은 다양한 차원에서 이루어질 수 있다. Tsui(2004)는 슈퍼비전의 네 가지 차원을 제시하고 있는데, 정서적 · 평가적 · 도구적 · 정보적 지지가 그것이다. 친근함을 표현하는 것을 비롯해 구체적인 업무성과에 대해 칭찬할 수 있으며, 작업에 필요한 조언이나 전문가로서의 성장을 돕는 것이 모두 지지적인 슈퍼비전이 될 수 있다. 각 차원을 살펴보면 아래와 같다.

① **정서적 지지** : 애정과 친근함을 표현하며 슈퍼바이지의 긴장을 풀고 누군가가 그들에게 관심을 기울이고 있음을 느끼도록 한다.

② **평가과정을 통한 지지** : 슈퍼바이지의 업무에 대한 칭찬의 형태로 나타난다. 자신의 성취를 자각함으로써 조직 속에서 강한 안전감을 느끼게 한다.

③ **도구적 지지** : 슈퍼바이저가 직업 수행에 필요한 조언 및 도움을 제공한다.

④ **정보적 지지** : 슈퍼바이저가 슈퍼바이지의 전문가로서의 성장에 도움을 주는 유용한 정보를 제공한다.

핵심포인트

지지적 슈퍼비전은 슈퍼바이지의 업무만족감을 높이는 것을 목표로 효과적인 업무수행을 위한 심리적 자원을 제공하는 역할을 한다. 지지적 슈퍼비전이 잘 수행되었을 경우 공감적이고 이해심 많은 사회복지사로 성장할 수 있다.

Chapter 4 슈퍼바이저에 대한 이해

학교 현장의 슈퍼바이저는 먼저 슈퍼비전의 필요성에 대한 깊은 이해와 인지가 있어야 한다. 그리고 슈퍼비전을 통해 학교 내 사회복지실천가들이 더욱 전문적인 방법으로 학교 내 사회복지실천을 수행하는 데 이바지하기 위한 사명감과 책임감이 있어야 한다. 더구나 타 전문가와 함께 일해야 하는 학교 현장에서 슈퍼바이저가 된다는 것은 쉬운 일이 아니다. 그러므로 슈퍼바이저로서 자격과 자질을 갖추기 위한 기본적인 준비 외 끊임없는 자기 계발을 통해 슈퍼바이저로서의 역할을 하기 위한 준비를 해야 한다. 이는 2차 세팅에서의 슈퍼바이지 직무에 대한 이해를 기본으로, 직무수행 및 슈퍼바이지가 처한 다양한 상황들에 대해 적절한 슈퍼비전을 제공할 수 있어야 하기 때문이다. 즉, 학교 현장의 슈퍼바이저는 슈퍼바이저로서 갖춰야 할 기본적인 자격과 지식 및 기술, 가치와 태도를 바탕으로 이를 향상하기 위해 부단한 자기 계발에 대한 노력을 할 필요가 있다.

이 장에서는 학교 현장에서 갖추어야 할 슈퍼바이저의 자격과 지식, 기술, 가치 및 태도 그리고 수행해야 하는 역할에 대해 살펴보고, 슈퍼바이저로서의 역량을 점검해 봄으로써 자신의 부족한 부분을 보완하도록 하자.

1. 슈퍼바이저의 자격

생각해 보기

여러분들은 학교 현장에서 누가 슈퍼바이저가 될 수 있다고 생각하나요?

현재 학교 내 사회복지실천가에 대한 슈퍼비전은 학교 현장 운영주체에 따라 여러 형태로 존재하지만, 표준화된 체계는 마련되어 있지 않다. 학교 현장 우선 지원사업의 경우 일부 지역에서는 프로젝트조정자가 슈퍼바이저 역할을 수행하기도 하고, 학교별 상황에 따라 교수 및 관련 전문가를 슈퍼바이저로 두어 슈퍼비전이 원활히 이루어지는 곳도 있다. 하지만 대부분 지역에서는 슈퍼비전이 형식적이거나 제대로 이루어지지 않고 있으며, 슈퍼비전 자체가 없는 지역도 있다. 또한 지방자치단체별 학교사회복지사업이나 위 스타트, 위 클래스, 드림스타트 등의 경우에도 협약대학의 자문교수를 통해 비교적 원활하게 진행되는 곳도 있지만 그렇지 못한 지역도 있는 것으로 조사되고 있으며, 슈퍼바이저의 자격 또한 분명하지 않다(조성심 · 좌동훈, 2011).

한편 한국학교사회복지사협회의 자격관리위원회에서 제시하고 있는 학교사회복지사에 대한 슈퍼바이저의 공식적인 자격기준은 학교사회복지사 자격증을 소지한 사람으로 학교사회복지 5년 이상 실무경력이 있는 자 또는 학교사회복지 자격을 소지한 교수로 명시하고 있다(한국학교사회복지사협회, 2013). 그러나 학교사회복지사에 대한 슈퍼비전의 지침과 운영방법을 포함하는 표준안이 마련되어 있지 않은 현 상황에서 이러한 자격을 가진 실무자나 교수가 슈퍼바이저로서의 역할을 수행하는 일은 쉽지 않은 일이다.

그렇다면 학교 현장에서 누가 슈퍼바이저가 될 수 있을 것인가? 슈퍼바이저는 어떤 사람이며 자격요건은 무엇인가? 이는 1, 2차 현장에서 활동하고 있는 사회복지사들에 대한 슈퍼비전 관련 이론과 연구 및 학교 현장에서 실제 슈퍼바이저에 대한 자격기준안 등을 통해 슈퍼바이저의 자격요건을 알 수 있을 것이다.

일반적으로 사회복지기관에서의 슈퍼바이저는 5년 이상의 경력과 학부졸업 이상, 과장 이상의 직급의 자격을 가진 자로서 현 해당 기관에서 일정 근무경험을 가지고 있어야 하며, 전문적 슈퍼비전의 경험을 통한 훈련과 준비가 된 자이다. 그러나 학교는 사회복지사 1명이 근무하는 2차 세팅으로 잦은 이직과 불안정한 근무 여건이 특징으로 이러한 자격을 갖춘 슈퍼바이저가 없다. 그러므로 학교 내 사회복지실천사업이 운영되는 지역을 중심으로 동료 사회복지사 중 해당 지역에서 근무경력이 3년 이상인 자와 슈퍼바이저로서의 지식과 기술, 가치 및 태도를 지닌 자라고 하겠다. 즉, 학교 현장에서의 슈퍼바이저는 최소한 학교 내 사회복지실천가로서 3년 이상의 실무경력을 갖추고 사회복지학과 교육학 및 청소년학과 관련된 이론적 지식과 기술을 비롯하여 아동 및 청소년 관련 정책과 행정 및 법 등의 지식을 갖춘 자로서 전문적 학교 현장 실천기술을 가지고 사회복지 윤리에 입각하여 전문직에 대한 책임감과 사명감을 지닌 자라 할 수 있겠다.

핵심포인트

슈퍼바이저의 자격요건은 일정 기간 이상의 학교 내 사회복지실천 실무경력을 갖추고 슈퍼바이저로서의 지식과 기술, 가치 및 태도를 지녔으며, 전문적 학교 현장 실천에 대한 책임감과 사명감을 지닌 자라 할 수 있다.

다음에 제시된 Tip은 Secemsky와 Ahlman(2003)의 논문에서 학교사회복지사가 임상 슈퍼비전을 실시하는 데 직면하는 이슈와 도전을 다룬 것으로, 학교사회복지사의 효과적인 슈퍼비전 진행을 위해 슈퍼바이저 선임을 위한 가이드라인을 요약한 것이다. 슈퍼비전의 성공변인 중에 가장 중요한 요인 중 하나인 슈퍼바이저를 선임할 때 이를 자격기준으로 적용해 볼 수 있다. 우리나라와는 상황이 다른 부분이 있지만 참고해서 슈퍼바이저의 자격에 활용할 수 있을 것이다(주석진 외, 2013).

Tip 학교사회복지사 슈퍼바이저 선임을 위한 가이드라인

1. CSWE(미국사회복지교육협의회)로부터 사회복지 학위를 받고 임상사회복지사로서 자격을 부여받은 사람이어야 한다(일리노이에서는 MSW 슈퍼바이지는 3,000시간 이상, Ph.D는 2,000시간 이상의 슈퍼비전 경험 필수). 슈퍼비전은 최소 일주일에 한 시간 이상 소요해야 한다.
2. 학교사회복지실천에 대한 직접 경험 혹은 유사 경험이 필수적이다. 이것은 학교사회복지에서 수행되는 기능, 세팅 안에서 사용되는 특수용어, 학교사회복지사에 의해 제공되는 서비스의 범위, 아동, 청소년 개발에 대한 지식을 포함한다.
3. 다양한 현장에서 사회복지경험의 범위가 이론적으로나 임상적 기술 모두에서 넓어야 한다. 슈퍼바이저는 다른 나이의 그룹, 다양한 문화, 사회경제적인 수준들과의 개별화된 활동 경험이 필요하다.
4. 슈퍼바이지가 문제사정과 개입지점을 결정하는 데 가이드를 주기 위해 슈퍼바이저는 다른 수준의 실천(미시, 중시, 거시)에 대한 지식을 가지고 있어야 한다. 이것은 특히 체계 안에서 다양한 그룹들–학교사회복지사를 포함해 학생, 교사, 가족, 학교 행정, 교직원–이 직면하는 위기개입의 사건에 대해 필요하다.
5. 최신의 사회복지 문헌과 연구개발에 대한 적극적인 관심을 유지해야 한다.
6. 슈퍼바이지를 위한 효과적인 자원을 제공하기 위해 다양한 사회복지 방법과 잘 구성된 실천모델에 대해 바른 이해를 가져야 한다.

7. 슈퍼바이저는 NASW의 윤리강령에 대해 확실히 이해하고 모든 사회복지실천에 있어 윤리적인 의사결정의 정신을 보여야 한다.
8. 슈퍼바이저는 사회복지실천에 영향을 미치는 정치적 · 경제적인 힘에 대해 인식해야 한다.
9. 슈퍼바이저가 다양성의 이슈를 탐색하는 것은 추천할만한 일이다. 성, 인종, 윤리적인 요인 등의 문제를 규명하고 클라이언트의 기능에 영향을 미친다는 인식은 필수적이다.
10. 슈퍼바이지뿐 아니라 사회복지 슈퍼바이저도 주 정부의 요구를 충족하기 위해 정규적인 스케줄의 임무에 충실해야 한다. 슈퍼바이저는 또한 학습에 도움이 되는 분위기를 만들도록 도와야 한다. 이것은 슈퍼바이지의 지적 · 정서적 목적과 욕구에 주의를 기울이고, 슈퍼비전 과정에 대해 탐색하고 수정하는 데 개방적일 것을 요구한다.

출처 : 주석진 외(2013).

2. 슈퍼바이저가 되기 위한 준비

생각해 보기

슈퍼바이저가 된다는 것은 무엇을 의미할까요? 여러분들은 슈퍼바이저가 되기 위해 준비하고 갖춰야 할 요건은 무엇이라고 생각하나요?

앞서 살펴본 바와 같이 학교 현장에서 슈퍼바이저가 된다는 것은 기본적으로 갖추어야 하는 외적 자격요건도 중요하지만, 효과적인 슈퍼비전이 이루어지기 위해서 슈퍼바이저가 지녀야 하는 내적인 요건은 매우 중요하다.

대부분의 연구에서는 슈퍼바이저의 인구통계학적인 배경인 연령, 성, 경력, 학력 등과 슈퍼바이저의 스타일이나 행동 특성, 준비성(역량), 기질적 성향, 의사소통 방식 등은 슈퍼비전 과정 및 결과에 큰 영향을 미치며, 슈퍼바이지 또한 그들이 갖는 다양한 교육적 경험이나 배경, 행동 특성 등도 영향을 미치는 것으로 보고되고 있다(안정선 · 최원희, 2010).

슈퍼바이저가 된다는 것은 외적으로 갖추어야 하는 경력, 학력 등의 관련자격 외에도 기본적인 지식, 기술, 가치, 태도 등의 역량을 갖추어야 하며, 슈퍼바이저로서의 역할과 책임을 수행해야 한다는 것이다. 그러나 슈퍼바이지는 슈퍼바이저를 모델링하여 자신을 성장시켜나가기 때문에 무엇보다도 슈퍼바이저는 자신에 대한 이해가 우선되어야 한다. 이는 슈퍼바이저 자신의 특성에 대한 인식, 역량 탐색, 적합한 지식과 기술 정도, 가치와 태도, 경험, 스타일, 과업과 역할에 대한 이해 등 본인에 대한 사정을 통해 가능할 것이다. 본인에 대한 사정은 슈퍼바이저로서의 자신에 대해 다음과 같은 질문들을 객관적으로 탐색해 보아야 한다. 즉, 바람직한 슈퍼바이저가 되기 위해서는 끊임없이 이러한 질문을 지속함으로써 자신에 대한 탐색과 노력을 게을리 하지 않고 자신의 역량을 강화시켜나가야 한다.

- 자신의 강점과 약점은 무엇인가?
- 대인관계기술은 어떠한가?
- 자신의 역할이나 직무에서 효과적이고 성과를 나타내는 특성이나 능력은 무엇인가?
- 실천업무와 관련된 지식과 기술의 수준은 어떠한가?
- 직무에 대한 가치와 태도는 어떠한가?
- 윤리강령에 의거한 실천을 적용하고 있는가?
- 슈퍼비전을 제공할 여건과 자세는 되어 있는가?
- 가정에서의 경험이 슈퍼비전에 어떤 영향을 주는가?
- 실천가로서 어떤 경험을 하였는가?
- 슈퍼비전을 받았던 경험은 어떠한가?

- 어떤 스타일인가?(적극적인가, 반응적인가, 철학자인가, 이론가인가, 기술자인가)
- 관련 서적을 얼마나 탐독하는가?
- 학교 현장 정책에 대해 이해하고 있는가?

● 자기 사정을 위한 질문들

① 나는 나 자신에 대해 어떻게 생각하고 느끼고 있는가?

② 나는 나 자신의 기본적인 욕구(신체적 · 정신적 · 사회적 · 영적 · 지적 욕구)를 어떻게 다루고 있는가?

③ 나의 가치관은 어떤 것이 있으며, 이것이 나의 행동 및 타인과의 관계를 어떻게 규정하고 있는가?

④ 나는 내가 살고 있는 가정과 학교, 사회에서 어떻게 관계하고 있는가?

⑤ 나의 생활양식은 어떠한가?

⑥ 나의 기본적인 철학관은 무엇인가?

⑦ 나는 내가 상대하는 사람들에게 나 자신을 어떻게 보여주고 있는가?

⑧ 나는 나의 과거에 경험했던 문제(가장 해결하기 힘들었던)를 어떻게 해결하였고 현재 어떻게 인식하고 있는가?

⑨ 위 질문 외 자신이 생각하는 자기 인식을 위한 질문을 만들어 답해보세요.

출처 : Bill, N.(1997), 남기철 외(2005) 수정 및 보완.

다음은 슈퍼바이저의 역량 체크리스트와 바람직한 슈퍼바이저 사정척도이다. 이러한 구체적인 사정척도를 통해 슈퍼바이저로서의 자신의 역량을 체크해 보고 이를 점검해 보면서 부족한 부분에 대한 역량을 강화하자.

지식영역	보유도				
	전혀 없음	대체로 없음	보 통	대체로 있음	많이 있음
1) 소속 기관의 사명 · 철학 · 구조 · 재정 등 대한 이해					
2) 슈퍼바이저 자신의 강 · 약점, 편견 등에 대한 인식					
3) 관련 국가, 지방단위 복지정책에 대한 이해					
4) 지역사회 및 조직 내 서비스전달체계에 대한 이해					
5) 인간행동의 다양성과 클라이언트 특성에 대한 이해					
6) 클라이언트체계에 대한 개입방법 이해					
7) 프로그램 계획, 실행 및 효과성 평가 제반 지식					
8) 사회복지 윤리, 가치에 대한 이해					
9) 슈퍼바이지의 직무에 대한 이해					
10) 슈퍼비전에 대한 지식					
기술영역	전혀 없음	대체로 없음	보 통	대체로 있음	많이 있음
1) 슈퍼바이지의 개인적 성향 · 특성에 대한 이해					
2) 슈퍼바이지에 대한 교육적 진단 및 학습계획 수립					
3) 학습촉진기술					
4) 직무분석 · 업무분장과 조정 기술					
5) 각종 기록 유지와 기록능력					
6) 직무 모니터링 및 평가와 피드백 기술					
7) 팀워크 및 집단을 이끄는 기술					
8) 긍정적 지지, 공감능력 및 의사소통기술					
9) 갈등중재기술					
10) 사회복지 전문적 실천기술					
가치 및 태도 영역	전혀 없음	대체로 없음	보 통	대체로 있음	많이 있음
1) 자기 직무에 대한 책임감					
2) 사회복지사로서 전문적 자아의 확립					
3) 슈퍼바이지의 전문적 성장에 대한 신념과 헌신					
4) 공정한 처우					

5) 진실함					
6) 일관성					
7) 협력 및 협동					
8) 개방적 태도와 포용력					
9) 먼저 행동하고 노력하는 솔선수범					
10) 슈퍼바이지의 자율성에 대한 인정					

점수계산 : '전혀 없음'=1점, '대체로 없음'=2점, '보통'=3점, '대체로 있음'=4점, '많이 있음'=5점, 총점 50점

각 영역 자신의 점수는? ________ 점

• 지식점수 = ________ / • 기술점수 = ________ / • 가치 및 태도 점수 = ________

출처 : 안정선(2007).

수 준	기 준
① 다른 사람들을 가르치는 것을 좋아한다.	예 · 아니오
② 다른 사람들이 못 알아들을 때 잘 참는다.	예 · 아니오
③ 간접적인 제안에 숙련되어 있다.	예 · 아니오
④ 다른 사람들이 일을 더 잘하도록 돕는 데 헌신적이다.	예 · 아니오
⑤ 다른 사람들의 불평을 기꺼이 들어준다.	예 · 아니오
⑥ 미리 계획하는 것을 좋아한다.	예 · 아니오
⑦ 내 자신의 실천업무를 기꺼이 줄일 수 있다.	예 · 아니오
⑧ 질문에 대답하는 것을 싫어하지 않는다.	예 · 아니오
⑨ 질문을 하는 것을 싫어하지 않는다.	예 · 아니오
⑩ 조직의 문제를 토의하는 것을 싫어하지 않는다.	예 · 아니오
⑪ 다른 사람들이 실수를 저지르는 것을 참을 수 있다.	예 · 아니오
⑫ 비판을 받아들일 수 있다.	예 · 아니오
⑬ 다른 사람들이 나의 조언을 따르지 않는 것을 받아들일 수 있다.	예 · 아니오
⑭ 결정을 내리는 것을 좋아한다.	예 · 아니오
⑮ 이론에 대해 토의하는 것을 싫어하지 않는다.	예 · 아니오
⑯ 내가 내리는 결정들에 대해 너무 많은 지지를 필요로 하지 않는다.	예 · 아니오
⑰ 다른 사람들의 실천업무를 평가하는 것을 싫어하지 않는다.	예 · 아니오
⑱ 혼자 일하는 것을 싫어하지 않는다.	예 · 아니오
⑲ 서류업무 때문에 좌절하지 않는다.	예 · 아니오
⑳ 즉시 행동하기보다는 깊이 생각하는 것을 더 좋아한다.	예 · 아니오

수 준	기 준
㉑ 나보다 지위가 낮은 사람에게 권위적으로 대하지 않는다.	예 · 아니오
㉒ 다른 사람의 생각을 존중할 줄 안다.	예 · 아니오
㉓ 다른 사람과 투명하고 열린 대화를 이끌어갈 수 있다.	예 · 아니오
㉔ 다른 사람이 잘하는 것을 보고 기뻐할 수 있다.	예 · 아니오
㉕ 하나의 이슈를 놓고 긍정적으로 토론할 수 있다.	예 · 아니오

점수계산 : '예' = 4점. 25문항 모두 '예'이면 100점
자신의 점수는? ________ 점

출처: Munson(1981); 김융일 · 양옥경(2004).

▶ 위 체크내용을 통해 어떤 Action Plan으로 자신의 '핵심' 역량을 강화할 수 있을까요?

지피지기면 백전백승이라는 사자성어가 있다. 이를 슈퍼비전에 적용해 보면 슈퍼바이지에 대한 바른 인식과 이해를 통해 슈퍼비전을 효과적으로 수행하는 데 도움이 될 것이다. 슈퍼바이지란 슈퍼비전에서 가장 중요한 구성요소이다. 슈퍼비전의 성공적인 수행은 슈퍼바이저와 슈퍼바이지와 서로 믿고 의지하는 관계로서 상호 밀접한 관계형성을 통한 신뢰를 바탕에 둔다.

다음은 슈퍼바이지의 역량 체크리스트이다. 보다 구체적인 사정척도를 통해 슈퍼바이지의 역량을 체크하고 이를 점검하면서 부족한 부분에 대한 역량을 강화하도록 하자.

슈퍼바이지 세부 역량내용	슈퍼바이지 역량수준				
	1	2	3	4	5
	전혀 없음	대체로 없음	보 통	대체로 있음	많이 있음
1) 슈퍼비전에 대한 공동책임 인식					
2) 본인 자기 계발에 대한 명확한 계획수립					
3) 슈퍼비전 욕구의 표현 및 슈퍼비전 요청					
4) 슈퍼비전에 대한 수용적이며 비방어적인 태도					
5) 슈퍼비전 내용에 대한 자발적 적용자세와 실행능력					
6) 시기적절하고 명확한 업무보고					
7) 사전자료 작성 및 제출 등 슈퍼비전에 대한 준비					
8) 슈퍼바이지의 자기 인식					
9) 직무수행에 대한 적극적 태도					
10) 직무에 대한 책임감					

점수계산 : '전혀 없음'=1점, '대체로 없음'=2점, '보통'=3점, '대체로 있음'=4점, '많이 있음'=5점, 총점 50점

출처 : 안정선(2007).

Tip 슈퍼바이지의 권리 : Bill of Rights

① 슈퍼바이저로부터 지속적이고 정기적인 간격을 둔 슈퍼비전을 제공받을 권리가 있다.
② 개인 사생활을 존중하는 성장중심 슈퍼비전을 받을 권리가 있다.
③ 기술적으로 정통하며 이론적으로 현실적 기반을 둔 슈퍼비전을 받을 권리가 있다.
④ 직무수행에 대한 실제적인 관찰에 기반한 평가와 미리 분명하게 설계된 기준에 의해 평가될 권리가 있다.
⑤ 임상적 실천에 대한 적절한 기술과 슈퍼비전에 대한 충분한 훈련이 된 슈퍼바이저로부터 슈퍼비전을 받을 권리가 있다.

출처 : Munson(2002).

핵심포인트

슈퍼바이저가 되기 위해서는 준비해야 할 기본적인 요건은 다음과 같다. 먼저 학력, 경력 등의 관련자격 외에 기본적인 지식, 기술, 가치, 태도 등의 역량을 갖추어야 한다. 또한 끊임없는 자기 사정을 통해 자신을 탐색하고, 지식과 기술, 가치 및 태도 영역에서의 자신의 역량을 체크해 보고 부족한 부분의 역량을 강화시켜야 한다. 그리고 슈퍼바이지에 대해 올바르게 인식하고 이해를 할 수 있는 기본적인 인간관계 관련훈련이 필요하다.

3. 슈퍼바이저의 지식 및 기술

생각해 보기

여러분들은 슈퍼바이저의 지식역량 및 기술역량은 무엇이라고 생각하나요?

효과적인 슈퍼비전이 이루어지기 위해서 슈퍼바이저가 어떤 지식과 기술 및 가치를 지녔느냐는 것은 매우 중요하며, 슈퍼바이저의 지식 및 기술은 슈퍼바이저가 지녀야 할 역량 중 가장 핵심적인 요인이다. 그러므로 학교 현장의 슈퍼바이저는 사회복지실천의 제반적인 지식 및 기술과 함께 교육정책, 교육행정, 교육 관련 법 등과 관련된 전문적인 지식역량 및 기술역량이 필요하다. 다음의 〈표 4-1〉은 사회복지기관에서 근무하는 슈퍼바이저에게 요구되는 지식역량 및 기술역량의 중요도를 기준으로 구성하여 제시한 것이다.

〈표 4-1〉 슈퍼바이저의 지식역량 및 기술역량

지식 역량	① 프로그램의 계획과 실행, 효과성 평가와 관련된 제반 지식에 대한 이해 ② 자신의 강점과 약점은 물론 사회현상이나 어떤 대상에 대한 편견에 대한 자기 인식 ③ 지속적인 자기 분석과 성찰을 위한 과학적 지식 보유 ④ 슈퍼바이지의 직무 전반에 대한 이해 ⑤ 다양한 클라이언트의 특성 이해 및 개입방법에 대한 지식 ⑥ 조직이 지역사회에 가지는 미션 이해 및 지역사회 및 전달체계에 관한 지식 ⑦ 슈퍼비전 관련지식(슈퍼비전 이론, 슈퍼비전 모델과 방법, 슈퍼바이저의 역할) ⑧ 해당 기관 및 조직 관련지식 ⑨ 조직의 리더로서 리더십 관련의 전반적인 지식 보유
기술 역량	① 효과적인 슈퍼비전을 위한 의사소통기술(경청, 의사표현, 의사전달 등) ② 사회복지의 전문적 실천기술(개인, 집단, 조직 및 지역사회실천 기술) ③ 슈퍼바이지의 직무수행과 노력에 대한 긍정적 지지 및 격려기술 ④ 조직의 상사 및 동료, 슈퍼바이지와의 관계형성기술 ⑤ 조직 내 집단 슈퍼비전, 팀 활동의 리더로서 팀워크 형성 및 집단을 이끄는 기술 ⑥ 슈퍼바이지 개인의 전문적 성장에 관한 모니터링 및 평가 기술 ⑦ 슈퍼바이지의 개인 성향, 특성 파악 ⑧ 슈퍼바이지의 교육적 욕구 사정 및 개인별 학습계획 수립과 학습촉진기술 ⑨ 지역사회 자원 분석기술 ⑩ 각종 문서관리와 기록유지를 위한 기록능력 ⑪ 사회복지 동향 및 다양한 관련정보 수집기술

출처 : 안정선 · 최원희(2010).

학교 현장에서의 슈퍼바이저는 무엇보다도 학교 현장과 관련하여 충분한 지식과 경험을 가지고 있어야 한다. 그리고 슈퍼바이저는 이러한 지식과 경험을 토대로 구체적인 자료를 만들고, 그 자료를 토대로 다양한 접근방법을 활용하여 적극적인 태도로 슈퍼바이지가 성장할 수 있도록 영향력을 끼쳐야 한다. 〈표 4-1〉의 내용을 토대로 학교 현장에서 슈퍼바이저가 지녀야 할 지식역량 및 기술역량을 구성하면 다음과 같다.

- 상담에 대한 이해와 기술(가족상담, 위기개입, 개별상담, 집단상담)
- 집단활동에 대한 이해와 기술(학교 욕구에 부합되는 프로그램, 일반적 프로그램, 예방 프로그램, 치료 프로그램 등)

- 지역사회 네트워크 구축 및 활용 기술
- 학교 내 · 외 관계 맺기
- 학교행정 서식에 대한 이해 및 기록활동
- 운영계획서 작성 및 보고서 작성 관련
- 평가관련 척도 활용과 평가기법에 대한 이해
- 학교 현장 사회복지실습생의 슈퍼바이저로서의 역할과 기능에 대한 이해
- 학교 현장 사회복지와 학교시스템에 대한 이해
- 교육학, 상담학 관련 이론과 실제에 대한 학습
- 동료들 간의 네트워크 구축 및 활용방법
- 교육과 복지, 문화, 경제 등 사회 전반적인 정책에 대한 이해
- 최근의 이슈화되는 정치 · 경제 · 사회 · 교육문제에 대한 쟁점과 이해
- 관련서적 탐독하기
- 기타

토론해 보기

■ 이외 여러분들은 학교 현장에서 슈퍼바이저가 지녀야 할 지식역량 및 기술역량은 무엇이라고 생각하나요?

- 지식 :

- 기술 :

핵심포인트

슈퍼바이저가 갖추어야 할 지식역량 및 기술역량은 다음과 같다. 먼저 학교 현장에서 필요한 사회복지에 대한 이해를 토대로 학생 개인, 집단, 가족, 학교 및 지역사회와 관련된 전반적인 지식을 비롯하여 이를 활용하고, 효과적인 슈퍼비전을 제공할 수 있는 기술을 지녀야 한다. 뿐만 아니라 지식과 기술을 향상하기 위해 끊임없이 자기 계발을 해야 한다.

4. 슈퍼바이저의 가치 및 태도

생각해 보기

여러분은 슈퍼바이저가 어떤 가치와 태도를 지녀야 한다고 생각하나요?

슈퍼바이저의 지식 및 기술 이외 슈퍼바이저의 가치와 태도는 슈퍼비전에 영향을 미치는 또 다른 중요한 요인이다. 즉, 슈퍼바이저는 자신의 성장과 학문적 배경, 슈퍼바이지로서의 경험 및 실천가로서의 경험 등을 통해 형성된 가치는 태도로 표면화되며, 자신도 모르는 사이에 슈퍼바이지에게 전달이 되고 슈퍼비전의 효과에 영향을 미치게 된다. 그러므로 슈퍼바이저는 사회복지 및 학교교육에서 추구하는 고유의 가치를 포함하여 종교, 낙태, 결혼과 이혼, 정서적 성향, 영성, 자살 등에 대한 자신의 가치에 대해 올바르게 인식해야 한다. 더불어 슈퍼바이저는 슈퍼바이지가 가지는 다양한 가치관에 대한 유사점과 차이점을 인식하고 슈퍼비전 과정에 영향을 끼치지 않도록 유의해야 하며, 자신의 가치 및 태도의 향상을 위해 지속해서 노력해야 한다(안정선 · 최원희, 2010).

슈퍼바이저는 슈퍼바이지의 약점과 강점을 잘 이해해야 하고, 지지적인 관계로서 전문적인 발전을 이룰 수 있는 태도와 자세를 가져야 한다. 이를 위해 슈퍼바이지에 대한 존중감과 공감, 그리고 일관성, 구체성, 자기 공개, 상냥함과 개방성, 적극성, 헌신 등을 지녀야 하며, 이를 상황에 따라 다르게 융통성 있게 표현할 줄 알아야 한다. 실제 슈퍼비전에 영향을 미치는 요인들에 관한 선행연구에서 슈퍼바이지와 슈퍼바이저의 일치성 있는 관계와 무조건적 존중은 슈퍼비전의 만족감에 영향을 주는 것으로 나타났다(성희자, 2009).

슈퍼바이저의 기본적인 자세와 태도는 슈퍼비전의 스타일이 되며, 슈퍼비전의 스타일은 슈퍼비전에 중요한 영향력을 미친다. 다음의 |그림 4-1|은 슈퍼바이저의 슈퍼비전 스타일을 분류하여 설명한 것이다. 이를 참고하여 자신은 어떤 스타일의 슈퍼바이저 인가에 대해 고민해 보도록 하자. "나는 어떤 스타일의 슈퍼바이저 인가?"

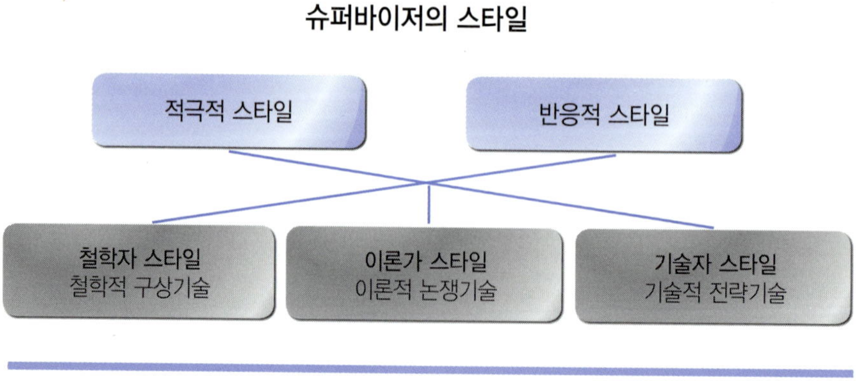

|그림 4-1| 슈퍼바이저의 스타일

출처 : Munson(2002); 안정선 · 최원희(2010).

슈퍼바이저의 주요 스타일은 적극적 · 반응적 스타일로 구분되며, 하위영역은 철학자, 이론가, 기술자 스타일로 구분할 수 있다. 이를 구체적으로 살펴보면 다음과 같다.

■ 적극적 스타일(active style)
- 직접적이고 예리한 질문을 슈퍼바이지에게 던지며, 슈퍼바이지의 질문에도 직접적으로 응답하고 해석
- 문제중심적이고 대인적 개입을 통해 탐색
- 클라이언트의 역동에 초점을 두고, 결과에 대한 추론 등에 집중하는 경향

■ 반응적 스타일(reactive style)
- 간접적이고 억제하는 경향이 있어서 제한된 질문만 하며 답 또한 제공하지 않음
- 치료중심적이고 상호작용의 쟁점을 탐색하며, 슈퍼바이지의 역동에 초점을 두고, 과정에 집중하는 경향

■ 철학자 스타일(philosopher style)
- 매우 편안한 방식으로 슈퍼비전 제공
- 어떤 설명이나 예를 제공하지 않음
- 사례를 직접적으로 다루지도 않고, 솔직한 응답도 없으며, 피드백도 주지 않음
- 많은 지식을 가지고 있지만 그걸 설명하기 어려워함
- 그러나 새로운 이론의 적용이나 의견교환에 있어서 슈퍼바이지로 하여금 자유로움을 느끼게 하며, 슈퍼바이지의 정서적 지지에도 힘됨

■ 이론가 스타일(theoretician style)
- 이론을 적용하는 것이 가장 전문적이고 훌륭한 실천을 보장한다고 믿음
- '왜'에 초점을 둠

■ 기술자 스타일(technician style)

– 철학자나 이론가와는 전혀 다른 모습
– 숙련되고 공감적인 방법으로 구체적이면서 초점 있는 질문을 통해 철저하게 사례의 문제를 다루는 기술과 연결시킴
– 슈퍼바이지가 스스로 해답을 찾을 수 있을 때까지 격려하면서 기다려줌
– 너무 많은 요구를 하는 슈퍼바이저로 평가되기도 함

이외 슈퍼바이저가 가져야 하는 바람직한 가치와 태도는 슈퍼비전을 위한 자신의 시간을 아낌없이 할애, 슈퍼바이지의 발달수준에 적절한 슈퍼비전 제공, 좋은 관계를 형성하고 유지하려는 태도, 비심판적인 자세와 태도, 슈퍼비전에 대한 준비, 윤리적인 가치와 태도전이 등이다. "나는 어떤 가치와 태도를 지닌 슈퍼바이저가 인가?"

다음의 〈표 4-2〉는 슈퍼바이저가 가져야 하는 기본적인 가치와 태도를 중요순위로 제시하였다.

〈표 4-2〉 슈퍼바이저의 가치 및 태도 영역

가치 및 태도	① 슈퍼비전에서 일관적인 태도 유지 ② 사회복지 및 학교 현장 윤리의 내재화 및 기관규정을 준수하는 윤리적 태도 ③ 슈퍼바이지를 수용하고 그가 담당하고 있는 직무의 어려움을 이해 ④ 슈퍼바이지의 자율성에 대해 적극적으로 인정하는 태도 ⑤ 슈퍼바이지의 전문적 성장에 대해 신념을 지니고 헌신적 태도 ⑥ 진실한 태도로 공감적 이해 ⑦ 직무수행의 모델로서 기능하기 위해 업무수행에서 책임감 있는 태도 ⑧ 슈퍼바이지와 협력하고 협동하는 태도로 직무수행 ⑨ 직무평가 및 슈퍼바이지에 대한 처우에 있어 공정한 태도

출처 : 안정선 · 최원희(2010) 일부 수정 및 보완.

핵심포인트

슈퍼바이저가 갖추어야 할 가치 및 태도는 먼저 자기 사정을 통한 올바른 자기인식을 토대로 사회복지 및 학교 현장이 추구하는 고유의 가치를 포함하여 자신과 슈퍼바이지가 추구하는 가치의 유사점과 차이점을 인식하고 슈퍼바이지의 전문적 성장에 대한 책임감을 지녀야 하며 헌신적인 태도를 지녀야 한다.

5. 슈퍼바이저의 역할과 책임

생각해 보기

슈퍼바이저는 어떤 역할과 책임을 수행해야 할까요?

학교 현장에서의 슈퍼바이저의 역할과 책임은 슈퍼비전의 기능에 따라 고유의 역할과 책임 및 활동과제가 주어지게 된다. 사회복지 현장에서 슈퍼바이저의 기본적인 역할과 책임은 다음과 같다(김경희, 2002; 안정선 · 최원희, 2010).

첫째, 슈퍼바이저는 슈퍼바이지로 하여금 사회복지의 철학과 가치 전체들이 실무에 반영될 수 있도록 하는 역할을 수행해야 한다.

둘째, 슈퍼바이저는 서비스 효과성과 효율성을 창출하기 위해 사회복지사의 실천효과성 검증능력을 배양해야 한다.

셋째, 슈퍼바이저는 사회복지의 전문적 지식 및 기술, 그리고 가치 내면화를 통해 전문적 태도를 갖춘 모델로서 사회복지사의 역할을 보여줘야 한다.

넷째, 슈퍼바이저는 중간관리자로서 행정적 기관의 계층체계 내에서 윗사람과 슈퍼바이지를 효과적으로 도와 그들이 기관의 목적 및 목표 달성을 위한 책임을 가지도록 조력해야 한다.

다섯째, 슈퍼바이저는 슈퍼바이지에 대한 지도 · 감독을 통해 클라이언트와 간접 접촉함으로써 직접서비스 성과에 대한 책임을 진다.

여섯째, 슈퍼바이저는 실천 현장에서 수행되는 프로그램 진행 및 성과에 대하여 책임을 가진다.

우리나라의 학교 내 사회복지실천가들에 대한 슈퍼바이저의 역할과 책임은 학교 내 사회복지실천사업의 운영주체에 따라 그 주안점에 차이가 있을 것이다. 그러나 슈퍼바이저의 역할과 과제는 보편적으로 슈퍼비전의 기능에 의해 주어지게 된다. 현재 우리나라의 학교 현장에서 슈퍼비전의 기능에 따른 슈퍼바이저의 역할과 책임을 살펴보면 다음과 같다.

첫째, 행정적 슈퍼비전은 조직의 효율성을 높이는 활동과 관련된 것으로 정책과 절차에의 엄수를 보장하는 것이다. 행정적 슈퍼비전에서 슈퍼바이저의 역할은 슈퍼바이지가 효과적으로 과제를 수행할 수 있도록 행정적 · 옹호적 · 변화적 측면의 슈퍼비전을 제공해야 한다. 하지만 우리나라의 학교 내 사회복지실천가들은 행정적 슈퍼비전을 대부분 학교 내 행정가(교장, 교감)와 교사, 동료들로부터 받고 있는 것으로 조사되었다. 실제 미국의 경우에도 학교사회복지사들의 약 50% 이상이 교장이나 교감, 동료집단으로부터 행정적 슈퍼비전을 받고 있으며, 상당 부분 이에 의존하고 있는 것으로 나타나고 있다(조성심 · 좌동훈, 2011). 이는 학교 현장이 사회복지의 2차 현장으로 학교 내 동일 직종의 동료 및 슈퍼바이저가 없으며, 교사와의 팀에 의해 운영되고 있고 폐쇄적인 학교 현장의 특성이 외부로부터 이런 측면의 슈퍼비전을 기대하기는 어렵다는 것을 의미한다. 또한 학교별로 추구하는 행정과정의 강조점에 차이가 있어 외부로부터 실질적인 도움을 얻을 수 없고, 시간이 흐르면서 스스로 자연스럽게 터득하고 있거나 동료들로부터 도움을 얻고 있는 것으로 나타나고 있어 행정적 슈퍼비전이 제대로 이루어지고 있지 않다는 것을 알 수 있다.

행정적 슈퍼비전에서 슈퍼바이저는 다음과 같은 측면의 역할을 수행해야 할 것이다.

- 연간계획과 업무량에 대한 모니터링
- 행정서류 및 기록의 관리와 유지, 파일정리
- 행정관련 정보공유
- 공문서 작성과 관련한 학교행정가 및 교사와의 관계
- 지역사회와 학교 연결
- 학생과 교직원의 욕구 파악
- 프로그램 개발과 평가
- 학교와 학생의 욕구 중재에 의한 조직변화 관리
- 의사소통 촉진
- 기타

토론해 보기

- 여러분들은 동일직군이 아닌 학교관계자에 의해 주어지는 행정적 지도와 자문을 슈퍼비전이라고 생각하는가? 또한 학교관계자들을 슈퍼바이저라고 생각하나요?

둘째, 교육적 슈퍼비전은 슈퍼비전의 기능 중 가장 강조되는 것으로 슈퍼바이저의 역할과 책임은 학교 내 사회복지실천가가 학교 현장 업무에 필요한 지식과 기술을 효과적인 교육방법으로 제공하는 것이다.

교육적 슈퍼비전에서 슈퍼바이저의 역할은 학교 내 사회복지실천가들에게 필요한 지식과 기술에 대한 교육적 측면, 전문적 윤리와 가치에 근거하여 활동할 수 있도록 하는 사회적 측면, 그리고 업무수행의 평가와 관련된 평가적 측면의 슈퍼비전을 제공하는 것이다. 교육적 슈퍼비전에서 슈퍼바이저의 효과적인 역할과 책임은 다음과 같이 정리할 수 있다.

- 전문적 성장을 제고할 수 있게 훈련하라
- 가이드라인을 제공하라
- 긍정적인 관계를 형성하라
- 자신의 경험과 지식을 최대한 공유하라
- 학습에 대한 동기화를 극대화시켜라
- 에너지를 투자하고 투자하게 하라
- 만족을 주라
- 학습과정에 적극 참여시켜라
- 교육내용에 의미를 주어라
- 슈퍼바이지에 대해 개별화(특성 고려)하라
- 조언과 제안을 하라
- 문제 해결에 대한 구체적인 원조를 하라
- 기타

토론해 보기

- 위에서 제시된 교육적 슈퍼비전에 대한 슈퍼바이저의 역할과 책임에서 보완되어야 할 것이 있다면 무엇일지 토론해 봅시다!

셋째, 지지적 슈퍼비전은 슈퍼바이지의 자아능력 강화를 통해 업무에 대한 스트레스와 불안을 다룰 수 있도록 하는 것이다. 지지적 슈퍼비전은 학교 내 사회복지실천가들이 가장 갈급해하는 영역으로 이에 대한 슈퍼바이저의 역할과 책임은 매우 중요하다(조성심 · 주석진, 2012). 그러므로 슈퍼바이저는 슈퍼바이지의 실수나 부적절한 행동에 대해 즉각적이고도 건설적인 피드백을 제공하는 인간적 측면, 업무와 관련된 스트레스를 다루는 긴장관리적 측면, 그리고 새로운 아이디어와 계획을 제공하는 촉매적 측면의 지지적 슈퍼비전을 슈퍼바이지에 대해 진실된 다가감을 통해 적극적으로 제공해야 한다.

학교 현장에서의 지지적 슈퍼비전에 대한 슈퍼바이저의 구체적인 역할과 책임은 다음과 같다.

- 진실된 관심
- 감정이입
- 수용
- 권위
- 개방성
- 탐구와 정성
- 업무관련 긴장 완화, 스트레스 해소와 스트레스 유발상황 방지 및 대처 원조
- 신뢰 형성
- 관점 공유
- 결정에 대한 책임 공유
- 성공을 위한 기회 제공
- 동료를 통한 지지 제공
- 인적 네트워크의 공유 및 활용
- 실수에 대한 긍정적 반응
- 기타

토론해 보기

- 위에서 제시된 지지적 슈퍼비전에 대한 슈퍼바이저의 역할과 책임에서 보완되어야 할 것이 있다면 무엇일지 토론해 봅시다!

이외에도 효과적인 쌍방향 의사소통과 함께 슈퍼비전에 대한 준비도, 개입방향을 이끄는 아이디어의 제공, 자율성에 대한 인정, 지지적인 행동, 새로운 기술에 대한 연마, 즉각적이고 적극적인 피드백 제공, 격려, 모델로서의 모습, 욕구에 대한 인식과 반응, 자신의 제한성에 대한 인식 등에 대한 역할과 책임을 지녀야 한다.

핵심포인트

슈퍼바이저가 갖추어야 할 역할과 책임은 슈퍼비전의 기능에 따라 교육의 역할과 책임에 따른 활동과 과제가 주어진다. 조직의 효율성을 높이는 활동과 관련된 행정적 슈퍼비전과 학교 현장 업무에 필요한 지식과 기술을 효과적인 교육방법으로 제공하는 교육적 슈퍼비전 및 슈퍼바이지의 자아능력을 강화시키는 지지적 슈퍼비전에 따른 역할과 책임을 수행해야 한다.

Part 3 학교 내 사회복지실천가 대상 슈퍼비전 과정

Chapter 5 준비단계

생각해 보기

사회복지 슈퍼비전은 어떠한 단계를 거쳐 진행되며, 이를 학교 내 사회복지실천가 대상 슈퍼비전에 적용했을 때 단계별 과업은 무엇일까요?

슈퍼비전은 목적을 가진 계획적인 활동이다. 따라서 준비단계를 시작으로 시작, 실행, 종결 등 일련의 단계에 따라 체계적이고 목적지향적인 슈퍼비전이 진행되어야 한다. 각 단계별 과업과 활동을 기억하면서 슈퍼비전이 공식적 · 정규적 · 일관적으로 진행되도록 해야 한다. 슈퍼비전의 단계별 과업을 표로 정리하면 다음과 같다.

〈표 5-1〉 슈퍼비전의 단계별 과업

단 계	주요 내용
준 비	• 슈퍼비전 관계성을 위한 준비 – 슈퍼바이저는 슈퍼바이지가 있는 곳에서 출발하기 위해 슈퍼바이지의 가치, 문화, 경험, 습관, 취미 등을 이해하고 친숙해져야 함을 강조(shulman, 1993) – '슈퍼바이지가 있는 그곳'에서 출발하기 위한 준비단계 • 안정감을 느끼고 집중할 수 있는 공간 준비 • 슈퍼비전 시간과 빈도 설정

준 비	– 횟수와 시간은 슈퍼바이저와 슈퍼바이지의 필요, 기관의 상황, 슈퍼바이지 상황, 클라이언트 상황의 긴급성 등을 고려해 결정 – 적절한 슈퍼비전 시간을 Tsui(2004)는 90분 정도로 제시, 안정선(2007)의 연구에서 한국의 복지관 세팅은 30~60분 정도로 조사됨
시 작	• 시작단계에서 가장 중요한 것은 슈퍼바이저와 슈퍼바이지 간에 동의를 얻고 상호 신뢰를 쌓는 것 • 계약은 양자 간 업무를 알게 하고 슈퍼바이저에게는 책임감을, 슈퍼바이지에게는 안정감을 제공 – 슈퍼비전 계약 시 다루어야 할 내용 : 슈퍼비전 목표, 서비스 맥락, 평가방법, 의무와 책임감, 절차상의 사안 등
중 간	• 매회 집중적으로 다룰 의제가 있어야 함 • 업무에 대한 느낌에 대해 나누고, 행정적인 업무 보고, 사회복지실천과 관련된 가치, 지식, 기술 등의 문제에 대해 집중적으로 토론하고 다른 업무에 대해 이해를 도모하는 내용 • 토론을 할 때는 사전에 내용에 대한 논의과정을 거쳐 상호 준비가 필요함. 지지적인 내용으로 시작해 행정적인 문제와 교육적인 문제를 포함해 진행 • 초보 직원 슈퍼비전은 조직과 직무에 대한 안내와 안정에 초점, 숙련 직원 슈퍼비전은 훈련, 개발 차원에 초점 • 사례를 다룰 때에는 세세한 실천기술과 세부내용에 대한 관여보다는 사례를 다루는 윤리, 원칙에 집중하는 것이 적절 • 기록을 남겨야 하지만 개인적 어려움에 대해 대화할 때는 기록을 중단하고 집중하는 것이 필요
종 결	• 슈퍼바이저는 전체 슈퍼비전 과정의 다양한 단계에 대해 요약하고, 슈퍼바이지가 무엇을 배웠고, 어떻게 성장해왔는지 설명, 슈퍼바이지의 강점과 약점을 알려줌 • 슈퍼바이저는 슈퍼바이지가 슈퍼비전 과정에 참여한 노력에 대해 감사를 표함

출처 : 안정선 · 최원희(2010).

이러한 일반적인 사회복지 슈퍼비전 단계별 과업을 중심으로 학교 내 사회복지실천가 슈퍼비전의 단계별 과업을 제시하면 다음과 같다. 본 연구진들이 학교 현장에 접목해서 개발한 슈퍼비전 양식을 각 단계에 맞추어 소개하면 다음과 같다.

〈표 5-2〉 학교 내 사회복지실천가 대상 슈퍼비전 단계별 진행내용 예시

단 계	회 기	주요 내용
준 비		• 슈퍼비전 주최, 슈퍼바이저와 슈퍼바이지 선정 • 슈퍼비전 형식 및 진행기간, 시간, 예산 등 구조화를 위한 논의 • 슈퍼비전 진행장소 합의 등 물리적인 환경 마련 • 슈퍼비전 진행양식 마련
시 작	1	• 라포형성 • 현재 슈퍼바이저와 슈퍼바이지의 현황, 슈퍼비전에 대한 욕구 및 기대 나눔 • 슈퍼바이지 프로파일, 교육적 진단척도, 직무역량척도 1, 2, 3 작성 • 슈퍼비전 구조화 : 앞으로 만날 시간, 간격, 횟수, 만날 장소 등에 대한 확정 • 슈퍼비전 계약 및 가이드 확인
	2	(2회기 시작 전에 슈퍼바이지가 작성한 내용에 근거해 슈퍼바이저가 슈퍼비전 계획서를 작성해서 슈퍼바이지에게 송부 및 합의) • 최근 교육복지 사업진행 현황 나눔 및 사례 논의 • 슈퍼비전 계획서에 대한 논의, 수정 보완 및 합의 • 슈퍼비전 구조화 확인
중 간	3~10	• 슈퍼비전 계획서에 따른 월별 슈퍼비전 내용 진행 • 월별 주요 업무 점검 • 사례논의
종결 및 평가	11	• 월별 주요 업무 점검 및 사례논의 • 사후검사 : 직무역량척도 1, 2, 3 작성 • 그동안 슈퍼비전 진행에 대한 슈퍼바이지 보고서 제출
	12	• 월별 주요 업무 점검 • 종결 평가(슈퍼바이지 보고서, 직무역량척도 향상도, 목표달성도, 회기별 만족도 등을 중심으로) • 추후 방향 논의

슈퍼비전을 시작하기 전에 몇 가지 준비해야 할 사항이 있다. 일반 사회복지 현장과는 상황이 다른 학교 현장에서 슈퍼비전을 누가 주최하는지, 슈퍼바이저와 슈퍼바이지는 누구인지, 슈퍼비전 시간과 형식, 내용, 방법은 어떻게 할지 등 슈퍼비전에 참여하는 교육(지원)청이나 기관, 학교, 슈퍼바이저와 슈퍼바이지 간

에 합의가 필요한 부분이다. 이러한 부분에 대해 준비단계에서 의사소통을 통해 서로의 기대치를 조율하고 슈퍼비전을 시작할 때 서로의 욕구를 충족하고 만족스러운 슈퍼비전이 진행될 수 있다. 준비단계에 필요한 요소들을 하나씩 살펴보도록 한다.

1) 슈퍼비전 주최, 슈퍼바이저와 슈퍼바이지 선정

보통 사회복지기관에서는 자연스럽게 조직 내에서 중간관리자가 슈퍼바이저가 되는 구조이지만, 학교 현장은 슈퍼바이저의 자격조건이 되는 사람이 기관 내에 거의 없다. 따라서 누가 슈퍼바이저가 될 것이고 누가 슈퍼바이지가 될 것인지에 대해 정하는 작업이 선행되어야 한다. 슈퍼비전을 기획하는 주최가 누구인가에 따라 슈퍼비전 진행목적과 재원의 출처가 달라질 수 있고, 슈퍼비전을 진행하는 목적이 무엇인가에 따라서 슈퍼바이저의 선임 및 구조화에 영향을 미치게 된다. 슈퍼비전 주최자는 슈퍼비전 진행을 위한 소요비용이 어디서 마련될 것인지에 대해 슈퍼비전이 시작되기 전에 합의해야 한다. 슈퍼비전 주최가 될만한 기관이 어디인지와 슈퍼바이저와 슈퍼바이지 선정 시 고려할 점을 제시하면 다음과 같다.

- 슈퍼비전 주최 : 교육(지원)청, 지역사회 공동 네트워크 주최기관, 한국학교사회복지사협회, 연구소, 학교 자체 등
- 슈퍼바이저 : 슈퍼비전의 목적에 부합하는 슈퍼바이저의 자격, 기술, 가치, 자세 등을 고려하여 선임. 학교 내 사회복지실천사업 전반에 대한 슈퍼비전을 위해서는 학교사회복지에 대한 학문적인 이해와 더불어 현장에 대한 지식이나 경험을 가지고 있으며, 슈퍼비전에 대한 이해를 가진 자가 적절

사회복지관 직원 슈퍼비전 표준체계를 연구한 안정선(2006)의 연구에 의하면 슈퍼바이저의 자격을 다음과 같이 제시하고 있다.

- 5년 이상의 경력, 학부졸업 이상, 과장 이상의 직급
- 현 해당 기관에서의 일정 근무경험 확보
- 전문적 슈퍼비전의 경험을 통한 훈련과 준비

■ **슈퍼바이지** : 슈퍼비전을 희망하는 학교 내 사회복지실천가로 자발적인 참여가 중요하며, 3년 경력 이하의 학교 내 사회복지실천가는 가급적 슈퍼비전에 참여할 것을 권장

2) 구조화를 위한 논의

슈퍼비전이 언제 어떤 방식으로 이루어지기를 희망하는지에 대해 서로 간의 합의가 필요하다. 슈퍼바이저와 슈퍼바이지, 학교나 교육청의 상황을 감안해 현실적으로 실현 가능한 논의가 이루어져야 한다. 슈퍼비전은 한두 번으로 끝날 수 있는 자문이나 컨설팅과는 다르며, 구조화되어 정기적으로 일관되게 진행되어야 한다.

■ **형식** : 개별이나 집단을 기본으로 하되 온라인이나 전화 등을 통해 보충 가능

■ **진행기간과 시간** : 보통 1년 단위를 기준으로 설계하되 상황에 따라 조정 가능. 월 1회 이상 진행하는 것이 바람직하며 개별인 경우와 집단인 경우 차이가 있지만 한 회당 1~3시간 정도 소요

■ **진행방법** : 슈퍼비전을 하는 방식에 있어 사례보고, 역할극, 외부교육 참가, 서적활용 등 다양한 형태로 진행 가능

3) 물리적인 환경

슈퍼비전을 어디서 실시할지에 대해 논의해야 한다. 슈퍼바이지가 근무하는 학교에서 실시할 수도 있고, 슈퍼비전을 주관하는 곳에서 장소를 제공하기도 한다. 학교에서 슈퍼비전을 실시하는 것이 일반적이고 학교 내 사회복지실천가에게 편할 수 있지만, 슈퍼비전 중간에 전화가 오거나 학생들이 드나드는 상황이 발생하기도 한다. 학교에서 하게 될 경우에 이러한 일 때문에 중간에 슈퍼비전이 방해받거나 산만해지지 않도록 해야 한다. 슈퍼비전을 진행하는 데 있어 집중할 수 있는 환경이 조성되어야 하며, 무엇보다 비밀보장이 가능한 편안하고 안락한 장소, 독립적인 시간과 공간이 확보되어야 한다.

4) 활용할 양식 마련

슈퍼비전 진행을 위해 다양한 양식이 필요하다. 슈퍼비전 계획에서 진행, 평가를 하는 일련의 과정이 기록에 담겨 보다 더 향상된 슈퍼비전을 진행할 수 있도록 해야 한다. 집필진들이 개발한 슈퍼비전 양식에 맞추어 단계별로 고려되어야 하는 내용을 설명하도록 한다.

슈퍼비전에 필요한 양식은 다음과 같다.

- 슈퍼바이저와 슈퍼바이지 프로파일
- 슈퍼바이지 사정척도
- 슈퍼비전 계획서
- 슈퍼비전 기록지
- 슈퍼비전 평가서

Chapter 6 시작단계(사정 및 계획 단계)

슈퍼비전을 시작하는 단계는 앞으로 진행되어야 할 슈퍼비전의 내용을 합의하고 방향을 결정하는 중요한 절차이다. 특히 슈퍼바이저와 슈퍼바이지의 관계가 슈퍼비전의 중요한 성공요인 중에 하나로 꼽히고 있으므로(최원희, 2009), 슈퍼바이저와 슈퍼바이지 간에 라포를 형성하고 상호 신뢰를 쌓는 것에 초점을 두어야 한다.

슈퍼비전을 1년 단위로 진행하고 월 1회 실시한다고 가정했을 때 총 12회 중 1~2회기 정도를 초기단계로 볼 수 있겠다. 1, 2회기에 진행되어야 할 사항을 점검해 보면 다음과 같다.

1) 1회기

(1) 라포형성

슈퍼바이저와 슈퍼바이지 간 인사를 나누고 슈퍼바이저와 슈퍼바이지 각자에 대해 간단히 소개한다. 적극적으로 참여해 서로 성장하고 서비스의 질을 높이는 데 도움이 되는 슈퍼비전이 되도록 이야기 나눈다. 존중하고 지지하는 모습 속에 서로에게 신뢰감을 가질 수 있도록 한다.

(2) 슈퍼비전 계획을 위한 사정도구 작성

슈퍼비전에서 다루어야 할 내용을 파악하기 위해 슈퍼바이지의 현재 수준과 욕구 등을 사정하는 도구로 슈퍼바이지는 프로파일, 교육적 진단척도, 직무역량척도 1, 2, 3을 작성한다. 작성에 걸리는 시간은 평균적으로 약 40~50분 정도 소요된다. 슈퍼바이저는 슈퍼바이저 프로파일을 작성한다.

① 슈퍼바이저 · 슈퍼바이지 프로파일

슈퍼바이지 프로파일은 한국사회복지사협회에서 제시한 실습생 프로파일을 수정해서 작성하였다. 슈퍼바이지의 배경 및 이전 경험에 대해 파악하기 위한 용도로 사용된다. 인적 사항, 사회복지 전공 이수과목, 실습경험, 사회복지 실무경력 등을 기록하도록 하되 포함될 구체적인 내용과 양식은 아래와 같다.

- **인적 사항** : 전공학력과 소유 자격증 등을 기록
- **전공 이수과목** : 학교에서 배운 교과목을 체크
- **실습경험** : 어디에서 어떠한 실습경험이 있는지에 대해 기록
- **경력** : 어떤 기관에서 어느 정도 기간 동안 무슨 일을 했었는지 기록

슈퍼바이지 프로파일

작성일 :　　　년　　월　　일

1. 인적 사항

성 명				생년월일		성 별	
학교명 (소속)				학교 연락처			
				개인 연락처			
e-mail				팩 스			
최종학력 (최종 전공)	__학사	__석사과정	__석사	부/ 복수 전공	부전공		복수전공
자격증 여부	__ 사회복지사 1급 __ 사회복지사 2급 __ 사회복지사 자격증 없음			기타 자격증			

2. 사회복지 전공 이수과목

교과목명	이수 여부	수강 중	교과목용	이수 여부	수강 중	교과목용	이수 여부	수강 중
인간행동과 사회환경			사회복지실천론			사회복지실천기술론		
지역사회복지론			사회복지정책론			사회복지행정론		
사회복지법제론			사회복지조사론			프로그램 개발과 평가		
사회복지개론			사회복지자료분석론			청소년복지론		
가족복지론			아동복지론			장애인복지론		
노인복지론			여성복지론			자원봉사론		
정신건강론			정신보건사회복지론			사회보장론		
학교사회복지론			산업복지론			사회복지현장실습		
사회문제론			사회복지발달사			사회복지 윤리와 철학		
교정복지론			사회복지지도감독론			의료사회복지론		

* 이외 관련 이수과목(상담, 교육, 청소년 지도 등)

3. 실습경험

기 관	기 간	실습지도자명	내 용

4. 경력[구분 : 전일제(주 40시간 이상 근무)/ 인턴/ 자원봉사 등 경험]

구 분	기 관	직 위	기 간	주 평균 근무시간	내 용

슈퍼바이지 프로파일 예시

작성일 : 2012년 3월 ○○일

1. 인적 사항

<table>
<tr><td>성 명</td><td colspan="3">A</td><td>생년월일</td><td></td><td>성 별</td><td></td></tr>
<tr><td rowspan="2">학교명
(소속)</td><td colspan="3" rowspan="2">○○○초등학교</td><td>학교 연락처</td><td colspan="3">02-0000-0000</td></tr>
<tr><td>개인 연락처</td><td colspan="3">010-0000-0000</td></tr>
<tr><td>e-mail</td><td colspan="3">○○○○@hanmail.net</td><td>팩 스</td><td colspan="3">02-000-0000</td></tr>
<tr><td rowspan="2">최종학력
(최종 전공)</td><td>__학사</td><td>__석사과정</td><td>__석사</td><td rowspan="2">부/ 복수
전공</td><td colspan="2">부전공</td><td>복수전공</td></tr>
<tr><td>○</td><td></td><td></td><td colspan="2">사회복지</td><td></td></tr>
<tr><td>자격증
여부</td><td colspan="3">_○_ 사회복지사 1급 __ 사회복지사 2급
__ 사회복지사 자격증 없음</td><td>기타 자격증</td><td colspan="3">청소년지도사 2급
독서지도자</td></tr>
</table>

2. 사회복지 전공 이수과목

교과목명	이수 여부	수강 중	교과목용	이수 여부	수강 중	교과목용	이수 여부	수강 중
인간행동과 사회환경	○		사회복지실천론	○		사회복지실천기술론	○	
지역사회복지론	○		사회복지정책론	○		사회복지행정론		
사회복지법제론	○		사회복지조사론	○		프로그램 개발과 평가	○	
사회복지개론	○		사회복지자료분석론	○		청소년복지론		
가족복지론	○		아동복지론	○		장애인복지론	○	
노인복지론	○		여성복지론			자원봉사론		
정신건강론			정신보건사회복지론	○		사회보장론		
학교사회복지론	○		산업복지론			사회복지현장실습	○	
사회문제론			사회복지발달사			사회복지 윤리와 철학	○	
교정복지론			사회복지지도감독론			의료사회복지론		

* 이외 관련 이수과목(상담, 교육, 청소년 지도 등)
  교육학 개론, 심리학 개론

3. 실습경험

기 관	기 간	실습지도자명	내 용
○○종합사회복지관	2010년 1~2월	○○○	방학 프로그램 진행
○○초등학교	2010년 7~8월	○○○	집단상담 운영

4. 경력[구분 : 전일제(주 40시간 이상 근무)/ 인턴/ 자원봉사 등 경험]

구 분	기 관	직 위	기 간	주 평균 근무시간	내 용
전일제	○○구청 희망복지지원단	사례관리자	2011년 1~8월	40시간	사례관리

슈퍼바이저 역시 프로파일을 작성하여 자신의 지식과 경험에 대해 정리해 보고, 그에 따른 강점과 한계점을 슈퍼바이지와 공유하면 서로 간 신뢰를 향상하고 적절한 기대치를 설정하는 데 도움이 될 수 있다. 인적 사항, 슈퍼비전 관련 교육경험, 슈퍼비전 경험, 근무경력 등의 내용을 기록하도록 하였다.

- 인적 사항 : 전공학력과 소유 자격증 등을 기록
- 슈퍼비전 관련 교육경험 : 교육명, 주관기관, 기간, 수료/ 자격 여부
- 슈퍼비전 경험 : 실행기관, 기간, 대상, 슈퍼비전 내용
- 경력 : 어떤 기관에서 어느 정도 기간 동안 무슨 일을 했었는지 기록

슈퍼바이저 프로파일

작성일 : 　　년　월　일

1. 인적 사항

<table>
<tr><td>성 명</td><td></td><td>생년월일</td><td></td><td>성 별</td><td></td></tr>
<tr><td rowspan="2">학교명(소속)</td><td colspan="2" rowspan="2"></td><td>학교 연락처</td><td colspan="2"></td></tr>
<tr><td>개인 연락처</td><td colspan="2"></td></tr>
<tr><td>e-mail</td><td colspan="2"></td><td>팩 스</td><td colspan="2"></td></tr>
<tr><td>최종학력
(최종학력 전공)</td><td colspan="2"></td><td>부(복수) 및
기타 전공</td><td colspan="2"></td></tr>
<tr><td>사회복지사 1급
자격 여부(취득 연도)</td><td colspan="2"></td><td>자격증</td><td colspan="2"></td></tr>
</table>

2. 슈퍼비전 관련 교육경험

교육명	주관기관	기 간	수료/ 자격 여부

3. 슈퍼비전 실행경험

<table>
<tr><td rowspan="2">실행기관</td><td rowspan="2">기 간</td><td colspan="3">지도대상
(해당 칸에 명수 기입)</td><td rowspan="2">지도내용</td></tr>
<tr><td>대 학</td><td>대학원</td><td>기 타</td></tr>
<tr><td></td><td></td><td></td><td></td><td></td><td></td></tr>
<tr><td></td><td></td><td></td><td></td><td></td><td></td></tr>
</table>

4. 근무경력(학교, 사회복지 및 기타 분야)

기 관	직위명	기 간	업무내용

② 교육적 진단척도

교육적 진단척도는 현재 슈퍼바이지의 수준과 욕구를 파악하기 위해 작성하는 양식이다. Munson(2002)이 임상사회복지 슈퍼비전 핸드북에서 제시한 교육적 사정척도와 이를 안정선 · 최원희(2010)가 국내 상황을 반영해 수정한 척도를 학교사회복지 현장에 맞도록 재구성한 것이다.

슈퍼바이지 소개, 윤리적 인식, 이론적 지식 숙련도, 이전 슈퍼비전 경험, 사회복지실천의 강점과 한계점, 자기개발 계획, 본 슈퍼비전에서 다루었으면 하는 내용과 방식을 기록하도록 구성하였다. 교육적 진단척도에 포함될 내용과 양식은 아래와 같다.

- 슈퍼바이지 소개 : 자신의 성격적 특성, 의사소통 특성, 학습유형 등을 포함하여 자신에 대해 표현
- 윤리적 인식 : 사회복지사 윤리강령 검토 여부, 준수 정도 체크
- 이론적 지식 숙련도 : 사회복지실천에서 기본 이론이 되는 생태체계적인 관점과 강점관점, 위기개입 등에 대한 숙련도를 체크하도록 하되, 이외 다루고 싶은 이론에 대해 추가적으로 기록
- 이전 슈퍼비전 경험 : 이전에 어떤 슈퍼바이저에게, 어떠한 내용과 형태의 슈퍼비전을 경험했는지 좋았던 점과 좋지 않았던 점을 기록
- 사회복지실천의 강점과 한계점 : 사회복지실천에 있어 자신이 가진 강점은 무엇이고 어려움으로 작용하는 부분이 있다면 어떠한 것들인지 자신을 객관적으로 탐색하도록 함
- 자기개발 계획 : 앞으로 자신의 역량을 개발하기 위해 어떠한 계획이나 전략을 가지고 있는지 기록
- 슈퍼비전에서 다루기 희망하는 내용과 방식 : 본 슈퍼비전에서 무엇을 다루기를 원하고 어떠한 방식으로 진행하는 것이 도움이 될지 자신의 스타일과 욕구를 기록하도록 함

교육적 사정척도

학교사회복지사 · 지역사회교육전문가 교육적 사정 목록

슈퍼바이지가 작성하여 슈퍼바이저에게 제출합니다.
단, 3번 이론적 숙련도 빈칸 항목은 슈퍼바이저와 논의해 추가할 수 있습니다.

1. 슈퍼바이지 소개

1) 이전 경험 : 이전의 사회복지사, 자원봉사, 기타 관련 경험(슈퍼바이지 프로파일로 대체)

2) 자신의 성격적 특성, 의사소통 특성, 학습유형 등을 포함하여 자신을 소개해 주십시오.

2. 윤리적 자각(인식)

1) 당신은 한국사회복지사협회에서 제정한 '사회복지사 윤리강령'을 처음부터 끝까지 읽어본 적이 있습니까?

□ 예 □ 아니오 □ 모르겠음

2) 읽었다면, 언제 읽었습니까?

(처음 읽은 시기? 가장 최근에 읽은 시기?)

3) 당신의 사회복지사 윤리강령 준수 정도를 체크한다면 어느 정도입니까?

	읽어본 적 없음	매우 낮음	낮 음	보 통	높 음	매우 높음
윤리강령 준수 정도						

3. 본인의 이론적 지식 숙련도를 표시해 주십시오.

	이론에 대해 전혀 모른다 1	이론에 대해 약간 알고 있다 2	이론은 알고 있으나 적용할 줄 모른다 3	이론도 알고 약간 적용할 줄도 안다 4	이론도 잘 알고 적절히 적용할 줄 안다 5
생태체계적 관점					
강점관점					
위기개입					

* 빈칸은 슈퍼바이저와 슈퍼바이지가 특별히 관심을 가지고 있거나 실제 사용하고 있는 이론을 합의해 추가하시면 됩니다.

4. 이전에 슈퍼비전 받았던 경험을 기록해 주십시오(슈퍼바이저, 슈퍼비전 내용 및 형태 등에서 좋았던 점과 좋지 않았던 경험을 적습니다).

5. 사회복지실천에 있어 자신의 강점과 한계점을 기록해 주십시오.

6. 학교사회복지사(지역사회교육전문가)로서의 역량 개발에 대한 견해, 자기개발 계획(방향성 및 전략 등)에 대해 기록해 주십시오.

7. 본 슈퍼비전에서 다루었으면 하는 내용과 방식이 있다면 기록해 주십시오.

③ 직무역량척도 1, 2, 3

직무역량척도는 슈퍼바이지의 직무역량이 어느 정도인지를 파악하기 위해 작성하는 양식이다. 세 가지로 구성되어 있는데 직무역량척도 1은 학교 내 사회복지실천가의 가치 및 태도 영역을, 직무역량척도 2는 지식 및 기술 영역을, 직무역량척도 3은 Fortune의 슈퍼비전 내용모델을 기반으로 일반주의 실천 기반 핵심 지식과 기술 영역을 점검하도록 하는 도구이다.

■ 직무역량척도 1. 가치 및 태도 영역

직무역량척도 1은 사회복지사의 가치 및 태도를 측정하기 위해 안정선 · 최원희(2010)에서 제시한 사회복지사 직무역량척도 중 가치 및 태도 영역 부분을 간략화해서 정리한 것이다. 사회복지전문가로서의 자긍심, 능동적인 태도, 사회변화 민감성, 스트레스 조절능력 등 10가지 문항으로 이루어져 있으며, 중요도, 우선도, 숙련도를 5점 만점 척도로 체크하도록 되어 있다.

중요도는 직무를 성공적으로 이끌기 위해 이 능력이 필요한 정도를, 우선도는 직무수행자를 위한 교육 내지 슈퍼비전을 계획한다고 했을 때 우선적으로 다루어지기 바라는 정도를, 숙련도는 직무수행에 대한 개인의 능력 정도, 즉 직무수행자의 보유수준과 숙련성을 말한다.

● 직무역량척도 1

※ 각 문항에 대한 중요도, 우선도, 숙련도를 번호로 기입해 주십시오.

- 중요도 : 직무를 성공적으로 이끌기 위해 이 능력이 필요한 정도
- 우선도 : 직무수행자를 위한 교육 내지 슈퍼비전을 계획한다고 했을 때 우선적으로 다루어지기 바라는 정도
- 숙련도 : 직무수행에 대한 개인의 능력 정도, 즉 직무수행자의 보유수준과 숙련성

⇒ 번호 설명 : 1 (전혀 그렇지 않다) 2 (별로 그렇지 않다)
3 (보통이다) 4 (대체로 그렇다)
5 (매우 그렇다)

학교사회복지사 · 지역사회교육전문가 역량 – 가치 및 태도 영역

항 목	중요도	우선도	숙련도
1. 사회복지 윤리 내재화(인간존엄성, 비밀보장, 클라이언트 중심 등)			
2. 전문가 다운 문제해결 태도			
3. 사회복지전문가로서의 자긍심			
4. 사회 변화 민감성			
5. 지속적 자기계발과 자기관리			
6. 창의성과 도전의식			
7. 스트레스 내성 및 조절			
8. 능동적인 태도			
9. 적극적 실행 및 추진력			
10. 합리적 판단력			

■ 직무역량척도 2. 지식 및 기술 영역

직무역량척도 2는 한국교육개발원(2008; 2009)에서 학교 내 사회복지실천가의 직무로 제시한 내용과 안정선 외(2006)의 연구결과 도출된 학교사회복지사 직무표준을 조합하여 연구진들이 현장 전문가와의 논의를 거쳐 수정 · 보완한 내용으로 구성하였다. 직무에 필요한 지식과 기술 보유 정도를 파악하기 위한 도구이다.

집중지원학생 발굴 · 지원 · 관리, 가정–학교–지역 연계, 개인, 집단, 가족 상담, 교육복지실(학교사회복지실) 관련 인력 운영 및 정보 관리, 학교단위 교육복지 체제 구축, 사업기획 지원, 교사 및 학교 체계 개입, 사업 프로그램 운영과 지원,

사업 평가 및 보고, 행정 9가지 영역으로 구분하여 제시하였으며, 각 항목에 대한 중요도와 우선도, 숙련도를 체크하도록 하였다.

직무역량척도 2

학교사회복지사 · 지역사회교육전문가 역량 – 지식 및 기술 영역

직무(duty)	과업(task)	중요도	우선도	숙련도
1. 집중지원학생 발굴 · 지원 · 관리	1.1 집중지원학생 발굴 및 특성 분석			
	1.2 상담을 통한 학생정보 수집 · 분석 · 지원계획 수립			
	1.3 집중지원학생 관리			
	1.4 사례관리			
	1.5 통합사례관리 회의 진행			
2. 가정 – 학교 – 지역 연계	2.1 지역 자원 현황 파악 및 연계 가능 자원 발굴			
	2.2 지역 자원 연계			
	2.3 학생 지원을 위한 가정–학교–지역사회 연결, 가정방문			
	2.4 공동사업 기획 및 운영			
3. 개인, 집단, 가족 상담	3.1 개인상담			
	3.2 집단상담			
	3.3 가족상담			
4. 교육복지실(학교사회복지실) 관련 인력 운영 및 정보 관리	4.1 교육복지실 또는 학교사회복지실 운영			
	4.2 사업 관련 정보 DB 구축			
	4.3 교육복지실, 학교사회복지실 관련 인력 교육			
5. 학교단위 교육복지 체제 구축, 사업기획 지원	5.1 학교단위 활용자원 현황 및 특성 분석			
	5.2 추진체계 구성			
	5.3 사업 설명 및 홍보			
	5.4 사업 목표 수립			
	5.5 사업 기획 및 계획			
6. 교사 및 학교체계 개입	6.1 학교체계 개입			
	6.2 교직원 협의 및 자문			

7. 사업 프로그램 운영과 지원	7.1 프로그램 소개 및 참가학생 모집 관리			
	7.2 프로그램 진행			
	7.3 프로그램 모니터링			
	7.4 강사 등 서비스 제공자 지원 및 관리			
	7.5 장소와 시설 및 안전 관리			
8. 사업 평가 및 보고	8.1 평가계획 수립			
	8.2 평가 실시			
	8.3 평가결과 분석 및 보고, 활용			
9. 행정	9.1 사업관리 책임자(교장 등)와 사업 논의 및 보고			
	9.2 공문서 작성 및 처리			
	9.3 보고서와 회의록 작성			

■ 직무역량척도 3. 일반주의 실천기반 핵심 지식과 기술

직무역량척도 3은 Fortune(1994)의 일반주의 실천에 근거한 내용모델을 일부 보완하였다. 다양한 사회복지 현장이 있지만 어떤 현장이든 슈퍼비전의 공통적인 핵심은 주로 개인, 가족, 집단 대상 실천에 관한 내용이 포함되며, 서비스 전달조직 및 지역사회 자원을 활용하는 데 필요한 지식과 전문적 기술을 다뤄야 한다는 것이다.

전문적 발달을 위한 교육내용, 행정적 측면의 지식 및 기술, 정책적 측면의 교육내용, 기본적 대인관계기술, 클라이언트 체계 개입을 위한 기술 등 다섯 가지 영역으로 구분하여 제시하고 있으며, 각 항목에 대한 중요도와 우선도, 숙련도를 체크하도록 하였다.

직무역량척도 3

일반주의 실천 기반 핵심 지식과 기술

영 역	슈퍼비전 내용	중요도	우선도	숙련도
1. 전문적 발달 측면	1-1. 사회사업 가치 및 윤리에 대한 사명감 : 전문직 가치, 윤리의 내면화 및 증진			
	1-2. 인간의 다양성 존중 : 특성, 문화, 계층 이해 및 수용			
	1-3. 사회 · 경제정의 증진의 사명감 : 사회적 약자에 대한 인식, 개선을 위한 노력			
	1-4. 자기인식 : 자신의 강 · 약점 파악, 전문가로서의 자신에 대한 이해			
	1-5. 전문적 성장에 대한 책임감			
	1-6. 자신의 실천활동에 대한 효과성 평가			
2. 행정적 측면	2-1. 기관사명, 비전 이해 : 기관 철학, 사명, 목적			
	2-2. 기관구조 파악 : 구조분석, 역동성 분석			
	2-3. 조직 내에서 기능하는 능력 : 업무책임, 역할 숙지, 업무 계획			
	2-4. 기록 유지와 기록활동 : 기록방법과 기록 피드백			
3. 정책적 측면	3-1. 관련 사회복지정책 : 기관 및 직무 관련 정책			
	3-2. 지역사회에 대한 이해 : 지역 및 자원 조사			
	3-3. 서비스전달체계 이해 : 서비스연계망 활용, 지역사회 내 관련조직과의 관계 등			
	3-4. 인적 · 물적 자원 개발 및 관리 : 모금, 홍보, 매체활용, 자원봉사자 개발 및 관리			
4. 대인관계 측면	4-1. 대인관계 의사소통기술			
	4-2. 동료와의 관계기술			
5. 클라이언트 체계 개입 측면	5-1. 인간 행동, 다양성에 관한 지식 적용			
	5-2. 클라이언트 면접기술			
	5-3. 클라이언트 사정기술			
	5-4. 평가 및 종결 기술			
	5-5. 집단에의 개입기술			
	5-6. 의뢰 및 사례관리 기술			
	5-7. 옹호활동기술			
	5-8. 프로그램 계획, 실행, 평가 기술			

(3) 슈퍼바이저와 슈퍼바이지의 현황, 슈퍼비전에 대한 욕구 및 기대 나눔

사정도구 작성이 끝난 후 그 내용을 바탕으로 슈퍼바이지가 학교 현장 실무자로서의 자신에 대해 보다 자세하게 소개하고, 슈퍼비전에 대한 경험, 욕구 및 기대에 대해 나누는 시간을 갖는다. 슈퍼바이지 최근의 현황, 관심사도 앞으로 슈퍼비전을 운영하는 데 참고가 될 사항이므로 함께 이야기하도록 한다. 슈퍼바이저 역시 자신의 관심사와 경력, 현재 상황, 기대 등을 소개한다.

슈퍼바이지가 슈퍼비전 시간을 통해 다루었으면 하는 내용과 방법이 무엇인지에 대해 소통하는 시간을 갖도록 하며, 슈퍼비전 계획 시 반드시 이를 반영하도록 한다. 슈퍼비전은 슈퍼바이지가 가야 할 곳이 아닌 현재 슈퍼바이지의 모습과 욕구 속에서 시작해야 하기 때문이다(양옥경 외, 2010)

(4) 슈퍼비전 구조화

슈퍼비전 준비단계에서 어느 정도 이야기가 되었을 수 있지만 1회기에서는 앞으로 만날 시간과 횟수 등을 확실하게 합의해야 한다. 얼마나 자주 만나서 몇 시간 정도 소요해야 할지 이야기 나눈 후 매달 무슨 요일 몇 시 등 슈퍼비전 시간을 확실하게 정하는 것이 필요하다. 슈퍼비전을 우선순위에 두고 일정을 잡고 다음 슈퍼비전을 준비할 수 있도록 해야 한다. 기관의 사정에 따라 변동사항이 발생할 수 있지만 전문적인 실천을 위한 필수사항으로 가급적 우선적으로 진행되는 일로 인식되도록 할 필요가 있다.

어디서 만날지에 대해서도 확인하는 과정이 필요한데, 그룹의 경우 슈퍼바이지의 학교에서 돌아가면서 하게 되면, 학교 차원에서도 슈퍼비전에 대해 인식하는 계기가 되고 슈퍼바이지들이 서로의 학교에 대해 방문해 보는 계기가 되기도 한다. 슈퍼비전을 주관하는 곳에서 교육청, 협회 등의 장소를 대여해 주기도 한다.

(5) 계약 및 슈퍼비전 가이드 확인

위에서 다룬 모든 내용을 기반으로 1회기에서는 슈퍼비전 계약이 이루어져야 한다. 계약은 슈퍼바이저와 슈퍼바이지의 슈퍼비전 진행에 대한 의사를 공식적으로 확인하는 것일 뿐 아니라 서로 간 역할을 제시해 주어 적극적이고 책임 있는 슈퍼비전이 이루어질 수 있게 하는 효과가 있다. 슈퍼비전 계약 시 서로에게 기대하는 것과 서로에게 줄 수 있는 것, 공동의 목표와 목표 성취방법, 현실적인 제약, 평가방법 등에 대해 다루어야 한다.

마지막으로 본 슈퍼비전을 진행하기 위해 슈퍼바이저와 슈퍼바이지가 할 일이나 지켜야 할 사항에 대해 언급하고 점검하는 시간을 갖는다. 특히 매회 슈퍼비전이 끝난 후 슈퍼비전 기록지를 작성해 슈퍼바이저에게 보내도록 하는데, 이는 진행된 슈퍼비전 내용에 대해 슈퍼바이지 스스로 정리하면서 업무에 적용해 보는 시간을 가지도록 하는 차원과 다음 회기 슈퍼비전을 위해 준비해야 할 사항을 기억하도록 하는 수단이 된다.

1회기가 끝나고 2회기 시작 전에 슈퍼바이지가 작성한 사정내용에 근거해 슈퍼바이저가 슈퍼비전 계획서를 작성해서 슈퍼바이지에게 송부한다. 슈퍼바이지는 슈퍼비전 계획서를 검토하고 계획이 적절한지 너무 무리한 부분이 있는지 혹은 더 다루었으면 하는 부분이 있는지에 대해 슈퍼바이저에게 검토의견을 보내도록 한다. 이를 토대로 수정 · 보완한 계획서를 2회기가 시작되기 전에 다시 공유하도록 한다.

Tip 슈퍼비전 계약을 확실히 하기 위해 나누어야 할 내용(Fox, 1983)

① 서로에게 기대하는 것 : 자신들의 생각을 솔직하게 나눔
② 서로에게 줄 수 있는 것 : 경험, 관심사, 아이디어(일방적 과정이 아닌 주고받는 관계)

③ 목표가 동일한지의 내용 점검과 합의 : 목표가 다르면 차이에 대한 논의와 합의 필요
④ 목표를 성취하는 방법 : 단계적 프로그램 진행에 대해 논의, 슈퍼비전 형식, 회기/ 시간, 횟수, 준비사항, 슈퍼비전 과정 동안의 시간 사용, 슈퍼바이지의 역할
⑤ 제약내용 : 자원부족과 같은 조직 관련문제, 타 조직과의 경쟁, 조직 내의 현실적 장애물 점검 필요
⑥ 목표성취 여부의 확인방법 : 목표 성과지표를 선정해야 함. 슈퍼바이지의 향상도에 관심을 가져야 함

슈퍼비전 양식 기록 및 제출 관련 가이드

1. 슈퍼바이지는 슈퍼바이지 프로파일, 교육적 사정척도, 직무역량척도 1, 2, 3을 첫 회기에 작성해 슈퍼바이저에게 제출합니다. 슈퍼바이지 프로파일을 당일 작성하기 어려운 경우에는 첫 회기가 끝난 후 1주일 이내에 슈퍼바이저에게 제출합니다.

2. 슈퍼바이저는 슈퍼비전 첫 회기가 시작되기 전 슈퍼바이저 프로파일을 작성합니다. 슈퍼바이저 프로파일을 슈퍼바이지에게 공개할 것인지에 대해서는 슈퍼바이저가 슈퍼바이지와 논의하여 자율적으로 판단하시기 바랍니다.

3. 슈퍼바이지가 작성한 교육적 사정척도, 직무역량척도 1, 2, 3, 슈퍼바이지 프로파일을 기반으로 슈퍼바이저가 슈퍼비전 계획서를 작성합니다. 2회기 슈퍼비전이 시작되기 일주일 전에 슈퍼바이지에게 보내 슈퍼바이지가 검토하고 올 수 있도록 합니다. 슈퍼비전 2회기 때 슈퍼비전 계획서에 대해 서로 간 합의하고 최종 슈퍼비전 계획서를 작성합니다.

4. 슈퍼바이저, 슈퍼바이지는 매회 슈퍼비전이 끝난 후 1주일 이내에 슈퍼비전에서 다루었던 내용을 정리하고 반성해 보는 슈퍼비전 기록지를 작성합니다. 작성한 기록지를 다음 회기에 서로 확인하면서 평가를 반영한 더 나은 슈퍼비전을 만들 수 있습니다. 슈퍼바이지는 작성한 기록지를 반드시 슈퍼바이저에게 보내야 하지만, 슈퍼바이저는 슈퍼비전 기록지를 슈퍼바이지와 공유할지에 대해 자율적으로 판단하도록 합니다.

5. 슈퍼바이저와 슈퍼바이지가 기록할 양식을 정리하면 아래와 같습니다.

- 슈퍼바이저 기록양식 : 슈퍼바이저 프로파일, 슈퍼비전 계획서, 슈퍼비전 기록지, 슈퍼비전 평가서
- 슈퍼바이지 기록양식 : 슈퍼바이지 프로파일, 교육적 사정척도, 직무역량척도 1, 2, 3, 슈퍼비전 기록지, 슈퍼비전 평가서

슈퍼비전 기록지(슈퍼바이저용)

슈퍼바이저 : 슈퍼바이지 :
슈퍼비전 일시 : 회기/ 201 년 월 일 요일 (시작) ~ (끝) 시
작성일시 : 201 년 월 일 요일

- 세션의 초점(목표) :
- 논의된 내용 :
- 차기 세션을 위한 계획 또는 과제 :
- 기타 :
- 자기 평가(평가요소 : 슈퍼비전 태도, 내용, 방법, 상호작용, 준비도 등)
- 이번 세션에서 슈퍼바이저로서의 만족도

  ______매우 불만족 ______불만족 ______보통 ______만족 ______매우 만족
- 위와 같이 평가한 이유를 기술해 주세요.
- 자기 성찰(배운점, 느낀점, 적용점 등)
- 슈퍼비전을 제공하면서 스스로 부족하다고 느끼는 점, 어려운 점, 장애요인
- 슈퍼바이지에게 바라는 점

슈퍼비전 기록지(슈퍼바이지용)

슈퍼바이지 :	슈퍼바이저 :
슈퍼비전 일시 : 회기/ 201 년 월 일 요일 (시작) ~ (끝) 시	
작성일시 : 201 년 월 일 요일	

- 세션의 초점(목표) :
- 논의된 내용 :
- 차기 세션을 위한 계획 또는 과제 :
- 기타 :
- 자기 평가(평가요소 : 슈퍼비전 태도, 내용, 방법, 상호작용, 준비도 등)
- 이번 세션에서 슈퍼바이저로서의 만족도

  _____매우 불만족 _____불만족 _____보통 _____만족 _____매우 만족
- 위와 같이 평가한 이유를 기술해 주세요.
- 자기 성찰(배운점, 느낀점, 적용점 등)
- 슈퍼바이저에게 바라는 점

슈퍼비전 기록지(슈퍼바이지용) 예시

※ 매회 슈퍼비전이 끝난 후 3일 이내에 작성해 슈퍼바이저에게 제출합니다.

슈퍼바이지 : ○○○	슈퍼바이저 : ○○○
슈퍼비전 일시 : 8회기/ 2013년 1월 22일 화요일 10~12시	
작성일시 : 2013년 1월 23일 수요일	

- 세션의 초점(목표) : 2013년 사업목표 점검 및 사업계획서 작성 가안 공유
- 논의된 내용 :

– 사례나눔(4–2 최○○ 학생)

– 2012년 사례관리, 네트워크 수준을 돌아보고 2013년 개선되어야 할 부분과 주안점을 두어야 할 부분에 대한 논의

– 2013년 세부사업 가안 논의

• 차기 세션을 위한 계획 또는 과제 :
– 학교의 고유한 특성을 반영한 사례관리, 네트워크 방향 설정하기
– 학교 현장 사업에 대해 교내 교직원들 간 적절한 업무분장을 고민하고 제안하기
• 자기 평가(평가요소 : 슈퍼비전 태도, 내용, 방법, 상호작용, 준비도 등)
– 2013년 사업계획서 가안을 준비해서 좀 더 구체적인 슈퍼비전이 진행될 수 있었고, 업무 과부하 등 고민하는 지점에 대해 2013년에는 어떻게 풀어가야 할지 논의할 수 있었다.
• 이번 세션에서 슈퍼바이저로서의 만족도
_____매우 불만족 _____불만족 _____보통 _____만족 __√__매우 만족
• 위와 같이 평가한 이유를 기술해 주세요.
– 학교 특성과 지역사회교육전문가의 역할을 고민해 보고 학교 사정에 맞도록 사업을 구상할 수 있도록 하는 시간이 되었다. 또한 지역사회교육전문가의 역할이 사업 운영에 치중하지 않도록 사례관리와 네트워크 관련한 목표를 설정할 수 있도록 해서 유익한 시간이 되었다.
• 자기 성찰(배운점, 느낀점, 적용점 등)
– 사례관리가 더 구체적으로 이뤄질 수 있도록 학교, 가정, 지역기관과 협력해야 하며, 수시로 지역기관과 사례회의를 통해 함께 아이들을 봐야겠다는 생각을 했다.
• 슈퍼바이저에게 바라는 점
감사합니다..^^

2) 2회기

(1) 최근 학교사회복지사업 진행 현황 나눔 및 사례 나눔

그동안 잘 지내었는지, 최근 학교사회복지사업이 어떻게 진행되어 가고 있는지, 학교 내 사회복지실천가가 주로 하고 있는 일은 무엇인지 등에 대한 이야기를 나눈다. 이러한 나눔을 통해 슈퍼바이저는 슈퍼바이지가 학교 내에서 어떻게 자리매김하고 있고, 어떠한 역할을 하고 있는지, 어려움은 무엇인지 등에 대해

파악하는 시간이 될 수 있다. 슈퍼바이지의 상황과 역할 등을 잘 고려해 슈퍼바이지가 현재 처한 환경에 필요한 슈퍼비전을 제공하도록 한다.

학교 내 사회복지실천가가 현재 다루고 있는 사례 중 시간을 다투며 슈퍼비전이 필요한 사례나 문제상황들이 있으면, 이 시간에 나누고 그에 대한 대처방법을 논의한다.

(2) 슈퍼비전 계획서에 대한 논의, 수정 보완 및 합의

슈퍼바이저와 슈퍼바이지가 슈퍼비전 계획서를 최종적으로 수정하고 보완하며 확정짓는다. 1회기 종결 후 이메일을 통해 주고 받으며 수정했던 슈퍼비전 계획서를 놓고 슈퍼바이지에 대한 사정은 정확했는지, 슈퍼바이지의 욕구가 잘 반영되었는지, 슈퍼비전 시간에 다루어야 할 내용이 적절한지 등에 대해 점검해야 한다. 이러한 논의를 끝으로 슈퍼비전 계획서를 확정짓고 이를 토대로 매회 슈퍼비전이 진행되도록 한다.

개별 슈퍼비전 계획서

교육적 사정척도와 직무역량척도를 통해서 파악한 슈퍼바이지의 욕구와 강점 및 약점 등을 기반으로, 슈퍼바이지와의 논의를 통해 앞으로 슈퍼비전에서 다루어야 할 목표와 내용에 대한 계획을 슈퍼바이저가 작성하시기 바랍니다.

1. 각 도구에 의거한 슈퍼바이지 사정 결과 및 슈퍼바이지 욕구 정리

구 분	사정 결과
가치 및 태도 영역	
직무지식 및 기술 영역	
일반주의 실천기반 핵심지식과 기술	
특성 및 강점	
욕 구	

2. 계 획

구 분	목 표	수행방법 (필요자원 포함)	시행시기	평가지표 및 방법
가치 및 태도 영역				
직무지식 및 기술 영역				
일반주의 실천기반 핵심지식과 기술				
기 타				

* 필요 자원 : 슈퍼바이저, 외부강사, 내부 교육, 타 직원, 연구소, 서적 등

3. 월별 추진일정표

	3~4월	5~6월	7~8월	9~10월	11~12월	1~2월
월별 주요 업무 검토사항 예시*	• 집중지원대상 학생 인테이크 • 학교 내 사회복지실천사업 안내, 설명회 • 프로그램 시작 • 실습생 및 자원봉사자 관리	• 상담 및 사례관리 진행상황 점검 • 학생 프로그램 참여 중간 점검 • 지역기관 연계상황 점검	• 방학 프로그램 준비 및 진행 • 방학집중 가정방문 및 기관방문 • 2학기 사업 준비	• 2학기 프로그램 시작 및 관리 • 집중지원 학생 추가 발굴 점검	• 학교 현장 운영협의회 평가회 • 학생, 학부모, 교사 대상 사업평가 및 자체 평가서 작성	• 방학 프로그램 준비 및 진행 • 내년 사업 준비를 위한 지역기관 협의 • 내년 사업 및 프로그램 계획 준비 • 방학집중 가정방문 및 기관방문
주요 슈퍼비전 내용						

* 월별 주요 업무 검토사항은 하나의 예시입니다. 사업이나 학교의 성격에 따라 슈퍼바이저와 슈퍼바이지가 수정 · 보완할 수 있습니다.

개별 슈퍼비전 계획서 예시

슈퍼바이지 : ○○○/ 슈퍼바이저 : ○○○

작성일 : 2012.06.02, 수정일 : 2012.07.05

1. 각 도구에 의거한 슈퍼바이지 사정 결과 및 슈퍼바이지 욕구정리

구 분	사정 결과
직무지식 및 기술 영역	• 학교사회복지, 아동 · 청소년 복지관련 과목을 수강할 기회가 없었음 • 집중지원학생 관리 후 상담을 통한 학생정보 지원계획 수립, 지역 자원 현황 파악 및 연계 가능 자원발굴, 가정-학교-지역사회 연결, 가정방문, 학교단위 학교 현장 추진체계 구성, 프로그램 모니터링 등은 매우 중요하다고 느끼고 우선적으로 다루어지기 바라지만 숙련도는 보통이라고 평가함
가치 및 태도 영역	• 사회복지사 윤리강령에 대한 재확인 • 윤리 내재화, 사회복지전문가로서의 자긍심, 사회변화 민감성 등에 매우 중요하다고 느끼고 우선적으로 다루어지기 바라지만 숙련도가 보통이라고 평가함
일반주의 실천기반 핵심지식과 기술	• 기록유지와 기록활동을 매우 중요하다고 느끼고 우선적으로 다루기 바라지만 숙련도가 보통이라고 평가함
특성 및 강점	• 청소년상담사 3급 자격증 소지 • 자기개발 의지와 실천력이 높음 • 성실 • 이전 직장에서 슈퍼비전 받은 경험 • 의사결정 시 자문을 자주 구하는 편, 협력자 지지자가 없을 경우 선택에 어려움
욕 구	• 학교 현장에 대한 학문적 이해 • 사례관리, 네트워크 실천방법 • 학습(연수, 책 통해)/ 사례회의(자원 찾기 포함)

2. 계 획

구 분	목 표	수행방법 (필요 자원 포함)	시행시기	평가지표 및 방법
직무 지식 및 기술 영역	• 학교사회복지론 책 읽기	• 주요 단원 선별해서 읽고 토의	6~10월	주요 내용이나 적용 가능 사항 정리노트

직무지식 및 기술 영역	• 위기개입 이해 및 적용	• 이론을 공부해 와서 이론의 주요 내용 발표 및 적용점 찾기	9월	이론적 지식숙련도 사전 · 사후 비교
	• 상담이론 이해 및 적용	• 개인, 집단, 가족 상담이론에 근거해 한 사례 이상 진행	7~8월	상담사례기록지에 상담 시 이론 적용 여부 체크
가치 및 태도 영역	• 윤리강령 이해 및 적용	• 윤리강령 읽어와서 적용점 나눔 및 적용이 어려운 사항에 대한 대안 논의	6월	윤리강령 읽었는지 여부 파악 및 적용 후 차이점 기록
	• ㅇㅇ구 지역소식, 학교 현장 관련 소식 및 정책흐름 파악	• 매달 ㅇㅇ구청, 주민자치센터 등 사이트와 팜플렛 검토 • 학교 현장 관련 사이트에서 동향 파악	2012.06 ~2013.02	매달 스크랩 자료
일반주의 실천 기반 핵심 지식과 기술	• 학교 현장 평가지침에 대한 파악 및 평가 준비	• 학교 현장 평가지침 숙독 및 평가 시 갖추어야 할 사항에 대한 점검	10~11월	평가지침 파악 정도 체크
	• 사업계획서 검토 및 각 프로그램별 평가방법 적절성 분석 및 대안 모색	• 사업계획서 중 2~3개 프로그램 분석, 사업계획서 수정보완 및 바람직한 평가방향 수립	11~12월	사업계획서 작성의 향상도 측정
기 타	현재 사례에 대한 나눔	• 현재 진행되는 사례 진행 방향과 방법에 대한 논의	2012.06 ~2013.02	사례관리 기록지

3. 월별 추진일정표

	3~4월	5~6월	7~8월	9~10월	11~12월	1~2월
월별 주요 업무 검토사항 예시*	• 집중지원 대상 학생 인테이크 • 학교 내 사회복지 실천사업 안내, 설명회 • 프로그램 시작	• 상담 및 사례 관리 진행상황 점검 • 학생 프로그램 참여 중간 점검	• 방학 프로그램 준비 및 진행 • 방학집중 가정방문 및 기관방문	• 2학기 프로그램 시작 및 관리 • 집중지원 학생 추가 발굴 점검	• 학교 현장 운영협의회 평가회 • 학생, 학부모, 교사 대상 사업 평가 및 자체 평가서 작성	• 방학 프로그램 준비 및 진행 • 내년 사업 준비를 위한 지역기관 협의

	3~4월	5~6월	7~8월	9~10월	11~12월	1~2월
월별 주요 업무 검토사항 예시*	• 실습생 및 자원봉사자 관리	• 지역기관 연계상황 점검	• 2학기 사업 준비			• 내년 사업 및 프로그램 계획준비 • 방학집중 가정방문 및 기관방문
주요 슈퍼비전 내용		〈5월〉 • 자신에 대한 파악 및 슈퍼비전 계획 〈6월〉 • 윤리강령 이해 및 적용 • 사례관리가 제대로 이루어지고 있는지 교과서와 비교해 사례 검토 〈공통〉 ○○사례나눔	〈7월〉 • 현장에서 활용할 수 있는 아동대상 검사 점검 (HTP, KFD 등) 〈8월〉 • 지역사회 교육전문가 역할 모델 학교 방문 〈공통〉 • 사례나눔 • ○○구소식/교육복지 관련소식 스크랩	〈9월〉 • 위기개입 방법 스터디 〈10월〉 • 교육복지 평가지표 숙지 〈공통〉 • 사례나눔 • ○○구소식/교육복지 관련소식 스크랩	〈11월〉 • 사업계획서 중 2~3개 사업 검토 및 평가지표 적절성 분석 • 교육복지 협의회 통해 사업에 대한 교내 의사소통 시도 • 욕구조사서 만들기 〈12월〉 • 각 사업별 평가서 작성 검토 〈공통〉 • 사례나눔 • ○○구소식/교육복지 관련소식 스크랩	〈1~2월〉 • 사업계획서 작성 피드백 • 지역사회 자원 재조사 및 체계 구축 〈공통〉 • 사례나눔 • ○○구소식/교육복지 관련소식 스크랩

Tip

슈퍼비전 계획 시 유의점

■ 슈퍼비전 계획서 작성에 반드시 슈퍼바이지가 참여하도록 한다.
슈퍼바이저가 계획서의 기본안을 수립하기는 하지만 슈퍼바이지의 의견을 듣고 수정 · 보완하는 과정을 거치는 것이 필요하다. 슈퍼바이지에게 적절한 목표와 분량을 다루어 슈퍼바이지의 자발성을 높이고, 슈퍼바이지에게 슈퍼비전이 또 하나의 무거운 업무로 여겨지지 않도록 해야 한다.

■ 슈퍼비전의 목표와 내용을 너무 방대하게 잡지 말아야 한다.
월 1회 2시간 정도의 만남에서 많은 주제를 다루는 것은 현실적으로 쉽지 않다. 중간에 생각지 않은 변수들이 발생해 계획이 차질이 생길 수도 있다. 만남의 횟수와 주기를 잘 고려해 적절한 정도의 목표와 주제를 정해야 한다.

슈퍼비전 계획서 작성 노하우

1. 슈퍼바이지 사정 결과 및 슈퍼바이지 욕구 정리
   ⇒ 직무역량척도 각 항목에서 중요도와 우선도는 높게 체크했지만 숙련도를 낮게 체크한 항목을 집중적으로 보완해야 할 사항으로 제시
   ⇒ 교육적 사정척도의 응답내용을 참고해 지식 · 기술영역, 가치 · 태도영역 중 연관되는 곳에 기술. 윤리적 자각은 가치 및 태도 영역, 이론적 지식숙련도는 지식 · 기술 영역에 주로 해당됨. 이전 슈퍼비전 경험, 자신의 강점과 한계점, 역량 개발 견해, 본 슈퍼비전에서 다루었으면 하는 내용에 대한 항목내용은 계획서의 특성 및 강점, 욕구 영역에 주로 정리함
2. 계획항목에는 1번 항목에서 사정했던 내용 중에 이번 슈퍼비전에서 다루어야 할 것을 선정해 각 영역별로 목표와 수행방법, 시행시기, 평가지표 및 방법을 작성하되 너무 많은 목표를 설정하지 않는 것이 바람직함. 1년 동안 다룰 수 있는 적절한 정도의 목표를 우선순위를 정해 계획하는 것이 필요함
3. 월별 추진일정표에 예시로 제시되어 있는 월별 주요 업무 검토사항을 참고로 슈퍼바이지와 그 학교상황을 고려해 매회 업무를 점검하고 어려움에 대해 논의하면 도움이 됨
   주요 슈퍼비전 내용은 2번 계획항목에서 설정한 계획을 구체적으로 언제 실행할지 월별로 나타내 주는 항목으로 실제 실행에서 기준이 되는 부분임. 따라서 계획한 내용을 언제 실행하는 것이 적절할지 월별 주요 업무를 잘 고려해 실현 가능하도록 배치해야 함

(3) 슈퍼비전 구조화 확인

1회기 때 확인했던 슈퍼비전 시간과 장소 등에 대해 다시 한 번 점검한다. 문제는 없는지 변동사항은 없는지 확인하고 확정짓는다.

Chapter 7 실행단계

1) 월별 주요 업무 점검

매 회기마다 월별 주요 업무를 점검하는 시간을 갖는다. 슈퍼비전 계획서에 학교 내 사회복지실천사업 추진과정에서 월별로 진행되어야 하는 주요 업무에 대한 예시가 제시되어 있다. 예를 들면, 3월에 새 학기가 시작되면 집중지원대상 학생들을 선정하고 개별적으로 만나는 시간을 가져야 할 시기이며, 7월은 방학을 앞두고 방학 프로그램을 준비하고 학기 중에 하지 못했던 가정방문이나 지역기관방문 등을 해야 할 시기이다. 이러한 시기에 맞추어 슈퍼바이지가 매 회기마다 해야 할 업무를 놓치지 않고 제대로 하고 있는지, 업무를 진행하면서 진행상 어려운 부분은 없는지 이야기 나누는 시간을 갖고 문제의 원인과 문제를 해결하기 위한 방법을 함께 생각해 보도록 한다.

2) 사례논의

슈퍼바이지는 날마다 학생들을 만나며 상담을 하는 과정에서 해결이 어렵거나 때로는 어떻게 해야 할지 모르는 상황에 직면하게 되기도 한다. 자신이 경험하고 있는 사례에 대해 어떻게 해석하고 어떻게 지원하면 좋을지 슈퍼비전 시간을 활용해 나눔의 시간을 가진다면, 보다 나은 서비스를 제공하는 데 실제적인 도움을 줄 수 있을 것이다.

3) 슈퍼비전 계획서에 따른 회기별 슈퍼비전 내용 진행

슈퍼비전 계획서에 의거해 매 회기 진행하기로 계획했던 주제를 가지고 슈퍼비전을 진행한다. 회기별 진행내용에 적합한 슈퍼비전 방식은 무엇인지를 고려해 다양한 방식을 활용한 슈퍼비전을 진행할 때 더욱 효과가 높아진다. 특히 이번 회기에 다룰 슈퍼비전 주제를 미리 확인해서 준비해 올 수 있도록 하는 것이 필요하다.

Tip 슈퍼비전 과정의 핵심기술 (Shulman, 1993)

① 조율기술 : 문제를 피하는 것이 아니라 직면하는 기술. 슈퍼바이지가 봉착한 문제나 스트레스를 집중적으로 다루어서 억눌린 감정을 표현하도록 함. 이 과정을 통해 상호 신뢰와 효과적인 의사소통을 하게 됨
② 계약기술 : 각 슈퍼비전 시 슈퍼비전 내용을 결정하고 합의할 수 있음. 슈퍼바이저는 기본적 의제를 갖고 있어야 함. 토론 중에는 슈퍼바이지가 어떻게 느끼고 판단하는지 알기 전까지 해결책을 제시해서는 안됨. 특히 숙련된 슈퍼바이지에게는 정보를 주는 것보다 경청하는 것이 중요
③ 구체화 기술 : 일반적인 문제에서 구체적인 문제로 나아가야 함. 슈퍼바이지의 관심내용에 대해 충분히 경청하고 감정을 나눈 후 슈퍼바이지가 직면한 문제를 구체적으로 이해하기 위해 5W1H(언제, 어디서, 누가, 무엇을, 누구를 위해, 어떻게) 질문방법 통해 질문
④ 감정이입기술 : 슈퍼바이지의 감정을 공감, 슈퍼바이지의 직면상황을 마지막에 정리해 주는 것도 좋음. 이 기술을 통해 슈퍼바이지가 수용받는 느낌과 안도감을 얻게 됨
⑤ 감정을 나누는 기술 : 슈퍼바이저의 감정을 먼저 나누는 것도 대안이 될 수 있음
⑥ 요구기술 : 업무종결 여부와 종결에 대한 자세가 어떠한지 알기 위해 구체적으로 질문. 실행과정을 모니터링해야 하며, 이를 위해 명확한 질문을 하는 것이 필요함
⑦ 장애물을 지적하는 기술 : 슈퍼바이저가 슈퍼바이지의 개인적인 어려움을 인식해야 하나 슈퍼바이지의 개인적 성격이나 성향보다는 업무수행 자체를 강조해야 함. 업무에 대해 기대하고 있는 구체적인 결과를 알려주고 사용할 수 있는 자원을 명확하게 해야 함
⑧ 회기 종결기술 : 각 회기를 마무리 하는 기술로 슈퍼비전에서 논의된 내용 요약, 슈퍼비전 중 합의한 목표 성취를 위해 필요한 다음 단계 설명

Tip 슈퍼비전 기법

슈퍼비전 시행에 있어 각 내용에 적절한 다양한 기법을 사용할 때 슈퍼바이지에게 도움이 되는 알차고 즐거운 슈퍼비전이 될 수 있다. 슈퍼비전의 기법에는 아래와 같은 다양한 방법이 있다.

- 사례회의 및 사례발표
- 보조진행 및 참관
- 녹음이나 녹화를 활용한 음성이나 영상기록 확인
- 역할극 및 사전 시연
- 모델링과 기법 전수
- 서면 기록과 검토
- 과제 제시 및 확인
- 코칭
- 컴퓨터 및 온라인 활용
- 라이브 슈퍼비전(비디오 모니터를 통한 관찰, 전화지도 등)
- 기타 : 외부 토론, 강의, 세미나 발표 활용 등

출처 : 안정선 · 최원희(2010).

Tip 슈퍼비전 진행 시 유의점

■ 회기가 끝나면 슈퍼비전 기록지를 바로바로 써야 한다.

기록지 작성을 미루고 넘어가는 경우에 지난달 슈퍼비전 내용을 잊기 쉽다. 슈퍼비전 내용을 업무에 적용하고 과제를 수행하기 위해 슈퍼비전 기록지는 바로바로 작성하는 것이 도움이 된다. 지난 회기 슈퍼비전 내용을 잊어버리고 잘 정리하지 않으면 다음회 슈퍼비전에도 영향을 미칠 수 있다. 슈퍼비전 기록지 작성이 처음에는 시간이 걸리고 복잡한 것 같지만 작성하다 보면 20분 내외로 금방 작성을 하게 된다.

■ 슈퍼비전 계획서에 근거해 매회 슈퍼비전을 진행하되 평가지표를 염두에 두어야 한다.

매회 슈퍼비전을 진행하기 전에 계획서를 확인하고, 계획서의 평가지표에 근거한 평가를 하면서 슈퍼비전이 계획대로 효율적이고 효과적으로 진행되고 있는지 점검해야 한다.

그렇지 않으면 슈퍼바이저와 슈퍼바이지가 서로 바쁜 가운데 있기 때문에 슈퍼비전이 흐지부지되면서 별로 도움이 되지 않는 시간이 될 수 있다.

■ 마지막 회기는 가급적 별도의 계획을 잡지 말고 종결 평가와 정리하는 시간으로 활용한다.
더 많은 것을 다루고 싶은 마음에 마지막 회기까지 별도의 계획을 잡는 것은 무리가 따른다. 그동안 슈퍼비전에 대해 잘 정리하고 의견을 나누며 이후 슈퍼비전을 어떻게 운영해나가면 좋을지 방향을 세우는 시간으로 활용하는 것이 좋다.

■ 한 회기 정도 함께 힐링의 시간을 가지는 것도 좋다.
슈퍼비전을 진행하다 보면 중간에 생각지 않은 일들(학교상황, 슈퍼바이지 신변상 변화나 슬럼프 등)이 일어날 수 있으므로 너무 많은 계획을 잡지 않은 것이 좋다. 학교상황에 따라 약간의 변동이 있을 수 있음을 감안해야 한다. 특히 방학 중 슈퍼비전 시간에 외부에서 차를 마신다거나 쉼의 시간을 가진다면 긴장된 분위기를 푸는 데 도움이 된다. 또한 편안한 분위기에서 하고 싶은 이야기들을 더 많이 나누는 시간이 되기도 한다.

■ 그룹 슈퍼비전 중에라도 반드시 개별 슈퍼비전 시간을 확보하자.
그룹 슈퍼비전이라 하더라도 상반기, 하반기 한 번씩은 개별 슈퍼비전 시간을 확보하는 것이 필요하다. 여럿이 함께 있을 때 하지 못하는 개인적인 상황이나 관계의 문제가 개별 만남의 시간에 쏟아져 나오면서 슈퍼바이지에 대한 이해도와 서로 간 관계 깊이가 달라지게 된다.

■ 중간에 슈퍼바이저가 추가되어야 하는 상황이 있다면 신중하게 결정하자.
그룹 슈퍼비전 중간에 슈퍼바이지가 추가되는 경우 슈퍼비전 분위기에 영향을 미칠 수 있다. 슈퍼바이지 서로의 욕구와 성향의 차이뿐만 아니라 슈퍼바이지가 한 명 증가하면서 슈퍼바이저가 한 사람과 이야기할 때 다른 슈퍼바이지들끼리 서로 다른 이야기를 하는 상황이 발생하기도 해 집중도가 떨어질 수 있다. 집단의 역동을 잘 파악해 신중히 결정해야 한다.

Chapter 8 평가 및 종결 단계

생각해 보기

학교 현장 슈퍼비전의 성과의 내용은 무엇이며 어떻게 평가해야 할까요?
슈퍼비전 종결, 즉 슈퍼바이지와의 이별의 준비를 어떻게 해야 할까요?

종결 및 평가 단계의 핵심과업은 준비단계 시에 설정하고 초기단계에 합의를 통해 선정한 슈퍼비전 목표가 어느 정도 성취되었는지를 평가하는 것이다. 또한 슈퍼바이지가 수행한 업무를 전체적으로 점검하고 지식 및 기술, 능력 향상에 대해서 논의하고 이것이 어떻게 이루어졌는가를 정리하게 된다. 일반적으로 슈퍼비전 종결 및 평가 단계에는 연간의 직무수행에 관한 슈퍼바이지 평가를 시행하게 된다. 이때 슈퍼바이저는 앞으로의 슈퍼바이지의 경력 개발과 장래를 위한 준비와 관련된 슈퍼비전을 주어야 할 것이다. 두 번째 과업은 슈퍼비전의 진행에 대한 평가이다. 이제까지 진행한 슈퍼비전을 전체적으로 평가하여 향후 더욱 발전적인 방향을 모색하기 위한 것이다. 이를 위해 효과적인 슈퍼비전의 실행과 체계의 수정, 슈퍼비전 운영 평가, 슈퍼비전 만족도 평가, 슈퍼비전 구조에 대한 피드백 등 다양한 방법이 활용되어질 수 있다. 세 번째로 슈퍼비전을 진행한 슈퍼바이저에 대한 평가이다. 상호 협력적 과정과 슈퍼바이저로서 효과적으로 기능하였는가를 평가하게 된다.

1) 슈퍼비전 평가를 위한 준비

구체적인 평가과업을 살펴보기 전에 먼저, 슈퍼비전과 평가에 관한 주요 과업과 슈퍼바이저의 역할에 대해 정리해 보고자 한다.

(1) 조직 차원의 바람직한 평가에 대한 공유

먼저 슈퍼비전 평가에 관한 기관 차원의 준비가 필요하다. 평가를 받는 것 자체는 그리 유쾌한 일이 아닐 수 있다. 평가의 필요성은 인정하면서도 많은 슈퍼바이저와 슈퍼바이지들이 평가에 대한 부정적 감정을 갖기도 한다. 그러나 우리가 평가를 지속해야 하는 이유는 평가의 궁극적인 목적이 클라이언트를 위한 옹호와 최선의 서비스 제공에 있음을 명심해야 할 것이다.

그렇다면 바람직한 평가의 속성은 어떠해야 하는가? 평가는 간헐적이기보다는 계속적인 과정이어야 한다. 슈퍼바이저는 슈퍼바이지와 함께 평가과정을 사전에 논의해야 한다. 평가는 긍정적 관계 속에서 전달되어야 하고, 평가절차는 상호적이고 과정을 공유하는 것이 되어야 한다. 평가는 한 개인으로서의 슈퍼바이지에 대한 평가가 아니라 슈퍼바이지의 업무수행 자체에 초점을 두어야 한다. 평가는 강점, 약점, 성장, 정체 등의 영역에 대한 공정하고 균형 잡힌 검토가 되어야 한다. 적절한 평가는 특정 행동의 원인, 절차의 정당성과 효과성 등을 분석하는 것이지 결과만을 논하는 것은 아니다. 평가는 슈퍼바이지의 업무수행에 대한 수정 가능한 측면들에 초점을 두어야 하며, 발전과 향상에 대한 기대를 잠정적으로 가지고 있어야 한다.

또한 슈퍼바이저는 슈퍼바이지들이 행하는 자기 평가도 기꺼이 수용할 수 있다는 것을 나타내야 한다. 평가기준을 구축할 시에도 슈퍼바이지와 슈퍼바이저가 함께 공유해야 하고 더욱 적절한 평가기준을 선별함은 물론 평가에 대한 기대를 높일 수 있게 된다.

(2) 평가를 위한 슈퍼바이저의 과업

Munson(2002)의 논의를 토대로 슈퍼바이저가 알아두어야 할 평가지침을 요약해 보면, 평가정책의 공유와 검토, 평가방법과 도구의 일관성, 슈퍼바이지의 평가도구 개발에의 참여, 사람이 아닌 직무수행과 합의된 목표의 평가, 마지막으로 슈퍼바이저의 평가도구 자체에 대한 명확히 이해이다.

학교 현장 슈퍼비전에서는 슈퍼바이저가 슈퍼비전 목표 및 평가지표, 달성률 평가 등에 관한 충분한 이해가 있어야 한다. 또한 주기적으로 시행되는 슈퍼비전에 대해 기록을 남기며, 지속적으로 기록이 유지되고 모니터링되어야 최종적인 슈퍼비전 평가를 효과적으로 수행할 수 있다.

결론적으로 평가는 슈퍼바이저의 일방적인 통고과정이 아니며 함께하는 '참여' 과정으로 진행되어야 하고, 조직의 목적이나 방향과 일치되어야 하며, 다각적인 차원에서 평가방법이 활용될 수 있도록 발전되어야 한다. 또한 다양한 평가 정보자료를 수집해야 하며 측정방법 또한 정교성을 가지고 진행되어야 한다. 슈퍼바이지의 잠재력에 대한 사정은 물론 보다 발전할 수 있는 차원에서 대안을 제시하는 방향으로 이루어져야 할 것이다. 또한 전반적인 슈퍼바이지의 경력개발을 고려하는 평가로 진행되어야 한다.

(3) 슈퍼비전 평가 진행 시 주요 과업

슈퍼비전 평가를 위해 슈퍼바이저는 이전의 평가자료를 살피고 슈퍼바이지에 대한 기록, 보고서, 그리고 본인의 슈퍼바이지에 관한 메모를 읽는다. 또한 객관적 평가를 흐리게 하는 요소가 없는지, 자신에 대한 성찰과정이 필요하다. 슈퍼바이지 또한 슈퍼비전 계획서와 특히 목표에 대해 검토하고 슈퍼비전 전과 현재를 비교하여 업무수행 과정과 성취도를 비교 분석하여 준비한다. 슈퍼바이지 또한 객관적으로 자신의 직무수행을 성찰하면서 강점요인과 약점요인 등에 대한 분석이 필요하다.

본격적으로 평가회의를 진행할 때에, 먼저 초기에는 슈퍼바이지의 불안과 긴장을 다루어주며 평가 시에 확인하고 나눌 내용에 대해 간단히 요약한다. 평가면담은 긍정적인 부분으로 시작하여 문제점과 취약점으로 옮겨가면서 최종 긍정적인 피드백으로 끝맺는 방식이 좋다. 평가면담 시 애초 제시된 항목에 대한 평가에만 초점을 둘 것이 아니라, 각 영역별 강점과 약점, 아쉬운 점 그리고 사회복지사로서의 비전 등에 관한 나눔을 갖는 시간으로 활용해야 한다. 1년간의 직무수행과 슈퍼비전에 관한 평가는 물론이고 차후의 경력개발 등에 관한 논의가 포함되어야 한다.

또한 공식적인 평가는 은유적인 방법은 피하고 명확하고 솔직하며, 직접적인 표현을 사용하는 것이 바람직하다. 평가회의의 종결부분에서 슈퍼바이지의 감정적 반응을 해결하도록 지원하고 변화에 대한 행동계획을 세워야 한다. 마지막으로 전체적인 핵심내용에 대해 요약한다. 평가의 결과는 즉시 문서화되는 것이 좋다.

2) 슈퍼비전 목표 및 슈퍼바이지 평가

(1) 슈퍼비전 평가를 위한 슈퍼바이지 보고서 작성

슈퍼비전 평가를 위해서 슈퍼바이지는 다음과 같이 슈퍼비전 보고서를 작성한다. 슈퍼비전 초기에 작성하였던 개별 슈퍼비전 계획서를 토대로 진행 주요 과정과 평가결과를 작성하다.

실질적인 슈퍼비전 실행의 효과성을 평가하기 위해 사전단계에서 검사하였던 다양한 직무역량 체크리스트(직무역량척도 내지 표준화된 척도)에 다시 한번 응답하고 사전결과와 비교해 보도록 한다.

개별 슈퍼비전 보고서

슈퍼비전 사전단계에서 응답하였단 각 체크리스트를 슈퍼비전 종결단계에서 다시 한번 체크해 봅시다. 본인의 직무역량과 자기개발 영역에서 어떤 변화가 있었는 지를 정리해 봅니다.

1. 각 도구에 의거한 사후 검사 결과

구 분	사후 결과 평가
가치 및 태도 영역	
직무지식 및 기술 영역	
일반주의 실천기반 핵심지식과 기술 영역	
특성 및 강점 발견	
기타 욕구해결 및 자기개발 영역	

2. 목표평가

구 분	목 표	수행방법 (필요 자원 포함)	시행 시기	평가지표 및 방법	달성결과 평가 (달성률 및 만족도 결과 등)
가치 및 태도 영역					
직무지식 및 기술 영역					
일반주의 실천기반 핵심지식과 기술					
기 타					

* 필요 자원 : 슈퍼바이저, 외부자문, 내부교육, 외부교육, 타 직원, 연구소, 서적 등
* 평가지표 : 평가지표는 평가내용을 측정할 수 있는 지표, 측정 가능하도록 해주는 증거를 의미. 평가지표는 변화량, 빈도, 수 혹은 % 등으로 제시되어야 하며, 제시된 지표를 통해 변화의 정도(증가, 감소)를 확인할 수 있어야 함

3. 월별 추진결과

: 월별 진행결과 정리(슈퍼비전 유형별 진행횟수와 진행내용)

4. 20_____년 슈퍼비전 및 자기개발에 관한 소감 및 전체적 평가, 발전을 위한 대안

5. 차기 년도 슈퍼비전을 위한 건의

(2) 슈퍼비전 목표달성도 평가 및 개선방안 논의

슈퍼바이저와 합의하에 시작단계에서 선정한 슈퍼비전 목표의 달성도에 대해서 평가한다. 다음의 표는 슈퍼비전 계획서에 포함되어 있는 슈퍼비전 목표와 수행방법, 평가지표에 관한 내용이다. 목표달성 결과측정을 위해서는 성과를 경험적으로 제시할 수 있는 지표가 수반되어야 하는데, 지표(indicator)란 일종의 증거나 정보로서, 성과가 달성되었는지를 확인시켜 주는 경험치를 나타낸다. 성과지표는 보통 특정 수치로 나타나는데, 몇 점, 몇 %, 변화 유무, 빈도로 표현된다. 계획단계 시에 설정한 평가지표에 따라 어느 정도의 달성도가 있으며, 어떤 영역의 달성도가 높고 낮은지 등의 목표달성도를 평가해 본다.

슈퍼비전 과정에 대한 평가는 물론이고 연간 전문성 강화를 위한 논의들에 대해서도 평가한다. 전문가로서의 지속적 학습과 자기지식 개발, 지식의 전수, 사

회복지사로서의 책무성 이해 등 전반적인 자기개발과 경력개발을 위한 관점에서 평가를 시행한다. 차후 보다 효과적인 슈퍼비전을 위한 대안을 모색한다.

3) 슈퍼비전 체계 및 운영만족도 평가

보다 높은 질의 슈퍼비전 체계의 보완과 슈퍼비전의 만족도를 평가하기 위해 기관의 슈퍼비전 체계와 슈퍼바이저에 의한 슈퍼비전 실행을 평가한다. 먼저 슈퍼비전 체계 운영에 관한 평가가 이루어질 필요가 있는데, 슈퍼비전 정책수립 담당자가 연 1회의 슈퍼비전 운영과 효율성, 효과성에 대한 평가를 실시한다. 학교현장의 경우, 교육청 내에서 프로젝트 코디네이터가 담당할 수 있고, 지역 내의 선임자가 담당할 가능성이 높지만, 슈퍼비전 제도를 관리하는 부서가 부재할 가능성도 높다. 이러한 경우라도 자체적으로 운영평가를 실시한다.

주로 슈퍼비전 실행과 관련한 세부내용과 기관의 슈퍼비전 표준내용의 적절한 실행 정도에 대한 설문으로 진행된다(표 8-1).

일대일로 슈퍼비전 계약을 한 경우에는 설문문항을 보면서 서로 나누는 시간을 갖는 것도 좋다. 또한 집단 슈퍼비전인 경우, 그룹별로 슈퍼바이저의 주도하에 연간 진행된 슈퍼비전의 운영과 효과성에 대한 토론을 실시한다. 마지막 다른 방법으로 각 부서 내지 팀, 집단에서 이루어진 슈퍼비전 기록을 정책결정자에게 제출하도록 하고, 점검하는 방법에 의해 슈퍼비전 체계에 대한 평가가 이루어질 수 있다. 이러한 여러 차원의 슈퍼비전 평가결과는 차기년도 슈퍼비전 체계의 보완에 반영되어야 한다.

〈표 8-1〉 슈퍼비전 운영 평가

개별 슈퍼비전 보고서

1 : 전혀 만족하지 않음	2 : 대체로 만족하지 않음
3 : 조금 만족하지 않음	4 : 조금 만족함
5 : 대체로 만족함	6 : 매우 만족함

*운영 세부내용에 따라 6점 척도로 만족도를 평가하고 각 문항별로 평가내용을 기록하여 제출하도록 한다.

1. 슈퍼비전 내용/ 구성

2. 슈퍼비전 기본 구조 : 횟수, 기간, 장소 등

3. 슈퍼비전 방법 및 기법

4. 문제점 및 제도 개선방안

기관의 제도로서만 존재하는 슈퍼비전은 무용지물이다. 실질적으로 학교 내 사회복지실천가의 역량강화와 직무성과의 달성, 나아가 클라이언트를 위한 서비스 질의 향상이라는 궁극적인 슈퍼비전의 목적을 성취하기 위해서는 슈퍼비전에 대한 다각적인 평가와 모니터링 과정이 필요하다.

4) 슈퍼바이저 평가

슈퍼비전 체계의 평가와 더불어 슈퍼바이저에 대한 만족도 평가가 수행되어야 한다. 실질적으로 슈퍼바이지의 입장에서 슈퍼바이저를 면밀하게 평가하는 작업이 용이한 것은 아니다. 슈퍼바이저는 슈퍼바이지들이 편안한 마음으로 슈퍼바이저 만족도를 평가할 수 있도록 분위기를 조성하여줄 필요가 있다.

실질적으로 슈퍼바이지에 의해 이루어지는 슈퍼바이저에 대한 평가는 슈퍼바이저에게 업무에 대한 결점을 보완하기 위한 피드백을 제공함으로써 효과적인 슈퍼비전에 기여하게 한다. 또한 슈퍼바이지의 사기를 진작시키고 조직의 공평성에 대한 신념을 강화시키며, 슈퍼바이지도 조직에서 어느 정도의 위치를 차지하고 있다는 느낌을 가지게 한다는 점에서도 긍정적이 측면이 있다. 따라서 슈퍼바이지가 슈퍼바이저에 대하여 실행하는 평가를 조직의 절차로 수용한다면, 슈퍼바이저도 자신의 업무는 물론 슈퍼바이지의 슈퍼비전 욕구에 대해서 보다 큰 관심을 가지게 될 것이다.

슈퍼바이저에 대한 슈퍼바이지의 평가내용에는 슈퍼비전 관계에 관한 항목과 슈퍼비전 책임에 대한 슈퍼바이저의 태도와 행동에 관한 것들이 포함되어 있다. 슈퍼바이지는 필요시 슈퍼바이저의 활용 가능성, 슈퍼비전에 대한 슈퍼바이저의 헌신 정도, 슈퍼바이지를 돕기 위한 슈퍼바이저의 노력(슈퍼바이저의 의지, 슈퍼바이지와의 약속이행 등), 슈퍼바이지가 바람직한 모델로서 슈퍼바이저를 보는 정도, 만약 슈퍼바이저를 선택할 수 있다면 선택할 것인가의 여부 등에 대한 평가를 요청받기도 한다(Kadushin and Harkness, 2002).

Tip 슈퍼바이저 평가를 위해 포함되어야 할 내용

① 슈퍼비전 과정을 쉽게 느끼도록 돕는다.
② 슈퍼바이지로부터 피드백을 가능하게 하고 수용할 수 있다.
③ 클라이언트와 함께 작업함에 있어서 슈퍼바이지의 목표를 명확히 하도록 돕는다.
④ 슈퍼바이지의 업무를 분명하게 평가하는 기준과 행동방식을 설명한다.
⑤ 슈퍼바이지가 자신의 클라이언트와 관련하여 새로운 방식으로 개념화할 수 있도록 슈퍼바이지를 격려한다.
⑥ 슈퍼비전 과정에 슈퍼바이지를 적극적으로 관여하도록 한다.

출처 : Borders & Leddick(1987), Hawkins and Shohet(2000) 재인용.

그러나 이러한 평가와 관련된 문제점 또한 고려해야 한다. 슈퍼바이지는 슈퍼바이저에 대한 평가에 있어서 자신의 사적인 욕구와 선호 측면에서 평가하지는 않는지, 슈퍼바이저가 좋은 평가를 받기 위해 슈퍼바이지의 비위를 맞추고 슈퍼바이지는 슈퍼바이저에게 인정받기 위해 좋은 평가를 하지는 않는지, 조직에서 위계관계에 있는 슈퍼바이저에 대하여 과연 슈퍼바이지는 객관적 평가를 할 수 있는지, 슈퍼바이지가 평가에 대한 능력을 갖추었는지 등에 대하여 신중한 검토가 필요하다.

다음은 슈퍼바이저 평가를 위해 활용할 수 있는 설문지이다(Munson, 2002 수정).

슈퍼바이저 슈퍼비전 만족도 설문지 요약형

슈퍼바이지의 이름 :

슈퍼바이저의 이름 :

1 : 전적으로 동의하지 않음	2 : 동의하지 않음
3 : 조금 만족하지 않음	4 : 조금 동의함
5 : 동의함	6 : 전적으로 동의함

1) 나의 슈퍼바이저는 나를 전문가로서 존경한다.

2) 나의 슈퍼바이저는 나에게 나의 일을 수행하는 데에 적절한 자율성을 준다.

3) 나는 나의 슈퍼바이저가 나의 전문적인 성장에 공헌해왔다고 느낀다.

4) 나의 슈퍼바이저는 조직적인 일에 익숙하다.

5) 나의 슈퍼바이저는 가르치는 방법을 안다.

6) 나의 슈퍼바이저는 내가 보다 더 많이 자기인식을 할 수 있도록 발전을 도왔다.

7) 나는 나의 일에 대한 슈퍼바이저의 사정평가가 공정하다고 생각한다.

8) 나의 일에 대한 슈퍼바이저의 사정평가는 정확하다.

9) 전반적으로 나는 나의 슈퍼비전 경험에 만족한다.

10) 나는 나의 슈퍼비전 회기를 기대한다.

11) 나의 슈퍼바이저는 실천가로서 나의 효율성을 향상시키도록 도와왔다.

12) 나의 슈퍼바이저는 실천가로서 나의 효과성을 향상시켜 왔다.

13) 무엇이 좋은 개입을 구성하는지에 관한 나의 가치들은 나의 슈퍼바이저의 가치와 유사하다.

14) 나는 이슈를 가지고 나의 슈퍼바이저에게 직면할 수 있다.

15) 나의 슈퍼바이저는 새로운 아이디어를 수용하고 있다.

16) 나의 슈퍼바이저는 이론에 대해 얘기하고 나의 케이스들의 실천요소에 그 이론을 적용할 수 있다.

17) 나의 슈퍼바이저는 친근감이 있다.

18) 나의 슈퍼바이저는 내가 슈퍼바이저와 얘기할 때에 편안하게 느끼도록 한다.

19) 나의 슈퍼바이저는 슈퍼비전 대화에 있어서 분명하게 의사소통한다.

20) 나의 슈퍼바이저는 슈퍼비전 회의에서 슈퍼비전의 도구, 재료들로서 다양한 것들을 활용한다.

21) 이 기관은 일하기에 좋은 장소이다.

22) 나는 나의 슈퍼바이저에게(슈퍼바이저로 인해) 거의 화가 나지 않는다.

23) 나는 나의 슈퍼바이저와 거의 직면할 일이 없다.

24) 당신의 슈퍼바이저를 1점에서 10점까지로 놓고 점수를 매겨보시오(당신이 생각하기에 당신의 슈퍼바이저는 얼마나 좋은지에 따라).

1 __________ 5 __________ 10

25) 당신은 실천가로서 당신의 효과성과 효율성을 향상시키는 데 슈퍼바이저가 도움을 주어왔다고 생각하십니까?

26) 당신은 슈퍼비전이 실천가로서 당신의 효과성과 효율성을 향상시키는 데에 도움을 주어왔다고 생각하십니까?

27) 슈퍼바이저에 대해 당신이 좋아하는 것이 무엇인지 목록을 적어보시오.

28) 슈퍼바이저에 대해 당신이 싫어하는 것이 무엇인지 목록을 적어보시오.

핵심포인트

슈퍼비전 종결단계의 주요 과업은 실행된 슈퍼비전에 대한 평가인데, 평가를 위해서는 평가관점과 평가틀에 대한 공유, 슈퍼비전 목표 및 슈퍼바이지 평가, 슈퍼비전 체계 평가, 슈퍼바이저 평가 등 다각적인 영역에 대한 평가가 진행되어야 한다.

토론해 보기

- 학교 현장 슈퍼바이저를 평가하기 위해서는 일반적인 슈퍼바이저의 역량 외에 어떤 핵심역량을 평가하면 좋을까요? 학교 현장 슈퍼바이저의 주요 핵심과업은 무엇일까요?

Part 4 사회복지 슈퍼비전의 실제

Chapter 9 개별 및 집단 개입 슈퍼비전

학교 내 사회복지실천가는 집단따돌림, 학교폭력과 같은 외현화된 행동문제나, 우울, 자살생각, 인터넷중독과 같은 내재화된 행동문제를 가진 학생에 대해 개별개입과 집단중심 개입방법론을 활용한다. 전통적 사회복지실천방법론인 개별개입과 집단중심 개입은 학교 현장에서 학생에 대한 직접서비스 실천기술로 가장 많이 활용되고 있으며, 슈퍼비전에서 다루어야 할 매우 중요한 내용이다.

그러나 현재 학교 현장에서는 학교 내 사회복지실천가의 역할혼재로 인해 사회복지실천의 전통적 실천방법론인 개별개입이나 집단중심 개입 실천비중이 낮아지고 있으며, 대부분 외부기관이나 외부전문가에게 의뢰하는 경우가 많다. 그러나 개별개입과 집단중심 개입은 학교 내 사회복지실천가가 학생들의 문제를 예방하고 해결하기 위해서 반드시 직접 실천해야 하는 전문적 실천방법론이다. 이를 수행하지 않고서는 학교 내 사회복지실천가로서의 정체성 확보 및 전문가로서의 자리매김이 어렵다. 그러므로 슈퍼바이저는 슈퍼비전을 통해 학교 내 사회복지실천가가 개별개입과 집단중심 개입에 대한 모든 과정을 숙지하고 적용하여 실행할 수 있도록 도와야 하는 책임이 있다.

개별개입과 집단중심 개입에 대한 슈퍼비전은 슈퍼바이지가 가지고 있는 전문적 가치와 윤리에 근거하여 개별개입과 집단관련 지식과 기술을 어떻게 활용하여 개입하고 있는지에 대한 것으로, 슈퍼바이지가 보유하고 있는 지식, 기술, 가치, 그리고 욕구를 비롯하여 학교별 상황에 따라 그 내용과 방법에 차이가 있을 것이다.

이 장에서는 개별개입과 집단중심 개입에서 기본적으로 슈퍼바이지가 수행해야 하는 실천과정별 주요 과업 및 세부과업을 살펴보고, 이에 따라 다루어져야 할 슈퍼비전의 내용을 알아보고자 한다.

1. 개별개입에 대한 슈퍼비전

생각해 보기

여러분들은 개별개입에 대한 슈퍼비전은 어떤 내용으로 이루어져야 한다고 생각하나요?

개별개입은 학생과 일대일의 직접 대면식 관계를 통해 학생에게 잠재된 역량과 강점을 발견하고 강화시킴으로써 학생 개인의 문제를 해결하거나 예방하는 것이다. 이를 위해 학교 내 사회복지실천가는 대상 학생에 대한 접수, 초기면접, 사정, 목표설정, 계약의 초기단계와 구체적인 서비스를 제공하고 실행하는 개입단계, 개입에 대한 종결과 평가의 단계별 과정을 따른다.

슈퍼바이저는 슈퍼바이지가 개별개입의 과정에서 수행한 내용에 대해 과정기록과 기타 기록서 양식을 기록한 결과물(초기면접지, 사정기록지, 개입계획서, 상담일지 혹은 개별과정기록지, 면접종결기록서, 평가서 등)과 사례발표, 녹음 및 녹화, 역할극 등의 다양한 자료와 방법을 통해 어떤 개입기술과 전략을 사용하였는지, 과정 중 간과한 내용은 무엇인지, 어떤 어려움이 있는지 등에 대한 슈퍼비전을 주어야 한다. 또한 개별개입 관련 사례에 대한 슈퍼비전 시 관련 기록물들을 모두 제시하기 어렵기 때문에 슈퍼비전용으로 사례접수 및 사정, 상담 진행 및 종결기록 등 간단한 양식을 이용하는 것이 바람직할 것이다.

개별개입에 대한 슈퍼비전 시 슈퍼바이지는 자신의 개별개입 사례를 발표하게 되는데, 발표 시 다음과 같은 지침을 활용하여 슈퍼바이지의 사례발표에 대한 불안을 줄일 수 있으며, 사례관리 질문리스트를 활용하여 차기 슈퍼비전 회기에 대해 슈퍼바이지들이 개입관련 내용들을 생각해 볼 수 있는 기회를 제공함으로써보다 효과적인 슈퍼비전 진행이 가능할 것이다.

Tip 개별개입 슈퍼비전 시 사례발표 지침 및 사례관련 질문리스트

■ 개별개입 사례발표 지침

1. 슈퍼바이저가 먼저 사례를 발표해야 한다.
2. 슈퍼바이지에게 발표사례를 준비할 시간을 주어야 한다.
3. 발표는 기록자료나 시청각 자료에 근거해서 이루어져야 한다.
4. 발표는 대답되어야 할 질문들에 기초를 두고 구성해야 한다.
5. 발표는 조직화되어야 하고 초점이 있어야 한다.
6. 발표는 학생의 역학에서 시작해서 사회복지사의 역동으로 옮겨가야 한다.
   - 슈퍼바이저는 학생과 동일시를 해야 하며, 슈퍼바이지에게 학생이 어떤 경험을 하고 있을 수 있으며, 어떻게 반응할 수 있는지를 말해주어야 한다.
   - 슈퍼바이저는 도움을 주기 전에, 문제를 다루는 모든 노력들을 설명하도록 슈퍼바이지에게 요구해야 한다.
   - 슈퍼바이지의 관심영역과 강점을 강화를 기준으로 하여, 어떤 사례들과 어떤 사례자료가 검토될 것인가에 대해 우선순위가 정해져야 한다.
   - 사례발표에서 일어나는 공통적인 주의산만 요인들은 다음과 같다.
     1) 짧은 세션 동안에 여러 사례들을 발표하는 것
     2) 관련 사례보다 특정 문제를 발표하는 것
     3) 단일 사례에서 추가 문제들을 발표하는 것
     4) 토론 중에 사례역학(dynamics)에 선행하는 슈퍼바이지의 역학
     5) 슈퍼바이지의 역량을 넘어서는 개입 기대

■ 개별개입 사례관리 질문리스트

1. 이 학생에 대해 어떤 점을 좋아합니까?
2. 이 학생이 당신에 대해 좋아하는 점이 무엇이라고 생각합니까?
3. 이 학생에게는 당신을 닮은 점이 얼마나 있습니까?
4. 이 학생과 함께 있을 때 당신 나름대로는 어떤 느낌을 가집니까?
5. 이 학생에 대해 당신이 제시한 것들의 이론적 근거는 무엇입니까?
6. 이 학생과의 세션에서 당신이 쓴 기법들을 사용하게 한 근거는 무엇입니까?
7. 이 세션의 주요 초점은 무엇입니까?
8. 이 사례에 대해 당신이 가장 걱정하는 것은 무엇입니까?
9. 이 사례에 대해 다음에 하려는 일은 무엇입니까?

출처 : Kirst-Ashman, Karen K., Hull, Grafton H. Jr.(2001). Understanding Generalist Practice. Thomson Learning, p32, 태화기독교사회복지관(2006). 태화직원 슈퍼비전 지침 수정 및 보완.

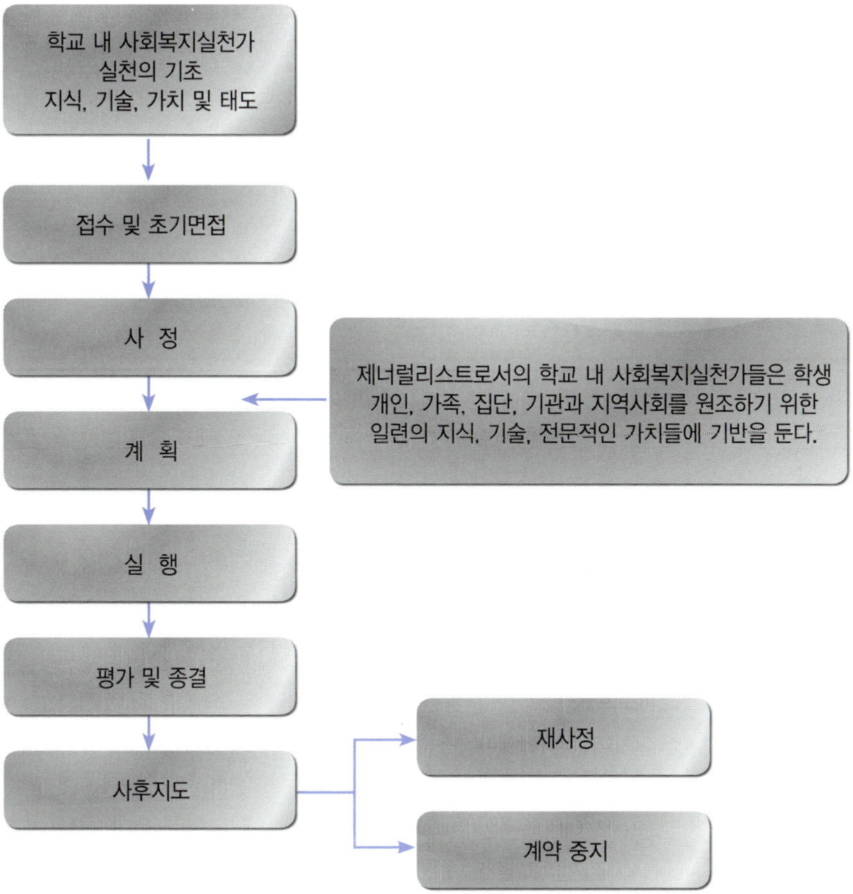

|그림 9-1| 제너럴리스트로서의 실천과정

출처 : Kirst-Ashman, Karen K., Hull, Grafton H. Jr.(2001). Understanding Generalist Practice. Thomson Learning, p32, 태화기독교사회복지관(2006). 태화직원 슈퍼비전 지침 재인용.

제너럴리스트로서의 학교 내 사회복지실천가는 개별개입에 있어서 |그림 9-1|과 같은 실천과정으로 개입하게 되므로, 개별개입에 관한 슈퍼비전에서도 이 과정에 대한 내용들을 다루게 된다.

다음은 개별개입의 각 실천단계별 과정에서 슈퍼바이지의 주요 과업(홍순혜 외, 2004)에 대한 슈퍼비선의 내용을 보다 구체적으로 살펴보도록 하겠다(홍순혜 외, 2004; 남기철 외, 2005; 윤철수 외, 2006)[1)]

1) 초기단계

초기단계는 대상 학생의 서비스 의뢰(자발, 발굴, 의뢰)에 따라서 관련 정보와 자료를 수집하고 정확한 문제를 파악하기 위한 사정과 사정에 따른 구체적인 개입계획에 따른 목표 설정 및 계약이 주요 활동내용이다. 아래 〈표 9-1〉은 초기단계에서 슈퍼바이지가 수행해야 하는 사례접수 기록서 및 사정내용 양식을 제시한 것으로 슈퍼비전 시 활용할 수 있다.

〈표 9-1〉 사례접수 기록서 및 사정내용

영 역	내 용
학생의 기본적인 인적 사항 및 관련 정보	– 성명, 성별, 학년, 학급, 생년월일과 주민등록번호, 주소 또는 주거지, 연락처, 가족관련 정보(부모와 형제의 이름, 직업, 연락처, 학력수준, 건강상태 등), 경제수준, 학업성취 수준, 건강상태, 친한 교우, 종교, 취미, 특기, 동아리활동, 상벌 관련, 교사와의 관계 등
원조요청 관련 과정에 대한 기록	– 자발 : 고통과 억압을 경험하게 하는 문제상황 및 도움을 요청하는 내용이나 충족되기를 바라는 욕구 – 비자발 : 의뢰한 사람의 인적 사항(학생과의 관계, 이름, 연락처), 의뢰학생의 문제상황과 행위에 대한 내용 및 도움 요청 내용 – 경찰서 출입 혹은 폭력단체 관여, 보호관찰기록 등 – 심리 · 정서적 문제(스트레스, 불안, 우울감, 미성숙, 병적 징후 등) – 의뢰 전 이용기관에서의 정보
도움이 필요한 부분	– 대상 학생이 말하는 부분 – 관련자(친구, 교사 및 부모)들이 말하는 부분 – 사회복지사가 보는 부분(의견)

1) 개별개입 시 수행하게 되는 학교 내 사회복지실천가의 과업에 대해 제시한 내용을 토대로 저자가 우리나라 학교 현장에서 이루어져야 할 슈퍼비전의 내용으로 수정 및 보완하여 작성하였다.

문제해결을 위해 지금까지 시도한 방법	– 학생의 강점 – 특히 효과가 있었던 방법 찾기
면접계획 및 목표	– 학생 면접 시 낙인감 방지를 위한 시간 배려
기 타	– 위에 제시된 내용 외 기타 사항

출처 : 태화기독교사회복지관(2006). 태화직원 슈퍼비전 지침 수정 및 보완.

또한 다음의 〈표 9–2〉는 초기단계에서 슈퍼바이지가 수행해야 하는 세부과업에 대한 슈퍼비전 내용으로 슈퍼바이지가 대상 학생에 대한 기본적인 초기면접과 정확하고 적절한 사정을 수행하였는지, 목표설정이 합리적이며 타당한지 등에 대한 슈퍼비전을 제공해야 한다. 즉, 슈퍼바이저는 접수 및 초기면접, 사정, 목표설정과 개입계획 및 계약 등 슈퍼바이지의 초기단계 세부과업에 대한 슈퍼비전을 제공해야 한다.

〈표 9–2〉 초기단계의 슈퍼비전

초기단계		
주요 과업	슈퍼바이지의 세부과업	슈퍼비전 내용
접수 및 초기면접	• 자발, 비자발, 발굴에 따른 접수 • 정보수집(가족, 친구, 교사, 기관 등) • 초기면접지 작성	• 대상자에 대한 강점관점 적용 • 초기면접에 따른 상담대상 범위 결정 여부 • 학생상담의 비밀보장 및 고지된 동의에 대한 설명 • 학부모로부터 허락, 담임교사 고지 여부 • 다양한 정보수집원 활용 여부(자료원천의 다양화)
사 정	• 수집된 정보와 자료 분석 • 대상 학생의 문제와 욕구파악(자질, 능력, 재능, 강점) • 당면 문제와 관련된 정보	• 학생과의 관계형성을 통한 신뢰감 형성 • 타 전문가와의 연계 여부 및 범위 설정 • 대상자 및 외부환경의 강점사정 여부 및 활용방안에 대한 초점 여부 • 사정의 정확성과 적절성(문제해결의 실마리 찾기)

사 정	• 외부환경적 측면(주변체계, 지역, 공공기관 등 강점 및 자원파악)	• 다양한 사정도구 활용[2](가계도, 생태도, 사회적 관계망, 생활력표, 생활주기표 등)
목표설정과 개입계획 및 계약	• 필요한 변화 달성을 위한 목표설정 및 개입계획에 대한 합의 • 목표설정 및 개입계획 • 공식 · 비공식 계약	• 학생문제의 유형(내재화, 외현화)에 따른 접근방법 선택 여부 • 학생문제와 관련하여 어떤 실천 준거틀[3]을 개입계획에 담을 것인가? • 목표설정 및 개입계획에 대상자의 강점 초점화 • 목표설정의 구체성 및 합리성 • 평가설계

2) 주로 활용하는 사정도구는 가계도와 생태도이다. 하지만 보다 전문적인 사정을 위해서는 다양한 사정도구(사회적 관계망 지도, 사회적 관계망표, 생활력표 등)를 활용하는 것이 바람직하다.

3) 실천 준거틀은 사회복지실천에서 사회복지사가 언제, 어떻게, 어떤 조건하에서 사람들과 체계들이 변화하고, 바람직한 변화를 촉진시키기 위해 할 수 있는 일이 무엇인가에 대한 일련의 신념과 가정들로 구성되며 실천관점, 실천이론, 실천모델의 세 가지 형태가 있다. 항상 최상의 접근법은 없지만 사회복지사들은 몇 개의 이론적 준거틀로부터 사고를 발전시켜서 어느 정도 절충적인 방법을 활용해야 한다.

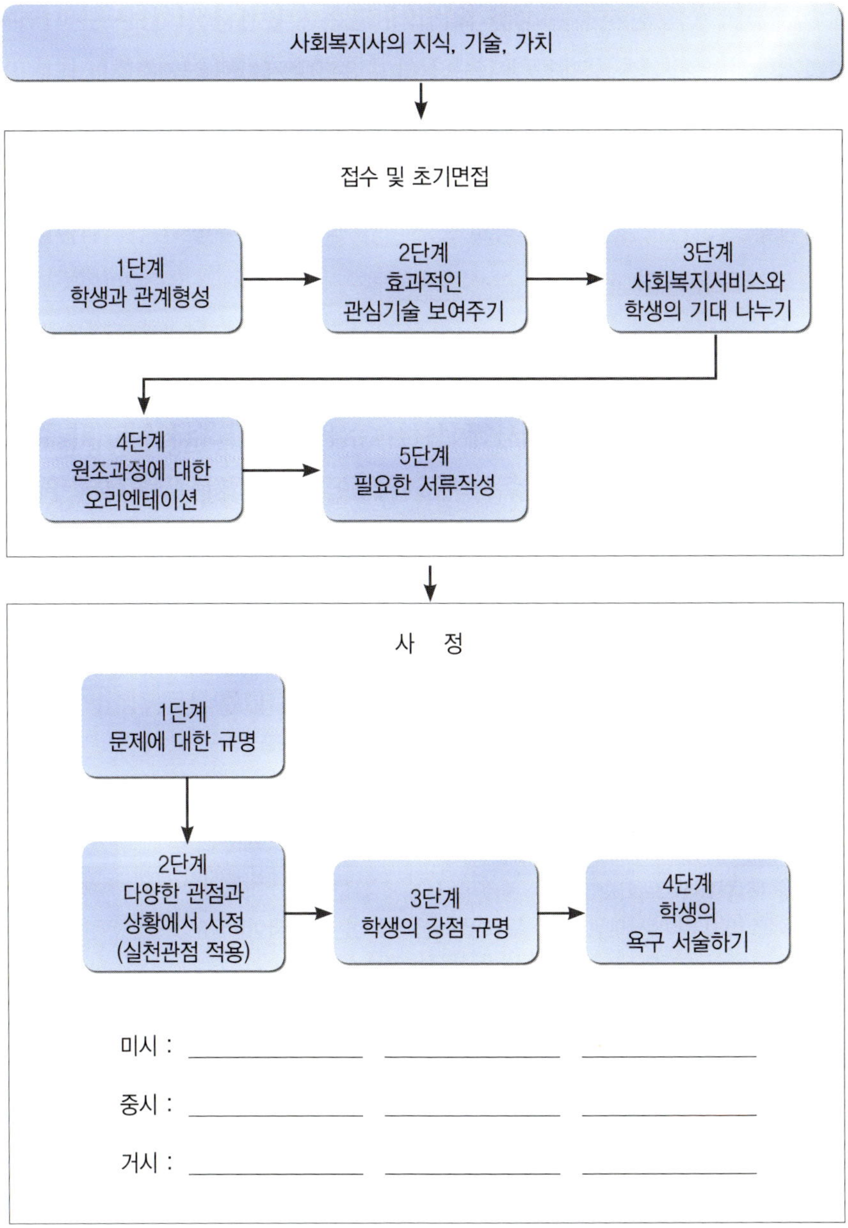

|그림 9-2| 접수와 초기면접, 사정과정

출처 : 태화기독교사회복지관(2006). 태화직원 슈퍼비전 지침 수정 및 보완.

접수와 초기면접 및 사정은 |그림 9-2|와 같은 실천과정으로 이루어지므로 슈퍼비전에서도 이 과정에 대한 내용들을 다루게 된다.

사회복지사의 지식, 기술, 가치

↓

접수 및 초기면접

↓

사 정

↓

목표설정과 개입계획

1 단계 : 문제의 우선순위 결정 →

문 제
1.
2.
3.

2 단계 : 문제를 욕구로 바꾸기

문제 욕구

1. → 1.

2. → 2.

3. → 3.

3 단계 : 각 욕구에 대한 개입수준 정하기

욕구 1 : ______________________

수 준	① 대안규명	② 해결방법 제시	③ 평가		
			장 점	단 점	Ct의 강점
미 시					
중 시					
거 시					

4 단계 : 목적 수립

5 단계 : 목표 설정

누가?	무엇을 할 것인가?	언제까지	성과 측정방법
1.			
2.			
3.			

6 단계 : 계약

|그림 9-3| 목표설정과 개입계획

출처 : 태화기독교사회복지관(2006). 태화직원 슈퍼비전 지침 재인용.

목표설정과 개입에 대한 계획은 |그림 9-3|과 같은 실천과정으로 이루어지므로 슈퍼비전에서도 이 과정에 대한 내용들을 다루게 된다.

2) 개입단계

개입단계는 학교 내 사회복지실천가가 대상 학생에게 영향력을 행사하며 의도적인 변화를 일으키는 과정으로 문제를 해결하기 위해 구체적인 활동을 실행하는 행동단계라 할 수 있다. 이 단계에서 학교 내 사회복지실천가와 대상 학생은 선택된 목표들을 성취하기 위해 다양한 전략들을 실행하게 되며, 결과적으로 대상 학생은 자신이 직면한 문제를 해결하거나 자신의 능력과 잠재력을 개발하는 것이 핵심적인 내용이 된다. 아래 〈표 9-3〉은 개입단계에서 슈퍼바이지가 수행해야 하는 주요 과업과 세부과업에 대한 슈퍼비전의 내용이다. 개입단계 슈퍼비전의 내용은 슈퍼바이지가 목표성취를 위해 어떤 원조관계와 기법을 적용하고 있는지, 직접적 · 간접적 개입이 효과적으로 이루어지고 있는지 등에 대한 것으로 슈퍼바이지가 개입단계에서 간과한 내용이나 어려워하는 부분에 대한 내용으로 이루어진다.

〈표 9-3〉 개입단계의 슈퍼비전

개입단계		
주요 과업	슈퍼바이지의 세부과업[4]	슈퍼비전 내용
목표성취를 위한 개입	• 의도적 변화를 일으키기 위한 행동 • 대상 학생이 직면한 문제 해결 • 대상 학생의 능력과 잠재력 개발 • 목표달성을 위한 다양한 변화전략에 대한 대안 선택 • 직접적 · 간접적 개입(미시, 중시, 거시)	• 효과적인 원조관계를 위한 다양한 기법적용 여부[5] • 선택된 목표성취를 위한 다양한 전략 실행 • 선택한 실천 준거틀을 개입과정에서 어떻게 적용하고 있는가? • 직접적 · 간접적 개입(미시, 중시, 거시)이 효과적으로 이루어지고 있는가?
점 검	• 변화과정에 대한 지속적인 점검 • 개입계획의 철회 혹은 수정 및 환류(재사정)	• 다양한 의사소통 형태로 학생 및 관련자들과 상호작용하고 있는가? • 대상 학생에 대한 회복력과 적응력에 대한 믿음으로 기다려 주고 있는가? • 비밀보장이 지속적으로 유지되고 있는가? • 자신의 한계에 벗어나는가? • 타 전문가 도움 요청과 협력이 필요한가?
과정평가	• 개입과정에 대한 평가	• 설정한 목표의 달성과정에 대한 평가 점검

4) 주석진 · 조성심 외(2013). 학교사회복지론. 양서원.

5) 슈퍼바이지가 개입과정에서 클라이언트 체계에 효과적인 원조관계를 수행하고 있는지, 슈퍼바이지에게 부족한 원조관계기술은 무엇인지에 대해 슈퍼바이저는 슈퍼비전을 통해 확인하고 부족한 부분에 대해서는 교육을 통해 슈퍼바이지의 기술능력을 함양시켜야 할 것이다.

사회복지사의 지식, 기술, 가치

↓

접수 및 초기면접

↓

사 정

↓

목표설정 및 개입계획

↓

개 입

	실행수준		
	미 시	중 시	거 시
계획에 따르기			
진행 점검			
계획 수정(필요할 경우)			
계획 완수			

|그림 9-4| 개입단계

출처 : 태화기독교사회복지관(2006). 태화직원 슈퍼비전 지침 수정 및 보완.

개입단계는 |그림 9-4|와 같은 실천과정으로 이루어지므로 슈퍼비전에서도 이 과정에 대한 내용들을 다루게 된다.

연습해 보기

Q. 아무리 개입을 하려 해도 말문을 열지 않는 학생에 대해 슈퍼바이지는 어떻게 하면 좋겠냐고 하였습니다. 여러분들은 다음의 상황과 반응에 대해 어떤 슈퍼비전을 줄 수 있을까요?(슈퍼바이지는 어떤 실천관점으로 승희에게 접근하려 하였나요?)

담임교사에 의해 집단따돌림과 무단결석 및 가출로 의뢰된 승희는 여러 차례 학교사회복지실과 학교 밖에서 이야기를 나누려 하였지만 관계형성이 전혀 되지 않는 친구였다. 나의 질문에 건성으로 대답하거나 아예 침묵으로 일관하며 비협조적이었다.

승희의 부모님은 승희가 초등학교 2학년 때 이혼하였고 이후 할머니와 영구임대아파트에서 두 사람만 생활하고 있었다. 승희에 대한 정보는 아주 기본적인 것 외 더 이상 승희로 부터 얻어내기가 힘들었다. 아무리 생각해 봐도 승희의 말문을 열 방안이 없었다. 내가 잘 사용하는 학생 강점 찾기 또한 승희에게는 어디에서도 찾아볼 수가 없었다.

그러던 어느 날 학교사회복지실에 앉아서 창밖을 바라보고 있는 승희의 머리 위로 퍼진 햇살은 승희의 머릿결이 참 곱다는 생각을 들게 했다. 그래서 "승희야! 어쩜 너의 머릿결이 그렇게도 곱니? 모발 모델 나가도 되겠는데?"라고 했다. 그러자 승희는 나를 째려보며 "일요일에 매직 했거던요?" … 아뿔싸! … 또 실패구나! …

____

____

____.

이외에도 상담진행과 관련된 기록서를 통해 다음과 같은 내용들에 대해 슈퍼비전을 제공할 수 있다.

- 상담목표 설정은 잘 되었는가?
- 상담준비 과정은 어떠한가?
- 상담진행 과정의 전체 기록 중 주요 대화내용은 무엇인가?
- 상담자가 어떤 개입방법을 활용하였으며, 이에 대해 의도적인 개입을 하였는가?
- 학생의 표출된 새로운 개인적 문제와 욕구 및 쟁점 등이 무엇이며 이를 상담자는 파악하고 있는가?
- 상담자는 자신의 역할을 적절히 수행하였는가?
- 차기 상담의 목표와 계획 및 개입방법을 수립하였는가?

3) 평가 및 종결 단계

평가 및 종결 단계는 초기과정과 개입과정을 거치면서 실행되어온 일체의 과정들을 통해 목표가 달성되었는지, 혹은 대상 학생에게 기대되었던 변화가 일어나게 되었는지를 객관적으로 검증하고 판단하는 과정이다. 아래 〈표 9-4〉는 평가 및 종결 단계에서 슈퍼바이지가 수행해야 하는 주요 과업과 세부과업에 대한 슈퍼비전의 내용이다. 평가 및 종결 단계 슈퍼비전의 내용은 목표달성과 관련된 평가와 종결 및 사후관리와 관련된 부분 등에 대한 내용으로 이루어진다.

〈표 9-4〉 평가 및 종결 단계의 슈퍼비전

평가 및 종결 단계		
주요 과업	슈퍼바이지의 세부과업	슈퍼비전 내용
평 가	• 평가설계에 따른 구체적 평가 실시 • 대상 학생과 함께 목표달성에 대한 평가 • 변화에 대한 인정과 축하 • 미해결 과제에 대한 논의	• 평가과정(조사지식)을 촉진시키는 기법이 숙지되어 있는가? • 평가설계, 척도구성[6], 자료수집과 분석, 해석 등을 통해 과정과 성과에 대한 전반적인 평가 • 평가에 대한 오류 • 미해결 과제에 대한 대처
종결을 위한 준비	• 종결에 대한 예고 • 종결관련 불안감 다루기	• 학생의 퇴행현상, 불안감 표출 등에 대해 고려하고 있는가? • 학생의 긍정적 변화 유지 및 강화를 위한 전략
종 결	• 공식적인 종결 선언 • 사후관리에 대한 계획	• 사후관리에 대한 슈퍼비전 계획

이외 상담종결과 관련된 기록서를 통해 다음과 같은 내용들에 대해 슈퍼비전을 제공할 수 있다.

– 제공된 직접적 · 간접적 서비스는 무엇이었나?

– 상담의 각 과정에 대한 평가방법 및 평가결과에 대해 재개입을 하였는가?

– 최종 종결에서 평가방법은 무엇이며 평가결과는 어떠한가?

– 종결의 이유는 무엇인가?

– 사후관리에 대한 계획은 어떠한가?

6) 대상 학생 사정 시 어떤 척도를 사용할 것인가를 선택해야 한다. 학교생활 적응, 인터넷 중독, 자아존중감, 과잉행동장애, 진로성숙도, 가족관계성, 자아탄력성 등 신뢰도와 타당도가 확보된 표준화된 척도 활용에 대해 슈퍼비전 시 점검이 필요하다.

사회복지사의 지식, 기술, 가치

↓

접수 및 초기면접

↓

사 정

↓

목표설정 및 개입계획

↓

개 입

↓

평 가

목표에 얼마나 도달했는지 평가

목 표	달성 정도	종결 또는 재사정 선택

|그림 9-5| 평가단계

출처 : 태화기독교사회복지관(2006). 태화직원 슈퍼비전 지침 재인용.

평가단계는 |그림 9-5|와 같은 실천과정으로 이루어지므로 슈퍼비전에서도 이 과정에 대한 내용들을 다루게 된다.

슈퍼바이지는 개별개입에 대한 계획 및 평가에서 다양한 척도들을 활용하기도 하지만 척도들을 활용하여 평가하는 것을 어려워한다. 다음은 슈퍼바이지가 간단하게 활용할 수 있는 평가방법으로 목표달성척도를 제시한 것이다. 이를 활용하여 보자.

Tip 목표달성척도(GAS : Goal Attainment Scailing)

- 목표달성척도는 효율적인 평가와 기록을 위한 도구로 시간경과에 따른 목표달성 정도를 측정한다.
- 방법

① 2~5개의 목표를 확인하고 각각에 5점 척도를 개발한다.

0 = 발생할 수 있는 것 중에서 가장 좋지 않은 산출

1 = 변화가 없거나 예측되는 성공 이하 수준

2 = 어느 정도의 좋은 방향의 변화 혹은 예측되는 성공수준

3 = 상당한 수준의 변화 혹은 예측되는 성공 이상 수준

4 = 가능한 범위 내에서 가장 좋은 산출

② 다른 목표와 비교하여 그 목표영역의 중요성을 나타내는 점수를 부여한다.

③ 개입이 시작될 때 대상 학생의 조건을 가장 잘 나타내는 란에 체크(V) 표시한다.

④ 개입이나 서비스가 종결되었을 때, 대상 학생의 조건을 가장 잘 묘사한 란에 X표시한다.

⑤ 각 목표의 가능한 가중변화점수를 결정한다(클라이언트가 만들 수 있는 가장 높은 점수를 결정하여 가능한 가중변화점수를 목표로 설정한다).

⑥ 각 목표의 가능한 변화의 백분율을 계산한다.

⑦ 전체적인 목표달성점수를 계산한다.

학교 내 사회복지실천평가에서의 GAS 적용 예시

- 학생이름 : 서진영
- 목표설정자 : 학교사회복지사와 서진수
- 합의한 목표의 수 : 4개
- 학교사회복지사 : 김영숙
- 목표설정일 : 2011년 4월 1일

시작수준 : V 종결수준 : X	목표 1 나쁜 감정을 극복하기 위해 노력한다	목표 2 나쁜 감정의 빈도를 줄인다	목표 3 폭력적인 언어를 사용하지 않는다	목표 4 정기적인 상담을 받는다	전 체
달성수준	가중치 = 15	가중치 = 35	가중치 = 35	가중치 = 15	가중치 = 100
(0) 기대보다 훨씬 낮은 수준	나쁜 감정을 극복하기 위해 어떤 노력도 하지 않음	일주일 중 5일 동안 기분이 좋지 않음	일주일 중 폭력적인 언어를 10번 이상 사용하였음	상담에 출석하지 않음	
(1) 기대보다 약간 낮은수준	나쁜 감정을 극복하기 위한 계획만 수립	4일 동안 기분이 좋지 않음	5~10번 정도 사용하였음	출석했으나 전체의 50% 미만	
(2) 기대수준	나쁜 감정을 극복하기 위해 할 수 있는 행동(영화감상, 친구와 외출, 악기연주, 요리, 조깅 등)을 시작	3일 동안 기분이 좋지 않음	5번 정도 사용하였음	50~74% 출석	
(3) 기대보다 약간 높은 수준	나쁜 감정을 극복하기 위해 할 수 있는 행동을 일주일에 적어도 2번 이상 행동으로 옮김	2일 동안 기분이 좋지 않음	2번 정도 사용하였음	75~89% 출석	
(4) 기대보다 훨씬 높은 수준	나쁜 감정이 생길 때마다 행동을 취함	1일 동안 기분이 좋지 않음	한 번도 사용하지 않았음	90~100% 출석	
요 약					
가중치	15	35	35	15	100
변화점수	4	2	2	3	
가중변화점수 (실제 성취한 점수)	60	70	70	45	245
가능한 가중변화점수 (목표했던 점수)	60	140	140	60	400
목표달성 백분율 (가중변화점수÷가능한 가중변화점수)	100%	50%	50%	75%	61%

출처 : Luz Angela Bermudez, Colorado State University, B. Sheafor, & C. Horejsi(2003), Harris, L. H.(1981) 수정 및 보완.

다음은 슈퍼바이지의 개별개입 종결발표 시 핵심적으로 체크해 보아야 할 슈퍼비전 내용이다.

Tip 종결발표 outline

1. 슈퍼바이지가 사례를 접하게 된 배경에 대한 간단한 설명
2. 현 사례를 다루는 최선의 방법에 대한 초기사정
3. 지금까지 슈퍼바이지가 한 행동 중 가장 도움이 된 것에 대한 학생의 견해
4. 학생의 무엇을 보면 상담이 성공적으로 이루어졌다고 알 수 있다고 하는가?
5. 학생은 이러한 목표를 달성할 수 있다는 것을 무엇을 보고 알 수 있는가?(척도질문)
6. 슈퍼바이지나 학교에서는 무엇을 보면 내담자와의 작업이 성공적으로 이루어졌다고 할 것인가?
7. 슈퍼바이지나 학교에서는 학생의 이러한 목표를 달성할 수 있다는 것을 무엇을 보고 알 수 있는가?(과거 성공의 경험, 현재의 예외)
8. 이러한 목표를 달성하기 위해 이미 이루어진 것은 무엇인가?
9. 아직 종결할 준비가 안 되었다면 내담자와 기관은 사례를 종결하기 위해서 최소한 어떤 것이 이루어져야 한다고 생각하는가?
10. 학생과 슈퍼바이지는 이제 사례를 종결할 수 있을 정도로 충분히 나아졌다는 것을 무엇을 보면 알 수 있는가?
11. 이 사례를 토의하면서 배운 점은 무엇인가?

출처 : Braus, S., Cole, J., & Berg, I.(2003). Supervision and Mentoring in Child Welfare Services : Guidelines and Strategies. Unpublished document 재수정.

토론해 보기

■ 다음의 슈퍼비전 장면을 통해 슈퍼바이저는 어떻게 슈퍼비전을 제공하고 있나요?

슈퍼바이저 : 이 어머니가 치료동기가 없다는 것을 어떻게 알려 주었는지 궁금하네요.
슈퍼바이지 : 아이를 병원에 데려가야 한다고 했지요. 왜냐하면 아이는 분명히 매우 아팠거든요.
슈퍼바이저 : 어머니가 아이가 아픈 것을 안 것 같나요? 아니면 아이가 병원에 갈 정도로 심하게 아프지는 않다고 결정한 것 같나요?
슈퍼바이지 : 제 생각에는 어머니가 너무 생활 그 자체에 압도되어서 그것에 대해서 생각조차 안 했을 것 같아요.
슈퍼바이저 : 아 그렇군요. 어머니는 아이를 병원에 데리고 가라는 제안을 어떻게 들은 것 같은가요?
슈퍼바이지 : 더 이상 괴롭히지 말라는 듯이 행동을 했지요. 매우 우울해하고 에너지가 없었어요.
슈퍼바이저 : 그러니까 이 어머니에 대해서 알고 계신 것에 비추어 보면 지금 이 시점에서 아이를 병원에 데리고 갈 가능성이 얼마나 있을까요?
슈퍼바이지 : 아마 별로 없을 거예요. 집안은 지난주에 제가 방문했을 때와 별로 달라진 게 없었고, 어머니도 예전보다 좋아 보이지 않았어요. 물론 아이는 더 아픈 상태였구요.
슈퍼바이저 : 이 어머니에 대해서 알고 계신 것에 비추어 보면 아이를 병원에 데리고 가기 위해서 필요한 것이 무엇이라고 할까요?

연습해 보기 '학생 상담과정 기록'으로 슈퍼비전 연습하기

사례개요 : 집단따돌림으로 자발적 상담을 온 학생	슈퍼바이저 코멘트
사회복지사 : 나는 이○○야. 무슨 일이 있어서 상담을 하러 왔니? 종희 : (침묵) 친구가 그러는데 여기 오면 도움을 준다고 했어요. 사회복지사 : 응, 그런데 도움이 필요하니? 종희 : 글쎄, 잘 모르겠어요(침묵). 사회복지사 : 선생님은 모든 학생을 돕는단다. 너를 힘들게 하는 것이 무엇이니?	

사례개요 : 집단따돌림으로 자발적 상담을 온 학생	슈퍼바이저 코멘트
종희 : 그런데 선생님도 학교선생님하고 같은 선생님이신 거죠? 그렇죠? 사회복지사 : 응. 그런데 그것이 문제가 되니? 종희 : 그렇지는 않지만. (침묵) 제게 문제가 있는데 … 도움을 청할 딴 곳을 정말 모르겠어요. 사회복지사 : 그래서 내가 여기에 있는 거란다. 종희 : (침묵) 사회복지사 : 가끔 이야기를 시작하기가 어렵지? 지금 너가 느끼고 있는 것을 말해주겠니? 종희 : (침묵) … 사회복지사 : 말하는 게 힘드니? 종희 : 글쎄요. 뭘 해야 할 지도 모르겠고 … 피곤하고 … 외롭고 … 사회복지사 : 그래? 종희 : 나는 정말로 더 이상 아무도 없어요. 사회복지사 : 지금 매우 외로운 것 같은데 … 종희 : (침묵) 어젯밤에 많이 울었어요. 단지 TV를 보고 울었어요. 나는 정말로 슬픈 드라마를 보고 있었는데 그때 살 필요가 없다고 느끼기 시작했어요. 사회복지사 : 너가 슬픈 드라마를 보고 있었을 때 울기 시작했구나. 종희 : 네, 그것은 많은 문제들을 가지고 있지만 서로 뭉쳐있는 한 가족에 관한 것이었어요. 거기서 아버지는 실직했고, 어머니는 암에 걸리고요. 아버지는 어머니가 병원에 있는 동안 애들을 돌봤죠. 어머니는 정말 견디기 힘들었지만 자신이 얼마나 행복한지 인식했고 … 결국 모두 같이 행복하게 살았죠. 사회복지사 : 이런 일이 너에게도 일어났니? 종희 : 아니요. 그게 내가 울었던 이유에요. 그들은 모두 서로 사랑하고 … 나는 혼자이기 때문에. 사회복지사 : 너는 혼자이고 외로운 거로구나. 지금 네가 갖고 있는 또 다른 문제들이 있니? 종희 : 다른 문제도 많죠. 말하자면 성적도 그렇고 친구도 없고 … 나는 항상 아픈 것 같아요. 사회복지사 : 너의 증세를 좀 말해주겠니? 종희 : 나는 항상 피곤해요. 아침에 일어날 수가 없어요. 학교에 늦거나, 결석하기도 하죠. 사회복지사 : 항상 피곤하고 학교에 지각하고 결석하는 것이 증세이구나. 그런데 너는 내가 뭔가 너를 도울 수 있을 것이라고 생각했기 때문에 여기에 온 거잖아 … 어떻게 상담을 받기로 결정하였는지 좀 더 자세하게 말해주겠니?	

사례개요 : 집단따돌림으로 자발적 상담을 온 학생	슈퍼바이저 코멘트
종희 : 내가 얼마나 외로운가 하는 것이에요. 내가 단지 이야기할 사람이 있다면 지금 이렇게 외롭게 느끼지는 않을 거예요. 사회복지사 : 우리가 서로 이야기를 조금 나누었지만 나는 너에 대해 잘 몰라. 종희 : 얘기할 것이 별로 없어요. 나는 공부도 못하고 외모도 별로고 … 잘하는 게 아무것도 없어요.	

핵심포인트

개별개입 슈퍼비전은 슈퍼바이지가 상담의 각 과정(접수 · 초기면접, 사정, 목표설정, 계약의 초기단계/ 구체적인 서비스를 제공하고 실행하는 개입단계/ 개입에 대한 종결과 평가 단계)에서 제시하는 자료 및 슈퍼바이지의 개입내용들을 토대로 다양한 방법에 의한 사례발표를 통해 제공된다.

2. 집단개입에 대한 슈퍼비전

생각해 보기

Q. 여러분들은 집단개입에서 어떤 내용의 슈퍼비전이 필요하다고 생각하시나요?

집단개입은 개별개입에서처럼 중요한 과정별 단계를 거치며 각 과정별 실천기술과 전략이 필요하다. 집단개입은 집단을 계획하고 준비하는 단계와 실행단계, 종결 및 평가 단계로 나누어지며, 학교 내 사회복지실천가는 단계별 실천기술과 전략을 활용한다.

슈퍼바이저는 슈퍼바이지가 집단개입의 과정에서 수행한 내용들에 대해 집단계획서, 집단과정 및 관찰기록지, 소감문, 평가지 등을 통해 단계별 과정수행에 어떤 개입기술과 전략을 사용하였는지, 과정 중 간과한 내용은 무엇인지, 어떤 어려움이 있는지 등 필요한 부분에 대한 슈퍼비전을 제공해야 할 것이다.

집단개입에 대한 슈퍼비전 시 관련 기록물들(계획서, 과정기록지, 관찰기록지, 일일평가지, 소감문 등)을 모두 제시하기 어렵기 때문에 슈퍼비전용으로 간단한 양식을 이용하는 것이 바람직할 것이다.

집단개입의 각 실천단계별 과정에서 슈퍼바이지의 주요 과업에 대한 슈퍼비전의 내용[7)]을 구체적으로 살펴보도록 하자.

1) 계획 및 준비 단계

집단개입을 계획하고 준비하는 단계는 학교 내 사회복지실천가가 먼저 대상자들의 욕구를 파악하고, 집단의 목적과 목표 설정에 개별적 목표를 연결시키고, 집단을 구조화시키는 과정이다. 아래 〈표 9-5〉는 계획 및 준비 단계에서 슈퍼바이지가 수행해야 하는 주요 과업과 세부과업에 대한 슈퍼비전의 내용이다. 계획 및 준비 단계에서의 슈퍼비전의 내용은 슈퍼바이지가 작성한 계획서 및 각종 서식에 대한 부분, 집단 및 개별 사정 등에 대한 내용으로 이루어진다.

---

7) 학교 내 사회복지실천가 및 집단상담자가 집단지도 시 수행하게 되는 과업(한인영 외, 2004; 윤철수 외 2006; 강진령 2011; 한국학교사회복지사협회, 2011)을 토대로 슈퍼비전의 내용을 저자가 작성하였다.

〈표 9-5〉 계획 및 준비 단계의 슈퍼비전

계획 및 준비 단계		
주요 과업	슈퍼바이지의 세부과업	슈퍼비전 내용
계획서 작성	• 프로그램 계획서[8] 작성 • 프로그램 실시 승인	• 프로그램 계획서(일목요연) • 프로그램 평가방법(목적 부합)
각종 서식 준비	• 프로그램 관련 서식[9] 준비	• 관련 서식에 대한 점검
집단사정[10] 및 개별사정	• 전체 집단에 대한 사정(집단의 행동양식, 규범이나 가치 등) • 개별 성원에 대한 사정(개인적 욕구, 목표, 기능적 · 비기능적 행동, 강점 등)	• 사정을 위한 전체 및 개별에 대한 구체적 정보수집의 범위와 내용

2) 실행단계

실행단계는 집단실천이 시작되는 단계로 초기, 중기, 종결기로 나눌 수 있으며, 매 회기별 도입, 전개, 종결의 과정을 거치게 된다. 아래 〈표 9-6〉은 실행단계에서 각 회기의 과정에 슈퍼바이지가 수행해야 하는 주요 과업과 활동에 대한 슈퍼비전의 내용이다.

8) 프로그램의 계획서에는 프로그램의 필요성과 실시배경, 이론적 배경, 목적 및 목표, 세부내용, 평가방법, 예산 및 기대효과 등이 제시되어져야 한다.

9) 관련 서식은 다음과 같다. 학생 기록카드(개별 프로파일, 인테이크지), 참가동의서(본인, 학부모), 가정통신문(프로그램 참가관련), 계약서(집단규칙 포함), 개별약속이행표, 프로그램 과정 및 관찰기록지, 교사 또는 학부모 의뢰서, 세부지도안, 평가용 설문지(사전, 사후, 일일, 소감문 등), 구성원 연락처 및 출석부, 회기별 학생활동지, 행정실 제출서류(영수증 및 물품대금 관련), 집단 계획 · 중간 · 최종 보고서 양식

10) 집단과 개별 사정은 집단개입이 실행되는 초기 · 중기단계에서 지속적으로 이루어져야 한다.

〈표 9-6〉 실행단계의 슈퍼비전

계획 및 준비 단계		
주요 과업	실행단계	슈퍼비전 내용
초 기	• 오리엔테이션, 집단 · 개별목표 합의 • 집단규칙 합의, 계약 • 관계형성, 친밀감 조성 • 집단에 대한 이해 • 비밀보장, 고지된 동의 명시	• 집단과정의 기본 원리 및 진행방법 • 집단응집력 향상을 위한 전략 • 집단의 강점 활용 여부 • 집단 구성원들과 지도자 간의 관계
중 기	• 갈등 해소하기 • 활동별 목표 달성하기 • 집단 친밀감, 응집력, 역동성 향상 • 중간평가(개인, 집단)	• 개입을 위한 모니터링 • 집단 구성원 개별에 대한 접근(지속적 사정 여부) • 집단과정(구조, 방법 등 회기별 집단진행의 주요 내용 점검)에 대한 모니터링
말 기	• 분화 및 분리 • 목표달성을 통한 문제해결 • 종결평가 • 타 집단 참여 여부, 개별관리, 의뢰 등 종결 후 사후관리 계획	• 활동에 대한 변화 • 집단 및 개인의 목표달성에 대한 평가 • 평가의 오류 • 프로그램 평가방법(목적 부합)

3) 종결 및 평가 단계

종결 및 평가 단계에서 학교 내 사회복지실천가의 중요한 활동은 평가와 보고이다. 평가는 프로그램 계획 시 설계하였던 사전 · 사후 척도에 대한 측정[11]과 개별목표 성취 평가, 집단과정 기록 및 관찰기록지, 회기별 평가서와 소감문, 교사 및 교우와 학부모와의 인터뷰 등이며 다양한 평가도구를 활용한다. 또한 보고서 작성 시 계획서를 포함하여 프로그램의 세부진행에 대한 과정 기록과 평가 및 예

11) 프로그램을 통해 집단 구성원들의 변화를 의도하였던 목적에 따라 검증되고 객관화된 척도를 사용할 수 있다. 척도 관련 참고자료는 학교 현장 척도메뉴얼, 사회복지 성과측정 자료집, 고려대학교 부설 행동과학연구소(1998)의 심리척도 핸드북, 서울대학교 실천사회복지연구회(2003)의 사회복지척도집, Corcoran, K. & Fischer, J.(1994). Measures for Clinical Practice, A Sourcebook, 2nd vol1, 2 Free Press 등이 있다.

산결산 등의 내용을 포함하기 때문에 이에 대한 슈퍼비전이 필요하다. 아래 〈표 9-7〉은 종결 및 평가 단계에서 슈퍼바이지가 수행해야 하는 주요 과업과 활동에 대한 슈퍼비전의 내용으로 종결을 위한 준비와 평가 및 보고서 작성 등이다.

〈표 9-7〉 종결 및 평가 단계의 슈퍼비전

계획 및 준비 단계		
주요 과업	종결 및 평가단계	슈퍼비전 내용
종결을 위한 준비	• 종결에 대한 예고 • 종결 관련 불안감 다루기 • 공식적인 종결 선언 • 사후관리에 대한 계획	• 학생의 퇴행현상, 불안감 표출 등에 대해 고려하고 있는가? • 집단의 긍정적 변화와 집단응집력의 지속성 유지 및 강화를 위한 전략 • 사후관리에 대한 슈퍼비전 계획
평 가	• 평가설계에 따른 구체적 평가 실시 • 대상 학생과 함께 목표달성에 대한 평가 • 변화에 대한 인정과 축하 • 미해결 과제에 대한 논의	• 평가과정(조사지식)을 촉진시키는 기법이 숙지되어 있는가? • 평가설계, 척도구성, 자료 수집과 분석, 해석 등을 통해 과정과 성과에 대한 전반적인 평가 • 평가에 대한 오류 • 미해결 과제에 대한 대처
보고서 작성	• 보고서 작성 • 결과 보고	• 보고서 작성 관련

Tip 집단 종결 시 유용한 슈퍼비전 과정질문 목록

하나, 집단에서 원하는 것을 얻었다고 생각하나요?
둘, 집단에서 어떤 경험을 했나요?
셋, 집단을 통해 무엇을 배웠나요?
넷, 집단개입이 만족스럽지 못하다면 어떻게 바꾸어 보고 싶은가요?

출처 : 강진령(2011). 집단과정과 기술 수정 및 보완.

핵심포인트

집단개입 슈퍼비전은 슈퍼바이지가 집단개입의 각 과정(계획 및 준비 단계/ 실행단계/ 종결 및 평가 단계)에서 단계별 실천기술과 전략을 활용하여 집단개입의 목적을 달성할 수 있도록 하는 것이다. 이에 슈퍼바이지가 각 과정에서 수행한 내용들에서 단계별 과정 수행에 어떤 개입기술과 전략을 사용하였는지, 과정 중 간과한 내용은 무엇인지, 어떤 어려움이 있는지 등에 대한 슈퍼비전을 제공해야 할 것이다.

Chapter 10 사례관리 슈퍼비전

오늘날 사례관리는 사회복지 영역에서 가장 보편적이며 중요한 서비스 전달체계로 인식되고 있다. 2000년대 이후에 들어와서 재가복지, 정신보건, 장애인복지, 아동복지 영역 등을 중심으로 도입되기 시작한 사례관리가 최근에 와서는 민 또는 관 주도 기관이나 사업을 막론하고 활용되고 있다. 2010년 들어서는 종합사회복지관의 3대 중점사업 중의 하나로 사례관리가 도입되었고, 정부가 추진하는 희망복지지원사업, 아동대상 드림스타트사업도 사례관리를 중심으로 서비스를 제공하고 있다. 건강가정지원센터, 다문화가정지원센터, 지역사회정신보건센터, 지역아동센터에 이르기까지 거의 대부분의 사회복지기관과 사회복지서비스 제공사업에서 사례관리를 도입하고 있다.

학교 현장에서의 사례관리는 2003년 학교 내 사회복지실천가 도입시점에서부터 강조되어 왔다. 이 시기는 재가복지와 정신보건 영역에 도입된 사례관리를 아동영역에도 확대하려는 움직임이 일어났던 때이다. 하지만 사회복지 2차 세팅에 해당하는 학교 현장에서, 그리고 학교 내 사회복지실천가들이나 학교 교사들에게 생소한 사례관리가 제대로 이해되고 실천되는 데는 한계가 있을 수밖에 없었다.

이제 교육복지사업은 아동과 청소년을 대상으로 하는 대표적인 사회복지사업으로 자리 잡았다. 학교 밖의 거의 모든 기관과 사업들이 사례관리라는 전달체계를 통해 아동, 청소년들을 지원하고 있으며, 제대로 된 사례관리가 학교 현장에도 적극 요구되는 시점에서, 학교 현장에서 일하는 학교 내 사회복지실천가들의 사례관리에 대한 이해부족과 실천부재는 이제 더 이상 간과될 수 없다. 사례관리에 대한 올바른 이해와 지식을 바탕으로 경제적, 심리 · 정서적, 사회적, 의료적, 학업적으로 다양한 문제와 욕구에 직면해 있는 아동, 청소년들을 효과적으로 지원하는 것이 학교 내 사회복지실천가들이 해야 하는 중요한 역할이라고 할 수 있으므로, 슈퍼바이저도 사례관리에 대해 명확히 이해하고 있어야 한다.

1. 사례관리에 대한 개관

생각해 보기

Q. 학교사례관리를 실행하기 위해서는 사례관리 일반에 대한 이해가 우선되어야 합니다. 여러분들은 사례관리에 대해 얼마나 알고 있나요?

1) 사례관리의 도입배경

세계 여러 나라들은 1970년대 이후 그 전까지는 경험해 보지 못한 장기적 보호서비스를 필요로 하는 다양한 집단의 문제에 직면하였다. 평균수명의 연장에 따른 노령기간의 연장, 그리고 현대사회의 복잡성이 빚어낸 다양한 질병이나 장애의 원인 등은 복합적이며 장기적인 서비스 욕구를 가진 인구의 증가를 초래하였다. 이에 맞물려 장기적 보호를 필요로 하는 집단을 지역사회 내에서 보호하고자 하는 탈시설화 정책은 당시, 서비스 전달체계가 통일되지 못하고 단편화되어 있는 지역사회라는 개방된 체계 속에서 있었다. 이러한 지역사회에서 어떻게 장기적 보호서비스를 필요로 하는 집단의 욕구를 효과적이며 또한 효율적으로 충족시킬 수 있을 것인가 하는 문제가 제기되었다. 특히 미국의 경우 신보수주의 정부의 등장으로 인한 사회복지 공공지출의 삭감과 정부의 역할 축소에 따른 지방분권화의 확대는 주 정부나 지방정부 중심의 비용절감적인 지역사회 보호방향으로 움직일 수밖에 없었다(한국사례관리학회, 2012).

다원적 욕구를 가진 집단들은 다양하고 포괄적인 서비스를 필요로 한다. 그럼에도 불구하고 이들은 때때로 필요한 서비스에 대한 정보 또는 자원의 부족, 다양하지 못한 서비스, 전달체계의 복잡성 때문에 서비스를 제대로 제공받지 못하는 경우가 있다. 이러한 문제들을 해결하고자 하는 노력은 비공식 지원체계의 재발견, 서비스의 통합화, 효과적인 서비스 전달방법 개발 등을 초래하였다. 사례관리도 이러한 맥락에서 개발되어 발전을 거듭해오고 있다. 복합적이며 다양한 욕구를 가진 클라이언트에게 공식적 · 비공식적 자원과 활동을 조직하고 조정하여 포괄적 서비스를 효과적 · 효율적으로 전달하는 것을 목적으로 하는 사례관리는 1980년대 이후 미국, 영국, 일본 등의 선진국들에서 크게 주목을 받았다.

우리나라에서는 1980년대부터 사례관리라는 용어나 개념이 산발적으로 사용되다가 90년도에 들어오면서 실천 현장에 적용되기 시작하였다(한국사례관리학회, 2012). 재가복지와 정신보건사업에 먼저 도입된 사례관리는 현재 모든 영역에서 활용되고 있으며, 2010년도 이후부터는 희망복지지원사업, 드림스타트, 건강가정지원센터 등 공공영역에서도 진행되고 있다. 우리 현장에서의 사례관리 도입은 탈시설화나 비용절감의 목적보다는 적극적 아웃리치와 다양한 사회적 자원을 동원한 통합적 실천을 통해 서비스를 필요로 하는 보다 많은 클라이언트들에게 효과적이며 질 높은 서비스를 제공하려는 시도였다고 볼 수 있다.

2) 사례관리의 개념

학자마다 사례관리에 대한 정의를 다양하게 내리고 있으며, 그 용어도 보호관리(care management), 관리보호(managed care), 보호조정(care coordination), 지속적 보호조정(continuing care coordination), 지속성 조정(continuity coordination), 서비스 통합(service integration), 서비스 조정(service coordination) 등과 교환적으로 사용되고 있다. 사례관리에 관한 다양한 정의를 통해 몇 가지 사례관리의 본질에 관한 공통점을 찾아보는 것은 가능하다. 사회사업백과사전(NASW, 1995)은 사례관리를 복잡하고 다양한 문제와 장애를 가진 클라이언트가 적절한 시기에 적합한 방법을 통해 그들이 필요로 하는 서비스를 포괄적으로 받을 수 있도록 보장하는 서비스 공급의 접근방법이라고 정의하고 있다. 이 정의는 사례관리를 서비스의 전달체계로 보는 동시에 클라이언트 문제의 복합성과 서비스의 포괄성을 강조하고 있다.

Johnson & Rubin(1983)은 사례관리란 사례관리자가 클라이언트의 복잡한 서비스 전달체계를 연결시켜 클라이언트로 하여금 적절한 서비스를 받을 수 있게 책임지는 것이라고 하였다. Moxley(1989)는 사례관리란 복합적인 욕구를 가진 사람들의 기능화와 복지를 위해 공식적 · 비공식적 자원과 활동망을 조직하고 조정하고 유지하는 것이라고 보고 있다. Weil와 동료들은 클라이언트, 가족, 사회복지사, 사회복지기관, 지역사회 자원들로 구성되어 있는 서비스 관계망 내에서 클라이언트에게 효과적으로 서비스를 전달하기 위한 접근을 사례관리라고 정의하고 있다. 이 정의들은 사례관리에 있어 지역사회 내의 공식적 · 비공식적 자원의 조직화와 동원이 중요함을 시사하고 있다. 또한 Applebaum & Austin(1990)은 사례관리가 최적수준의 보호서비스를 조정하고 모니터하는 것이라고 보았다. 이 정의는 사례관리의 효과적 조정기능을 강조하고 있다.

NASW의 사회복지 사례관리 표준(Standards for Social Work Case Management)은 사회복지전문직에서 실천하는 사례관리에 대해 다음과 같이 정의하고 있다.

● NASW 사회복지 사례관리 표준에서 명시하고 있는 사회복지 사례관리 정의

사례관리의 실천은 사회복지 현장에 따라 크게 다르며, 다른 전문직에서 이루어지는 것들을 감안할 때는 더욱 다양하다. 이러한 다양성에도 불구하고 사회복지 사례관리를 다른 전문직 사례관리와 구분지어 주는 몇 가지 기본 요소들이 있다.

사회복지 사례관리는 전문사회복지사가 클라이언트와 필요한 경우 가족의 욕구를 사정하고 욕구를 충족시키기 위해 통합적 서비스를 연계하고 조정하고 점검하고 평가하고 옹호하는 서비스 전달방법이다. 전문사회복지사가 사회복지 사례관리의 1차적 제공자가 된다. 다른 형태의 사례관리와 달리 사회복지 사례관리는 사례관리가 진행되는 사회체계의 상황뿐만 아니라 개별 클라이언트의 생리 · 심리 · 사회적 상황을 다룬다. 사회복지 사례관리는 본질적으로 미시적이면서도 동시에 거시적이다. 다시 말해, 사회복지 사례관리에서 개입은 클라이언트 수준에서뿐만 아니라 체계수준에서도 이루어진다. 사례관리 시 사회복지사는 클라이언트와 치료적 관계를 발전시키고 유지한다. 치료적 관계란 클라이언트가 필요로 하는 서비스나 자원을 제공해 줄 수 있는 체계에 클라이언트를 연결시켜 주는 것도 포함한다. 사회복지 사례관리하에서 제공되는 서비스는 단일기관 내의 서비스일 수도 있고 여러 기관이나 단체를 넘나드는 서비스일 수도 있다.

출처 : NASW. Standards for Social Work Case Management에서 정의(definition) 부분.

3) 사례관리의 목적

Moxley(1989)는 사례관리의 목적을 다음과 같이 클라이언트 측면, 서비스 제공자 측면, 사례관리 수행과정상의 측면에서 밝히고 있다.

① 클라이언트의 생활기술 및 문제해결 능력 향상(클라이언트 측면) : 클라이언트가 서비스와 자원들에 접근하고 이용하는 데 필요한 생활기술 및 문제해결 능력을 증진시킨다.

② 공식적 · 비공식적 자원체계의 역량 강화(서비스 제공자 측면) : 클라이언트

의 복지와 기능을 증진시키기 위해 사회적 망과 관련하여 공식적 · 비공식적 서비스 제공자들의 능력을 발전시킨다.

③ 서비스의 효율성 및 효과성 증진(사례관리 수행과정 측면) : 서비스 및 자원이 가능한 한 가장 효율적으로 전달되도록 하고 동시에 서비스의 효과성을 향상시킨다.

첫 번째의 클라이언트와 관련된 목적은 지역사회에 거주하는 클라이언트에게 지지적 서비스를 제공하여 능력을 부여해 줌으로써 더 이상 사례관리서비스를 필요로 하지 않게 하고자 하는 것이다. 또한 현재 가지고 있는 문제들에 대한 직접적 대처라는 치료적 측면뿐만 아니라 앞으로 발생할 수 있는 문제의 심각성을 미리 줄인다는 예방적 목적도 포함하고 있다. 사례관리에서 강조되고 있는 또 하나의 목적은 공식적 원조체계와의 공조관계를 통해 가족과 1차 집단의 지지기능을 최대화하여 클라이언트가 공식적 조직의 지지하에 1차적 집단 내에 머물도록 하는 것이다(Moore, 1992). 사례관리의 또 다른 목적은 수용시설이 아닌 지역사회 내의 서비스 전달체계를 통해 비용을 절감하는 동시에 클라이언트에게 서비스를 광범위하게, 지속적으로, 효과적으로 제공하고자 하는 것이다.

NASW 사회복지 사례관리 표준은 사회복지전문직에서 실천하는 사례관리의 목적을 다음과 같이 기술하고 있다.

● NASW 사회복지사례관리 표준에서 명시하고 있는 사회복지 사례관리 목적

사례관리의 주 목적은 다양하고 복합적인 욕구를 가진 사람들에게 가장 효율적이고 효과적인 방법으로 질 높은 서비스를 제공함으로써 클라이언트의 기능을 최적화하려는 것이다. 사회복지실천의 다른 방법들과 마찬가지로 사례관리는 클라이언트 혹은 필요시 그들의 가족과 함께 수립된 목적을 달성하기 위해 서비스에서 활용되는 전문훈련, 가치, 지식, 이론, 기술에 기초한다. 이런 목적들로는 다음과 같은 것들이 포함될 수 있다.

- 클라이언트의 발달, 문제해결, 대처능력을 향상시킨다.
- 사람들에게 자원과 서비스를 제공하는 체계를 효과적이며 인간중심적으로 운영될 수 있도록 한다.
- 사람들에게 자원, 서비스, 기회를 제공하는 체계들과 연결시켜 준다.
- 전달체계의 영역과 능력을 확장시킨다.
- 사회정책의 발전과 향상에 기여한다.

출처 : NASW. Standards for Social Work Case Management에서 목적(goal) 부분.

4) 사례관리의 구성요소

사례관리는 사례관리를 필요로 하는 ① 이용자(클라이언트)와 ② 사례관리를 제공하는 사례관리자 또는 기관, ③ 그리고 대상자의 욕구를 충족시키는 인적 · 물적 자원을 포함하는 사회적 자원과 ④ 사례관리의 과정으로 구성된다고 할 수 있다.

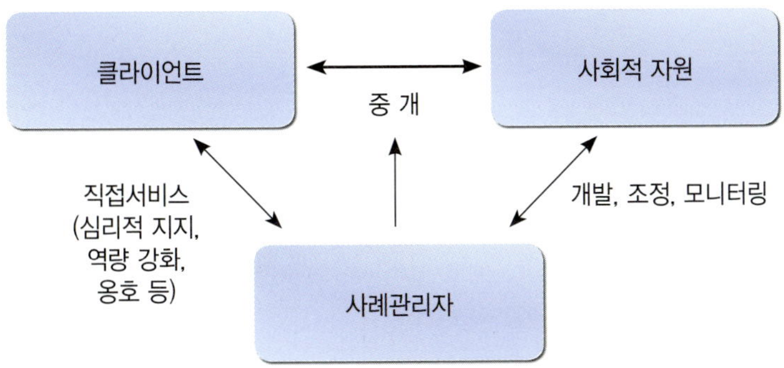

|그림 10-1| 사례관리의 구성요소

5) 사례관리의 표준

외국에서는 사례관리를 제공하고 있는 전문직 단체들을 중심으로 사례관리를 제대로 실천하기 위한 표준을 제정하고 있다. 사례관리의 표준은 네 가지 종류가 있을 수 있다. 법 조항이 있을 수 있으며, 사회복지직과 같은 전문직에서 명시하는 전문직 표준이 있으며, 사례관리협회에서 명시하는 표준, 사례관리를 적용하는 특정 현장이나 조직에서 명시하는 표준이 있을 수 있다. 이 네 가지 표준은 그 내용의 구체성 면에서 볼 때, 법에서 명시하는 표준이 가장 추상적이며 현장이나 조직에서 명시하는 표준이 가장 구체적이다. 예를 들어, 학교 현장에서의 사례관리 표준은 법적 표준, 전문직 표준, 사례관리협회 표준 아래서 구체성을 가지고 구성된다. 우리나라에서는 사회복지전문직이나 사례관리협회 차원의 사례관리 표준이 제정되어 있지 않다.

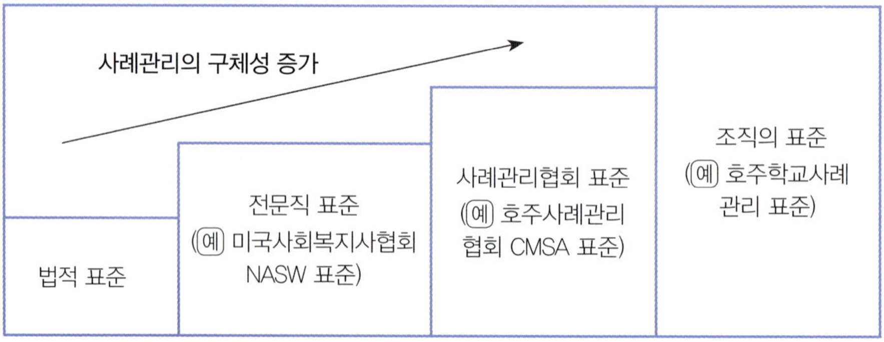

|그림 10-2| 사례관리 표준 유형별 사례관리 표준의 구체성

출처 : Maher, K., & Cooper, B.(Eds.)(2008). National standards of practice for case management. Case Management Society of Australia, p.4, 정수경(2009), p.397 재인용.

사례관리 표준은 어떤 사례관리 모델을 선택하든 관계없이 모든 모델의 사례관리에 공통적으로 적용되는 중요한 원칙들의 내용, 과정 등을 명시하고 있다. 외국에서 각 수준의 사례관리 표준에서 명시하고 있는 실천원칙과 활동 내용 및 과정을 살펴보면 다음과 같다.

〈표 10-1〉 외국의 사례관리 표준 예시

표준 유형	사회복지전문직 표준	사례관리협회 표준	사례관리현장 표준
	미국 사회복지사협회(NASW)의 사회복지 사례관리 표준	호주 사례관리협회(CMSA) 표준	호주 학교사례관리 표준
실천 원칙	• 사례관리자는 사회복지교육협의체에서 인가받은 사회복지 프로그램에서 학사 또는 석사 학위를 취득하고 사례관리실천을 수행할 수 있는 지식과 기술을 가진 자이어야 함(표준1) • 클라이언트 이익 최우선(목표원칙)(표준2) • 전 과정에서 클라이언트와 적극적으로 관계(관계원칙)(표준3) • 클라이언트에 대한 비밀보장 준수 및 사생활 존중(윤리원칙)(표준4)	• 클라이언트의 개인적 발달 촉진 • 클라이언트의 권리옹호 • 목적지향적 • 지속적 해결 촉구 • 효과적인 의사소통	• 학생의 건강 · 안녕 증진 • 개별화된 과정 • 학생의 법적 권리, 인권, 사생활, 비밀보장 유지 • 비차별적이고 문화적으로 적합한 실천 • 효율적이고 의도적인 관리과정
활동 및 과정	• 직접서비스 제공(표준5) • 서비스 체계 확립(표준6) • 재정적 책임(표준7) • 품질보장을 위한 활동(표준8) • 합리적 사례 수(표준9) • 협력 노력(표준10)	① 사례 발견 및 사정 ② 계획 ③ 점검 ④ 평가와 성과	① 사례발견 ② 의뢰 ③ 사정 ④ 계획 ⑤ 실행 ⑥ 종결 ⑦ 평가

출처 : MASW. NASW Standards for Social Work Case Work; Maher, K., & Cooper, B.(Eds.)(2008). National standards of practice for case management. Case Management Society of Australia, p.4.

6) 사례관리의 과정

아직 우리나라에서는 한국사회복지사협회에서 사례관리 표준을 제정하고 있지 않고, 사례관리협회가 구성되어 있지도 않다. 하지만 한국사례관리학회를 중심으로 사례관리에 대한 연구를 지속하면서 학회 차원의 저서들을 통해 사례관리의 과정이나 내용들을 표준화시켜나가는 작업을 하고 있다. 또한 사례관리 현장(또는 사업)별로 사례관리 매뉴얼을 작성하여 통일된 사례관리 과정을 따를 수 있도록 하고 있다.

(1) 사례관리의 단계별 과정

현재 우리나라에서 흔히 따르고 있는 사례관리 과정은 다음과 같다. ① 사례발견 및 인테이크, ② 사정, ③ 계획, ④ 실행 및 점검, ⑤ 종결 및 평가의 과정이다. 그렇지만 사업에 따라 과정을 좀 더 세분화하고 있는 경우도 있다. 예를 들면, 공공사례관리의 대표적 사업인 희망복지지원사업에서는 사례관리 과정을 ① 대상자 접수, ② 욕구조사, ③ 대상자 구분 및 선정, ④ 사례회의 개최, ⑤ 서비스 계획, ⑥ 서비스 제공 및 점검, ⑦ 종결, ⑧ 사후관리로 세분화하고 있다. 그런데 이런 절차에 따라 사례관리서비스를 제공하려면 준비단계에 해당하는 사례관리체계 구축이 우선되어야 한다.

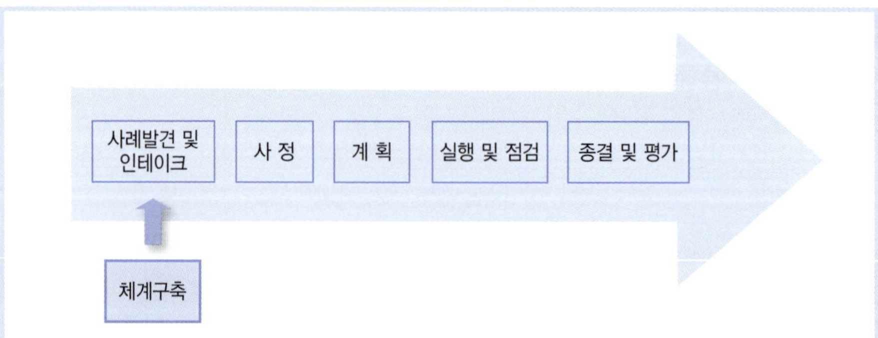

|그림 10-3| 사례관리의 과정

(2) 사례관리 과정별 이론 적용

사회복지 사례관리에서는 사회복지 일반주의 실천의 기초가 되는 이론들이 과정 단계별로 적용되고 있다. 생태체계적 관점, 강점관점, 네크워크 이론, 옹호 이론 등이 근간을 이루고 있다고 할 수 있다. 현장이나 사업에 따라 일반주의 실천이론 이외에 해결중심 개입 등의 이론을 활용하기도 한다. 사례관리 과정 단계별로 각 이론/ 관점의 중요 강조점들이 어떻게 적용되고 있는지 살펴보면 다음과 같다.

〈표 10-2〉 사례관리 과정 단계별 사회복지 이론의 적용

	생태체계적 관점	강점관점	네트워크 이론	옹 호
개념/ 초점	• 클라이언트와 그를 둘러싼 환경체계에 대한 통합적 관점	• 클라이언트의 역량 강화 중시 • 클라이언트의 문제해결능력 인정 • 클라이언트의 강점과 자원 발견 및 활용	• 지역사회 내 자원망 활용 및 조직 간 협력 중시 • 보호의 연속성, 서비스의 책임성 제고	• 클라이언트를 변호하거나 클라이언트와 함께 체계변화 유도 • 클라이언트 최선 이익에 초점
인테이크와 사정	• 클라이언트와 가족 등에 대한 정보 수집 • 가족의 욕구 및 선호도 사정 • 학교, 지역사회, 정부 차원의 자원 사정	• 클라이언트와 가족에 대한 존중, 이해, 공감, 인정과 칭찬 • 강점과 자원 사정	• 클라이언트와 가족의 공식적 · 비공식적 자원망에 대한 정보 수집 • 통합사례회의, 솔루션위원회 등을 통한 결정	• 클라이언트가 적절한 서비스를 제공받지 못하거나 부당한 처우를 받을 때 행정적 · 기술적 지원, 격려 및 정보 제공, 토의, 설득, 촉구, 조직화, 사법적 처우 등 활용
계획 및 개입	• 클라이언트, 가족, 지역사회 등에 대한 서비스 • 다양한 체계의 공식적 · 비공식적 자원 활용	• 클라이언트와 가족의 참여, 자기결정 강조 • 강점을 활용한 개입계획 수립 • 비공식적 지원망 구축 • 비공식적 자원을 우선적으로 활용 • 역량 강화	• 통합사례관리팀원들 간의 역할 분담 • 공식적 · 비공식적 사회적 지지망 구축 • 지역사회조직들 간의 조정과 협력	

점 검	• 가족을 포함한 다양한 관계망에 대한 모니터링	• 대상자 중심의 점검	• 통합사례회의를 통한 정기적 점검 • 사회적 지지망에 대한 지속적인 점검	
평가 및 종결	• 클라이언트, 가족, 다양한 환경수준에서의 평가	• 평가와 종결결정에 클라이언트와 가족 참여 • 평가결과를 클라이언트 및 가족과 공유 • 클라이언트의 문제해결능력을 평가하고 유지방안 탐색	• 통합사례관리 네트워크 평가	

출처 : 한국사례관리학회 편(2012). 사례관리론. 학지사, pp.25-35.

(3) 사례관리 과정과 사례관리자의 직무

사례관리의 과정에 따라 사례관리자는 다양한 직무를 수행하게 된다. 사례관리가 팀으로 구성되거나 여러 팀이 협력적으로 사례관리를 운영할 경우, 사례관리 과정에 따른 다양한 직무를 여러 사람이 공유하게 될 수도 있다. 예를 들면, 사례접수만 받는 실무자가 따로 있을 수 있고, 지역사회 자원 발굴을 여러 부서가 공동으로 진행할 수도 있으며, 사례관리 적격 여부를 팀으로 판정할 수도 있다. 누가 그 직무나 역할을 담당하든 사례관리 과정은 단계별로 다음과 같은 직무수행을 요구한다.

여기서 간과해서는 안 되는 직무 중 하나가 사례관리 전 과정에 걸쳐 요구되는 사례관리자의 직접서비스에 해당하는 심리적 지지, 문제해결 역량 강화, 옹호 등이다. 사례관리 모델 중에서 직접적 서비스의 요구가 클수록 사회복지적 전문성이 더 많이 요구된다고 할 수 있다. 모델에 관계없이 사례관리의 경력이 적거나 사회복지전문성이 떨어지는 사례관리자들 중 이러한 직접적 서비스 제공의 직무를 등한시하고 자원을 연계하고 조정하는 간접적 서비스에만 치중하는 경우들이 종종 발견된다. 사실상 사례관리자의 직접적 서비스 기능 없이 사례관리의 효과성을 기대하기는 어렵기 때문에, 모든 사례관리자는 사업이 선택하고 있는 모델의 틀 안에서 직접서비스를 적절히 제공해나가야 한다.

〈표 10-3〉 사례관리 과정 단계별로 요구되는 직무

사례관리 과정	필요 직무		
사례발견 및 인테이크	– 사례발굴	– 인테이크	– 사례판정
사 정	– 사정		
계 획	– 목표설정 – 자원 확인 및 목록정리	– 개입계획	– 동의서 작성
실행 및 점검	– 자원연계 – 필요시 재사정	– 자원조정	– 점검
평가 및 종결	– 성과평가	– 종결 심사	– 사후관리 계획
전 과정	– 심리적 지지	– 문제해결 역량 강화	– 옹호 등

(4) 사례관리 과정 단계에 따른 세부과업

다음 〈표 10-4〉에는 팀 접근 사례관리 과정 단계별 세부과업과 그 단계에서 고려되거나 준수되어야 할 사항들이 정리되어 있다.

〈표 10-4〉 사례관리의 단계별 세부과업과 고려사항

단 계	단계별 세부과업	고려사항
0. 준비(체계구축) 단계	• 지역사회와 기관 구성원들에게 사례관리의 필요성 알림 • 사례관리팀 구성 • 필요시 통합사례관리팀, 자문위원회, 솔루션위원회 등 구성 • 사례관리팀에 대한 공식적 인가 및 지원에 대한 보장 확보 • 사례관리의 목적 및 목표, 모델 설정	• 사례관리체계를 구축하는 담당자는 사례관리(원칙, 개념, 목표, 모델, 과정 등)에 대해 제대로 이해하고 있어야 한다. • 기관 및 사업의 특성에 따라 사례관리팀에 다양한 사람들이 포함될 수 있다. • 사례관리 모델 또는 사례관리자의 역할은 사례관리서비스를 제공하는 기관 및 사업의 특성을 반영하여 결정될 수 있다.

0. 준비 (체계 구축) 단계	• 사례관리 대상자의 기준 설정 • 지역사회나 잠재적 대상자 집단에 사례 선정기준 공지 • 사례관리 각 단계에서 필요한 양식 준비	• 사례관리팀은 지역사회나 기관으로부터 공식적 인가 및 지원을 확보해야 한다. • 사례관리 대상자의 선정기준은 서비스를 제공하는 기관이나 사업, 재원출처 등에 따라 상이할 수 있다. • 사례관리 각 단계에서 활용할 수 있는 양식들을 사전에 준비해야 한다.
1. 사례발견 및 인테이크	• 사례발굴 • 인테이크 • 사례 적격 여부 판정 • 사례를 사례관리팀 구성원에 연결	• 사례를 발굴할 수 있는 공식적 통로를 만드는 동시에 통로를 다양화한다. • 사례 적격 여부는 사례회의를 통해 결정하는 것이 바람직하다. • 사례를 사례관리팀 구성원에 연결할 때, 사례관리자의 전문성을 고려하는 것이 바람직하며, 담당하고 있는 사례량을 고려해야 한다.
2. 사정	• 대상자, 가족/ 보호자 등 다양한 정보원으로부터 다차원의 영역(문제/ 욕구, 강점/ 능력, 공식적 · 비공식적 자원, 자원활용에 장애가 되는 요인)에 대해 정보 수집	• 사정은 다양한 정보원을 활용하여 다차원 영역에 대해 이루어지는 것이 좋다. • 이해당사자들의 욕구가 상이할 때, 사례관리 대상자의 욕구가 우선되어야 한다. • 사정 시 대상자 및 가족/ 보호자를 파트너로 인식하고 참여시켜야 한다. • 대상자 및 가족/ 보호자의 문제나 욕구뿐만 아니라 강점 및 능력도 사정한다. • 대상자의 욕구충족에 필요한 공식적 자원뿐만 아니라 비공식적 자원에 대한 사정도 포함한다. • 자원활용에 장애가 되는 개인적 · 환경적 요인에 대해서도 검토한다. • 사정내용은 잘 기록되어야 한다.
3. 계획	• 서비스 계획 수립을 위해 대상자 및 가족/ 보호자 등과 협의	• 서비스 계획을 위해 대상자, 가족/ 보호자와 충분한 의사소통을 통해 합의를 이끌어 내야 한다. • 서비스 계획서에는 행동전략, 시간표, 점검일정, 관계자의 역할 등이 구체적으로 명시되어야 한다. • 지역사회 내에 다양한 기관에 대한 정보를 가지고 있는 상태에서 질 높은 서비스를 제공할 수 있는 기관이나 서비스 제공자와 서비스를 연계해야 한다.

3. 계획	• 서비스 계획 수립 : 서비스 목표, 서비스 내용, 서비스 제공자 및 역할, 서비스 개시일자, 서비스 방법(주기, 시간, 횟수 등) 등 결정, 점검일정 등 • 대상자 또는 가족/ 보호자로부터 서비스 계약서에 대한 동의 취득	• 서비스를 제공하는 지역사회기관이나 실무자는 사례관리팀에 대해 어떤 권리와 의무를 갖는지 결정해야 한다. • 어떤 방법으로 지역사회서비스 제공자의 활동을 모니터링할 것인지 결정해야 한다. • 대상자 또는 가족/ 보호자로부터 계약서나 서비스 동의서에 서면동의를 받을 필요가 있다.
4. 실행 및 점검	• 계획된 서비스와 자원들을 배열하고 정리 • 필요시 자원을 새로이 개발 • 서비스를 대상자와 연결 • 서비스 제공자들과 상호 제휴적 관계 형성 • 서비스를 점검(서비스의 적절성, 대상자의 욕구충족 정도 등)하고 조정 • 직접서비스 제공 • 정기적인 점검 및 서비스 조정 • 사례회의를 통한 의사소통 • 대상자 및 가족/ 보호자와 지속적인 정보 교류 • 필요시 대상자에 대한 재사정 실시 • 점검 및 서비스 조정내용에 대한 기록	• 서비스 제공자들을 정기적으로 점검하는 것이 바람직하다. • 대상자가 계획된 필요 서비스를 제대로 제공받고 있는지 확인해야 한다. • 서비스 제공이 목표(욕구충족 등) 달성에 부합하는지 확인해야 한다. • 대상자에게 서비스 계획에 변화를 요구하는 새로운 욕구나 문제가 발견되면 재사정할 수 있다. • 점검에서만 그쳐서는 안 되며 점검내용에 따라 서비스를 조정해야 한다. • 서비스 점검 및 조정 내용은 대상자나 가족/ 보호자와 공유되어야 한다. • 정기적으로 사례회의를 진행하여 서비스 점검 및 조정 내용을 사례관리팀에서 공유하여야 한다. • 서비스 점검 및 조정 내용은 명확히, 구체적으로 기록되어야 한다. • 서비스 점검일지를 작성한다.
5. 평가 및 종결	• 사례관리의 지속 여부 결정 • 사례관리의 과정 및 효과성 평가 • 의뢰 또는 사후계획 수립	• 사례관리 기간이 결정되어 있는 경우, 사례관리의 지속기준을 설정하는 것이 좋다. • 사례관리의 목표가 달성되었는지 평가한다. • 사례관리의 과정이 적절했는지 평가한다. • 목표를 달성하지 못한 경우, 그 원인은 무엇이며, 앞으로 어떻게 극복될 수 있는지 파악한다. • 의뢰가 필요한 경우 의뢰한다. • 사후관리 기간과 방법에 대한 기준을 가지고 있는 것이 좋다.

핵심포인트

- 학교사례관리를 실행하기 위해서는 사례관리 일반에 대한 지식이 필수적이다.
- 사례관리는 사례관리자가 복잡하고 다양한 문제 또는 욕구를 가진 클라이언트를 대상으로 공식적 · 비공식적 자원 및 활동의 망을 조정하며 지속적인 모니터링을 통해 최적의 서비스를 효과적으로 전달하고자 하는 서비스 전달방법이라고 할 수 있다.
- 사례관리에는 다양한 모델이 존재할 수 있지만 모델에 관계없이 사례관리는 일반적으로 사례발굴 및 인테이크, 사정, 계획, 실행 및 점검, 종결 및 평가의 과정을 따른다.
- 사례관리자는 사례관리 과정 단계별 직무를 수행하면서 사례관리 대상자에게 심리적 지지, 문제해결 역량 강화, 옹호 등과 같은 직접서비스도 제공한다.

2. 학교사례관리에 대한 이해

생각해 보기

Q. 여러분들은 학교사례관리에 대해 얼마나 알고 있습니까? 학교 현장이라는 특수성을 감안할 때 학교사례관리는 사회복지기관 사례관리와 어떤 점에서 다를까요?

학교 현장에서의 사례관리 또한 사회복지기관들에서 일반적으로 사용하는 사례관리의 과정을 따른다. 하지만 사례관리가 진행되는 세팅의 특수성으로 인해 사례관리의 대상, 목표, 사례관리팀의 구성, 서비스 내용, 사례관리 과정에서의 유의사항 등이 상이할 수 있다.

1) 학교사례관리의 원칙과 목표

원 칙	• 학생의 건강과 안녕을 증진 • 개별화된 과정을 적용 • 학생의 인권과 사생활을 보호하고 비밀보장을 준수 • 비차별적이며 문화적으로 적절한 실천 • 효율적이며 목적지향적인 관리과정을 지향
목 표	• 학생의 능력과 상황이 최선으로 기능할 수 있도록 원조 • 유의미한 학습에 참여할 수 있도록 원조 • 서비스 제공자들 간의 조정과 협력을 통해 빈틈없는 서비스 전달 • 학생과 부모/ 보호자의 서비스에 대한 접근성 향상 • 의사결정 과정에서 학생과 부모/ 보호자의 역량 강화 • 도움을 필요로 하는 학생들과 함께 일하는 교사와 교직원들을 원조

출처 : De Jong(2006).

2) 학교사례관리의 특성

학교사례관리의 특성을 알아보기 전에 사례관리의 특징을 살펴보면 다음과 같다.

- 지역사회 중심 접근법
- 다양한 문제와 복합적 욕구를 가진 클라이언트를 대상으로 함
- 치료보다는 욕구충족과 보호에 초점
- 클라이언트의 사회적 기능 및 삶의 질 향상을 위해 보호의 연속성과 책임성 강조
- 서비스의 효과성과 효율성을 높이기 위해 포괄적 서비스를 제공, 조정, 점검
- 다양한 지원체계를 통해 광범위한 서비스 활용
- 아웃리치를 통한 클라이언트에 대한 적극적 접근 강조
- 클라이언트의 욕구를 개별화하여 맞춤형 서비스를 제공
- 계획과 개입 과정에서 클라이언트의 참여와 자기결정 중시
- 사례관리자는 개별사회복지의 실천기술, 자원개발 · 연계 · 조정, 옹호 등의 다양한 실천기술을 통합적으로 사용

학교사례관리는 위와 같은 특성 이외에, 학교 현장의 특수성과 클라이언트가 아동 또는 청소년 시기에 있는 학생이라는 점 때문에 다음과 같은 특성도 갖는다.

- 아동 · 청소년인 학생대상
- 부모/ 주 양육자에게도 개입 가능
- 주 양육자/ 가족의 고지된 동의 중요
- 교장, 교감, 교사, 직원과의 협업이 중요
- 지역사회 자원의 적극 활용 필요
- 아동 발달과 성장에 필요한 아동복지의 기본 전제를 지키기 위한 노력(경제적 안정, 안정된 부모와 가정, 보건 및 의료보호, 교육, 놀이 및 문화, 노동으로부터의 보호, 특수욕구를 가진 아동에 대한 보호 등) 중요
- 학교급별로 사례관리가 진행되므로 진급에 따른 사례관리 연속성 유지 중요
- 클라이언트의 강점과 능력 활용
- 클라이언트는 지속적으로 배우고 성장하며 변화하는 존재라는 신념 필요
- 미래 지향적 접근 필요

3) 학교사례관리의 대상

학교사례관리의 대상은 위기상황에 처한 학생이나 다양하고 복합적인 문제나 욕구를 가지고 있어 통합적인 서비스를 제공해야 할 필요가 있는 유치원, 초 · 중 · 고등학교 학생들이다. 희망복지지원사업과 같은 사례관리사업에서는 가족원 모두를 사례관리 대상으로 하나, 학교 현장에서는 학생 이외에 주 양육자/ 부모에게 그들의 욕구에 맞는 서비스를 제공하거나 자원을 연계해 주기는 힘들다. 가족들을 위한 서비스 대부분은 학교 밖 지역사회에 존재하며, 많은 지역사회의 자원을 학교 내 인력이 관리하는 것은 용이하지 않기 때문이다. 따라서 학교사례관리에서는 학생을 주 대상으로 하고 주 양육자/ 부모의 경우에는 학생문제의 해결에 직접 관련이 있는 경우에만 개입을 하는 것이 바람직하다. 예를 들어, 아

동의 심리적 불안이 부모의 부적절한 양육방법과 직접 관련이 있다면 사례관리 계획 내에 부모를 대상으로 한 부모교육이 들어가는 것은 적절하다. 하지만 부모의 실직으로 인한 취업교육, 구직관련 서비스 또는 부모의 질병치료와 같은 서비스는 학교사례관리에서 담당하기보다는 드림스타트나 희망복지지원단 또는 지역사회복지관 사례관리로 이관하는 것이 더 나을 것이다.

일반적으로 다양한 발달적 · 환경적 여건이 취약하여 복합적인 서비스가 요구되는 학생이 사례관리의 우선대상이 되며, 위험요인의 수가 많고 위험에 처한 기간이 긴 경우도 사례관리 대상으로 적합하다. 흔히 다음과 같은 경우에 사례관리 대상으로 적합하다.

- 가족 내에서 아동학대나 가정폭력이 발생한 경우
- 학생이 신체적 · 정서적 장애를 가지고 있는 경우
- 학생이 지속적인 관리가 필요한 만성질환을 가지고 있는 경우
- 학생이 기질상의 문제가 없음에도 불구하고 현저한 신체적 · 언어적 · 인지적 · 정서적 발달지체를 보이는 경우
- 부모/ 주 양육자가 알코올중독이나 정신장애 등과 같은 건강상의 문제로 자녀를 보호, 관리, 지도하는 데 어려움이 있는 경우
- 부모/ 주 양육자가 경제활동으로 인해 자녀를 보호, 관리, 지도하는 데 어려움이 있는 경우
- 공식적 전달체계에서 소외되어 있는 외국인 근로자 가정의 경우
- 학생이 거주하기에 부적절한 물리적 환경에서 사는 경우
- 가족의 구조적 결손으로 인해 학생이 경제적 · 심리적 · 사회적 결핍을 경험하고 있는 경우
- 폭력, 자살, 가출 등의 문제를 보이는 경우 등

참고하기 : 타 사례기관과의 유기적 관계 형성

지역사회 내에 다양한 사례관리기관들이 존재하기 때문에 서비스 대상 학생들 중에는 타 기관이나 사업에서 사례관리를 받고 있는 경우가 있을 수 있다. 가장 대표적인 경우가 저소득층 초등학생의 경우다. 드림스타트는 0~12세 저소득층 아동을 대상으로 하고 있기 때문에 초등학교에 입학하기 전부터 드림스타트 사례관리서비스를 받고 있을 수 있다. 이 사례를 드림스타트가 계속 관리할 것인지 학교사례관리를 시작할 것인지는 두 사업의 실무자들이 논의하여 결정할 수 있다. 학생의 문제가 심각하여 학교사례관리를 제공하고 있는데 부모 등 가족의 문제 또한 심각하면, 이 사례를 희망복지지원단에 의뢰하고 희망복지지원단에서는 가족을 중심으로, 학교사례관리에서는 학생을 다루는 것도 좋다.

참고하기 : 지역사회 내 다양한 사례관리 실천기관

학교 내 사회복지실천가들은 학생이나 가족들이 사례관리서비스를 받을 수 있는 다양한 기관들이 있다는 것을 알고 있어야 한다. 현재 공공영역에서도 사례관리가 활발히 진행되고 있으므로, 학교에서는 학생들을 중심으로 사례관리를 진행하고 가족의 경우는 외부 사례관리기관에 의뢰하는 것이 좋다. 그러나 기관에 의뢰를 하더라도 학생과 가족 개입이 함께 이뤄져야 하는 경우에는 역할을 분담하고 주 사례관리자를 정하여 지속적인 회의를 통해 진행사항을 논의하는 것이 좋다. 특히 학생사례관리의 경우 가족과 함께 개입해야 하는 경우가 많기 때문에 타 기관과의 유기적인 협력이 중요하다.

현재 사례관리서비스를 제공하고 있는 기관이나 사업들이 서비스 대상자를 ① 유형(장애인, 아동, 노인 등)별로 구분하고 서비스를 국한하고 있는지, ② 경제적 수준별로 구분한 후 저소득층을 중심으로 서비스를 제한하고 있는지에 따라 아래에 분류해 보았다. 아래 표에 있는 기관이나 사업들은 전국단위의 것들이다. 이외에 지역단위에서 사례관리를 실천하는 기관이나 사업들도 많다.

학생의 가족이 저소득층(수급권자 또는 차상위 계층)에 속하면서 위기에 직면해 있는 경우 희망복지지원단의 사례관리서비스를 받을 수 있다면 좋을 것이다. 부모가 장애인이면서 저소득층이라면 희망복지지원단 이외에도 장애인복지관에 사례관리를 신청할 수도 있다.

	특정 유형의 대상자 중심	모든 대상
저소득층 중심	• 드림스타트(0~12세 저소득층 아동) • 학교 현장(저소득층 유치원생 또는 초중고생) • 지역아동센터(저소득층 학생 중심)	• 희망복지지원단(무한돌봄)
저소득층 우선	• 장애인복지관(장애인) • 노인복지관(노인) • 다문화가정지원센터(다문화가족) • 지역사회정신보건센터(심리적 · 정신적 문제 등을 가진 사람)	• 종합사회복지관 • 건강가정지원센터

핵심포인트

- 학교사례관리는 학교 현장에서 학생들에게 제공되는 사례관리서비스이다. 다른 사례관리와 유사하면서도 학교라는 현장의 특수성 때문에 실천에서 상이한 점도 있다.
- 사례관리의 목적 면에서 학생들의 건강과 안녕을 증진시키고 문제해결 및 대처 능력을 향상시키는 점은 다른 대상 사례관리와 유사할 수 있으나, '유의미한 학습에 참여할 수 있도록 유도'해야 하는 목적은 학교 현장의 특수성을 반영한다.
- 학교사례관리에서는 발달적 · 환경적 여건이 취약하여 복합적인 서비스가 요구되는 학생이 우선대상이 된다.
- 학교사례관리의 주 대상자는 학생이지만 학생문제 해결에 직접적으로 연관된 경우에 가족에 대해서도 개입할 수 있다. 가족이 서비스나 사례관리를 필요로 하는 경우에는 지역사회의 적절한 기관으로 의뢰하여 함께 협력하는 것이 바람직하다.
- 학교사례관리는 학교 내의 다양한 서비스를 연결하기도 하고 학교 밖의 다양한 서비스를 연계하기도 한다.

3. 학교사례관리 실제에 대한 슈퍼비전

학교 현장에서 사례관리를 실제로 진행할 때, 슈퍼바이지는 사례관리 과정 단계별로 다음과 같은 세부과업을 수행하게 되며, 슈퍼바이저는 다음과 같은 내용을 중심으로 슈퍼비전을 제공하게 된다. 다음 단계 중 '준비'단계는 실제 사례관리의 과정이라기보다는 사례관리를 위한 체계 구축단계에 해당한다.

1) 준비 : 체계 구축단계

단 계	슈퍼바이지의 세부과업	슈퍼바이저의 슈퍼비전 내용
준비 : 체계 구축	• 학교 구성원들에게 사례관리의 필요성 알림 • 사례관리팀 구성 • 필요시 자문위원회, 솔루션위원회 등을 구성 • 학교로부터 공식적 인가 및 지원에 대한 보장 확보 • 사례관리 대상자의 기준 설정 • 교직원들에게 사례 선정기준 공지 • 사례관리 각 단계에서 필요한 양식 준비	• 슈퍼바이지는 사례관리(원칙, 개념, 목표, 과정 등)에 대해 제대로 이해하고 있는가? • 개별 학교의 맥락에서 사례관리팀에 누가 포함되는 것이 적절한가? • 사업 및 학교의 특성을 고려할 때, 사례관리팀에서 학교 내 사회복지실천가는 어떤 역할을 담당하는 것이 적절한가? • 사례관리팀은 학교로부터 어떤 지원을 받는 것이 필요한가? • 사업 및 학교의 특성을 고려할 때, 어떤 기준을 가지고 사례관리 대상자를 선정해야 하는가? • 사례관리 각 단계에서는 어떤 양식들이 도움이 되는가?

(1) 사례관리팀 구성

- 사례관리팀 구성원으로 학교행정가, 학교 내 사회복지실천가, 담당부장, 담당교사, 상담교사, 보건교사, 특수학급교사, 방과 후 교사 등이 해당될 수 있다.
- 학교행정가로서 교장이나 교감 등도 포함될 수 있다.

- 그 외에 사례에 따라 담임교사와 외부전문가가 참여할 수 있다.
- 사례관리팀은 사례관리에 대한 공동의 비전을 공유해야 한다.
- 필요시 자문위원회나 솔루션위원회 등을 구성한다.

(2) 사례 선정기준, 사례회의(서비스 점검) 주기, 기록양식 등 결정

- 위기사례나 복합적이고 다양한 욕구를 가진 사례 등을 우선적으로 선정한다.
- 인테이크, 사정, 점검, 평가 등에서 사용될 수 있는 도구나 양식을 준비해 두는 것이 좋다.
- 위기사례나 고위험 사례의 사례회의 주기는 짧게 잡는다.

2) 사례발견 및 인테이크

단 계	슈퍼바이지의 세부과업	수퍼바이저의 슈퍼비전 내용
사례발견 및 인테이크	• 사례발견 • 인테이크 • 사례 적격 여부 판정 • 사례를 사례관리팀 구성원에 연결	• 교내에서 어떤 통로로 사례를 발굴하는 것이 효과적인가? • 인테이크에서 어떤 정보를 수집할 것인가? • 사례 적격 여부를 누가, 어떤 방법으로 판정할 것인가? • 사례를 사례관리팀 구성원에 연결할 때, 누가, 어떤 방법으로 하는 것이 적절한가?

(1) 사례발견

- 교사, 교직원, 학부모, 지역사회 구성원 등이 의뢰할 수 있다.
- 학교 내 사회복지실천가가 아웃리치할 수 있다.

(2) 인테이크

- 기본적 인적 사항, 가족상황, 의뢰자가 기술하는 학생의 욕구 등에 대한 정보를 수집한다.
- 학교는 학생들의 기본적인 인적 사항에 대한 정보를 이미 가지고 있으므로 있는 정보를 중복적으로 수집할 필요는 없다. 하지만 중복적 수집을 피하려면 학교 내 사회복지실천가가 학생들의 기본 정보에 접근 가능해야 한다.

(3) 사례대상 여부 결정

- 인테이크 자료만 가지고 사례대상 여부를 결정하기 어려운 경우, 사정단계에서 실시하는 보다 깊이 있는 면접을 실시한 후에 대상 여부를 결정할 수도 있다.
- 사례관리 대상으로 적합할 경우, 사례관리서비스를 받고자 하는지 학생 또는 부모/ 보호자의 허락을 받는다. 이 과정에서 학생과 부모/ 보호자에게 사례관리서비스가 무엇인지 설명할 필요가 있다.
- 학교가 직접 외부의 치료적 서비스를 연계할 필요가 있는 경우에는 사례관리를 제공하는 것이 필요하다.

3) 사 정

단 계	슈퍼바이지의 세부과업	슈퍼바이저의 슈퍼비전 내용
사 정	• 학생 사정 : 학생, 교사, 부모/ 보호자 등 다양한 정보원으로부터 다차원의 영역(욕구/ 문제, 자원/ 강점, 장애요인)에 대해 정보 수집	• 사정을 위해 누구로부터 어떤 정보를 수집해야 하는가? • 학생, 교사, 부모/ 보호자 등 이해당사자들의 욕구가 상이할 때, 누구의 욕구를 우선으로 해야 하는가? • 사정 시 학생, 부모/ 보호자를 파트너로 인식하고 참여시키고 있는가? • 강점관점에서 사정하는 있는가? 학생의 강점 및 능력도 사정했는가? • 학생의 욕구충족에 필요한 공식적 · 비공식적 자원에 대한 사정도 이루어졌는가? • 자원활용에 장애가 되는 개인적 · 환경적 요인 검토가 이루어졌는가? • 사정내용이 제대로 기록되었는가?

(1) 다양한 정보원으로부터 자료 수집

- 기본 정보원 : 학생, 부모/ 보호자, 담임교사 등
- 기타 정보원 : 관련 교사, 급우 또는 친구, 교직원, 지역사회전문가, 2차 자료 등

(2) 다면적 사정을 실시

- 학생과 학생을 둘러싼 다양한 체계에 대한 정보를 수집한다.
- 사정에는 많은 시간과 에너지가 들기 때문에 사정에서 어떤 내용을 다룰 것인가에 대한 결정은 서비스 계획이라는 맥락 속에서 이뤄진다.
- 어떤 내용을 사정에서 다룰 것인지 사전에 양식을 만들어 두는 것이 좋다. 양식을 꼭 체크목록으로 만들 필요는 없으나, 기록해야 하는 내용들의 제목을 결정해 두는 것은 도움이 된다.

- 가계도와 생태도, 사회적 관계망표 등을 그려보면 도움이 된다.
- 계획이나 서비스 방향 등의 결정에 도움이 되지 않는 정보에 대한 과대한 수집은 학생이나 가족의 사생활 침해를 초래할 수 있으므로, 꼭 필요한 정보만을 수집하는 것이 좋다.
- 사정을 위해서는 학생 또는 가족과 충분한 라포를 형성한다.
- 가정방문을 하는 것이 좋다.

(3) 사정내용

- 학생과 학부모의 욕구 및 문제
- 학생과 가족의 능력, 강점, 특기 등
- 개인적 강점은 희망, 긍정성, 열정, 동기, 유능감, 책임감, 자신감, 인내 등을 포함한다.
- 현재 활용하고 있거나 활용 가능한 자원
- 자원활용의 장애요인

참고하기 : 욕구(needs)란?

욕구(needs)와 요구(want)는 상이하다. 요구는 그냥 원하는 것, 바라는 것이지만, 욕구는 '무엇이 기준에 미달되어 그것을 필요로 하는 상태 다시 말해, 현재의 상태와 (바람직한) 필요 상태 사이에 존재하는 격차 또는 조건의 차이'라고 할 수 있다. 예를 들어, 경제적 어려움으로 밥을 굶고 있는 청소년이 매끼 제대로 밥을 먹었으면 좋겠다고 하면 이것은 '요구'이면서 동시에 '욕구'라고 볼 수 있지만, 명품가방을 가졌으면 좋겠다고 하면 이것은 '요구'는 되지만 사회복지적 관점에서 '욕구'로 정의하기 어렵다.

그렇다면 어떤 사람에게 어떤 욕구가 존재하는지 다시 말해, 그 사람의 (바람직한) 필요 상태는 무엇이며, 현재 얼마나 미달되어 그것을 얼마나 필요로 하는지 누가 어떤 방법을 통해 결정할 수 있는가? Bradshaw(1972)는 욕구가 결정되는 방법에 따라 욕구 유형을 네 가지로 구분하였다

- 규범적 욕구(normative need) – 전문가의 판단에 의해 규정된 욕구

- 체감욕구(felt need) – 개개인 당사자가 느끼는 욕구
- 표출욕구(expressed need) – 서비스 수용에 기초한 욕구
- 비교욕구(comparative need) – 다른 사람이나 다른 지역과 비교해서 정해지는 욕구

연습해 보기 : 가계도 그리기

가계도를 그려보면 가족의 구조와 관계망을 이해하는 데 도움이 된다. 최근에는 이혼가족, 재혼가족, 공동체가족 등 다양한 가족형태가 등장하고 있고, 입양, 쌍둥이 자녀 출산, 낙태, 유산 등이 가족 내에서 증가하고 있다. 이런 상황과 가족관계를 그려내는 것이 중요하다.

■ 다음의 사례를 읽고 가계도를 그려보세요.

"초등학교 3학년생인 현수(9세)의 부모는 현수가 5살 때 이혼하였고, 이때부터 현수는 아버지가 양육하였다. 아버지는 현수 7살 때 3살짜리 일란성 여아 쌍둥이가 있는 여성과 재혼하여 모두 함께 동거하게 되었다. 얼마 전 아버지와 새어머니 사이에 아들이 태어났다. 현수는 쌍둥이 동생들과는 매우 좋은 관계를 유지하고 잘 놀았다. 하지만 아버지와 새어머니 사이에서 아들이 태어나자 아기를 미워하고 아기의 존재에 대해 불쾌해하고 있다."

연습해 보기 : 생태도 그리기

■ 아래 사례를 읽고 철수 가족의 생태도를 그려보세요.

"철수(7세, 초등학교 1학년)와 여동생(5세, 어린이집 다님)은 어머니와 아버지가 이혼하신 후 아버지와 새어머니와 살고 있다. 아버지는 세탁소에서 일하시며, 세탁소 주인과 좋은 관계를 유지하고 있다. 어머니는 식당에서 설거지 하는 일을 하시는데, 일이 힘들고 식당 직원들과 다툼도 있어 식당을 그만둘 생각을 하고 있다. 철수는 ADHD 증상을 보이고 있는데, 수업에서 가만 있지를 못하고 공격성을 보여 학급에서 따돌림을 당하고 있으며 담임교사와도 관계에 어려움을 보이고 있다. 여동생은 어린이집에 잘 다니고 있다. 철수 남매는 친어머니와는 완전히 단절된 채 살고 있지만, 근처에 살고 있는 외할머니와 이모가 가끔 연락하며 지내고 있다."

연습해 보기 : 사정하기

■ 다음의 사례를 읽고 이 가족의 욕구, 자원, 강점, 장애물은 무엇인지 분석해 보세요.

초등학교 3학년(10세) 남학생 승철이는 부모 이혼 후(3년 전) 아버지(현재 35세), 조모(현재 65세)와 함께 생활하다 1년 전 아버지가 돈 번다고 나간 후 조모와 함께 생활하고 있다. 조모가 식당일을 하여 버는 월 76만 원으로 생활한다.

승철이네는 현재 물이 나오지 않고 화장실 변기가 막혀있는 등 집의 위생상태가 매우 열악하다. 승철이네 방문 시 설거지는 싱크대에 쌓여 있고 음식물이 바닥에 흩어져 있었다. 집에 물이 잘 나오지 않아 아파트 청소 아주머니들이 쓰는 물을 가끔 퍼다가 쓰고 있다. 몇 달치 관리비를 내지 못하고 있는 상태이다.

승철이는 현재 기초학력 부진 상태이며 공부에 흥미가 없다. 무언가 하고 싶은 욕구가 전혀 없으며 방과 후에 집에 아무도 없기 때문에 저녁식사를 거르는 경우가 많이 있다. 잘 씻지 못해 몸에서 냄새가 나고 교우관계, 교사와의 관계가 매우 나쁘다. 자주 무단결석하고 있으며 학급 친구들에게 거짓말을 하거나 협박, 놀림 등의 문제행동을 보이고 있다. 아버지와 조모에 대한 분노를 보이고, 특히 부에 대한 이야기는 회피하는 경향을 보인다. 공부는 하기 싫어하나 운동을 좋아하며 태권도를 배워보고 싶어한다.

조모는 식당에서 설거지 하는 일을 하고 있으며 승철이를 전혀 돌보지 않고 있다. 본인은 깔끔하게 다니면서도 승철이의 위생 등은 챙겨주지 않고, 저녁이나 주말에도 승철이의 식사를 자주 챙겨주지 않는다. 가끔 식당에서 반찬들을 얻어다 주지만 설거지나 방청소 등은 거의 하지 않는다. 조모는 치우는 것이 귀찮다고 이야기한다. 건강한 편이며 승철이만 없으면 자신의 삶이 훨씬 편할 것이라고 이야기한다. 승철이가 방과 후에 어디 기관에서 보호를 받았으면 좋겠다고 한다.

승철이의 아버지는 현재 지방에서 무엇을 하는지 알 수 없는 상황이며 아주 가끔 집에 들르는데 올 때마다 승철이에게 "싹수가 노랗다" 등의 이야기를 하며 언어적 학대를 한다. 조모와의 관계는 갈등적이며 아동 양육비를 전혀 보태고 있지 않다. 지난 번에 승철이가 다니는 학교의 학교사회복지사가 가정을 방문했었다는 이야기를 듣고 매우 화를 냈으며 남의 일에 간섭하면 그냥 안두겠다는 말을 했다고 한다.

승철이에게는 이모(30세)가 1명 있는데, 같은 구에 살고 있다. 승철이 부모의 이혼 직후까지는 이모와 승철이와 왕래를 했는데 현재에는 왕래가 전혀 없는 상태이다.

욕구 :

자원 :

강점 :

장애물 :

(4) 사정 종합결과표 작성

- 사정내용과 서비스 계획을 연계시키기 위해서는 계획 수립 이전에 사정결과에 대한 종합결과표를 작성하면 도움이 된다.
- 종합결과표에는 욕구, 자원, 강점, 장애물, 사례관리자의 종합견해가 포함될 수 있다.

〈표 10-5〉 사정 종합결과표 예시

욕 구				자원/ 강점	장애물
우선순위	욕구영역	욕구내용	위기도 점수		
1	가족 안전 유지	ㅇㅇ가 2013년 1월경부터 흉기를 사용하여 어머니, 누나, 여동생을 위협하고 폭력을 가함. 음주 후 귀가하여 집기들을 부수는 행동이 증가함. 최근에는 경찰관도 수차례 다녀감	9		어머니가 ㅇㅇ의 폭력에 대해 공권력의 개입을 원치 않음 ㅇㅇ가 입원치료를 거부해 가족과의 분리가 어려움

2	정신 건강 유지	○○가 폭력적 행동으로 멍이 들거나 수차례 병원치료를 받음. 우울증 진단도 받음	8	아들 치료에 대한 어머니의 의지가 강함	○○가 정신과 치료에 대해 부정적 시각을 가지고 있음
3	가족 관계 회복	○○가 7세때 아버지와 어머니가 이혼하면서 어머니가 누나와 여동생만 데려가고 ○○는 아버지와 살게 되면서 어머니에게서 버림받았다는 생각을 가지고 있음. 아버지의 학대(신체적 · 언어적 폭력, 방임)를 받으면서 성장함. 중학교 2학년 때 아버지의 사망 후 어머니와 동거하게 됨. 가족에 대한 원망이 크고 최근에는 가족원들에게 심한 폭력을 행사하고 있으며, 가족원들이 두려움을 느낌	7	어머니의 가족관계 개선의지가 매우 강함	가족들 간에 대화할 시간이 적음
4	학업 능력 향상	아버지가 학업에 관심을 가져주지 않아 학업이 많이 뒤쳐져 있음. ○○ 자신이 대학 진학을 희망하고 있으므로 수능을 대비한 준비가 필요함	6	대학 진학을 희망함 현재 집 근처의 ○○○학원에 다니고 있음	학원비가 부담됨
종합의견		○○의 폭력적 성향으로 인해 ○○ 자신과 가족원들 모두 신체적 · 정신적으로 위험상황에 노출되어 있음. ○○의 치료와 가족원의 안전 보장이 시급히 요구됨. 또한 전문가와의 치료상담을 통해 ○○의 심리적 문제를 해결하고 가족 간의 유대관계를 회복하는 것이 필요함. 장기적으로는 2년 남은 기간 동안 대학 진학을 준비할 수 있도록 학업능력의 향상을 지원할 필요 있음			

4) 계 획

단 계	슈퍼바이지의 세부과업	슈퍼바이저의 슈퍼비전 내용
계 획	• 서비스 계획 수립을 위해 학생, 담임교사, 부모/ 보호자 등과 협의 • 서비스 계획 수립 : 서비스 목표, 서비스 내용, 서비스 제공자 및 역할, 서비스 개시일자, 서비스 방법(주기, 시간, 횟수 등) 등 결정, 점검일정 등 • 학생, 부모/ 보호자로부터 서비스계약서에 대한 동의 취득	• 서비스 계획을 위해 학생, 담임교사, 부모/ 보호자와 충분한 의사소통을 통해 합의를 이끌어냈는가? • 서비스계획서에는 목표, 행동전략, 시간표, 점검일정, 관계자의 역할 등이 구체적으로 명시되어 있는가? • 어떤 서비스를 사례관리자가 직접 제공할 것인가? • 지역사회 내에 어떤 기관과 서비스 연계를 연결하는 것이 적절한가? • 서비스를 제공하는 지역사회기관이나 실무자는 사례관리팀에 대해 어떤 권리와 의무를 갖는가? • 어떤 방법으로 지역사회서비스 제공자의 활동을 모니터링할 것인가? • 학생, 부모/ 보호자로부터 계약서나 서비스 동의서에 동의를 받았는가?

(1) 서비스계획서 작성

- 사정내용에 근거해 우선적으로 달성하고자 하는 장단기 목표를 설정한다. 이때 기대되는 변화를 명확히 한다.
- 필요한 서비스와 자원을 목록화한다.
- 서비스의 종류, 내용, 제공자, 양, 횟수, 시간, 기간, 점검주기 등의 내용을 포함한다.
- 한꺼번에 많은 서비스를 제공하기보다는 장단기 계획에 따라 서비스에 우선순위를 두는 것이 좋다.
- 학생의 입장에서 감당하기 어려운 과도한 양의 서비스를 연계하는 것은 삼가야 한다.
- 계획 수립 시 학생, 부모/ 보호자, 담임교사를 참여시킨다.
- 계획서에 학생과 부모/ 보호자의 동의서명을 받아 두는 것이 좋다. 계획서에 서명을 받아 둔다 함은, 학생 또는 가족이 사례관리서비스에 대해 설명을 들

었으며, 이를 이해했고 이에 참여하기로 동의한다는 것을 의미한다. 따라서 학생과 가족은 참여의무를 진다고 할 수 있다.

계획서 및 동의서 양식

<table>
<tr><td>관리
번호</td><td></td><td colspan="2">대상자명</td><td colspan="2"></td><td>사례
관리자명</td><td colspan="2"></td></tr>
<tr><td>번 호</td><td colspan="3">장기목표</td><td>번 호</td><td colspan="4">단기목표</td></tr>
<tr><td>1</td><td colspan="3"></td><td>1</td><td colspan="4"></td></tr>
<tr><td>2</td><td colspan="3"></td><td>2</td><td colspan="4"></td></tr>
<tr><td>욕 구</td><td>서비스 목표</td><td>서비스 내용</td><td colspan="3">서비스 제공방법</td><td>개입기간</td><td>서비스
제공기관</td><td>담당자</td></tr>
<tr><td></td><td></td><td></td><td colspan="3"></td><td></td><td></td><td></td></tr>
<tr><td></td><td></td><td></td><td colspan="3"></td><td></td><td></td><td></td></tr>
<tr><td></td><td></td><td></td><td colspan="3"></td><td></td><td></td><td></td></tr>
<tr><td></td><td></td><td></td><td colspan="3"></td><td></td><td></td><td></td></tr>
<tr><td></td><td></td><td></td><td colspan="3"></td><td></td><td></td><td></td></tr>
<tr><td></td><td></td><td></td><td colspan="3"></td><td></td><td></td><td></td></tr>
</table>

본인은 ________년 ________월 ________일부터 상기와 같은 서비스 이용에 동의하며, 적극적으로 변화의 노력에 동참할 것을 약속합니다.

대상자 : ________(서명)　보호자 : ________(서명)　사례관리자 : ________(서명)

날　짜 : ____________　날　짜 : ____________　날　　짜 : ____________

연습해 보기 : 계획서 작성하기

■ 앞에서 분석했던 승철이 사례를 중심으로 사례관리 계획서를 작성해 보시오.

번 호	장기목표	번 호	단기목표
1		1	
2		2	

욕 구	서비스 목표	서비스 내용	서비스 제공방법	개입기간	서비스 제공기관	담당자

5) 실행 및 점검

단 계	슈퍼바이지의 세부과업	슈퍼바이저의 슈퍼비전 내용
실행 및 점검	• 계획된 서비스와 자원들을 배열하고 정리 • 필요시 자원을 새로이 개발 • 서비스를 학생과 연결 • 서비스 제공자들과 상호 제휴적 관계 형성 • 서비스를 점검(서비스의 적절성, 학생의 욕구충족 정도 등) 및 조정 • 직접서비스 제공 • 정기적인 점검 및 서비스 조정 • 사례회의를 통한 의사소통 • 학생 및 부모/ 보호자와 지속적인 정보 교류	• 학생은 계획된 필요 서비스를 제대로 제공받고 있는가? • 서비스 제공이 목표(학생의 욕구충족 등) 달성에 부합하는가? • 서비스 계획에 변화를 요구하는 학생의 새로운 욕구는 발견되고 있지 않은가? • 어떤 방법으로 서비스에 대해 정기적인 점검을 하고 있는가? 점검 시 어려운 점은 무엇인가? • 점검을 통해 서비스를 조정하고 있는가? • 서비스 점검 및 조정 내용이 학생 및 부모/ 보호자와 공유되고 있는가? • 정기적으로 사례회의를 진행하고 있는가? 서비스 점검 및 조정 내용이 사례관리팀에서 공유되고 있는가?

실행 및 점검	• 필요시 학생에 대한 재사정 실시 • 서비스 점검 및 조정내용에 대한 기록	• 서비스 점검내용과 조정내용이 명확히, 구체적으로 기록되고 있는가? 사례관리 점검일지를 작성하고 있는가?

(1) 실행

- 수립된 계획을 행동으로 옮기는 단계이다.
- 사례관리자는 계획된 서비스와 자원을 배열하고 정리한다.
- 필요시 자원을 새로이 개발한다.
- 서비스 제공자들과 접촉하여 계약한 후 서비스를 학생과 가족에게 연계한다. 서비스 제공자를 결정하기 전에 그들이 제공하는 서비스의 질을 확인해야 한다.
- 학교 내에서 제공되는 교내 서비스를 우선 제공하고, 기타 필요한 서비스에 대해서는 지역사회 자원을 연계한다.
- 연계하기로 계획된 서비스 제공자들이 서비스를 제공하도록 지원한다.
- 함께 일할 여러 분야의 전문가 또는 서비스 제공자들과 상호 제휴적 관계를 형성한다.
- 서비스 제공에 따른 정보를 어디까지 서비스 제공자들과 공유할 것이며, 서비스 제공자는 어디까지 정보제공 의무를 갖는지, 사례회의에 참여할 의무가 있는지 등에 관해 사전에 계약을 맺는 것이 좋다.
- 학생 및 학부모와 사회적 지지망의 구성원들의 참여를 극대화시킨다.
- 직접적 서비스를 제공한다 : 위기개입, 심리적 지지, 교육, 정보제공, 옹호 등

(2) 서비스 점검 및 조정

- 점검은 정해준 활동들이 계획대로 잘 실행되고 있는지 확인하는 작업이다. 특히 주어진 서비스의 적절성과 질, 학생의 욕구충족 정도가 관심의 초점이

된다. 효과적인 점검을 위해서는 사례관리자의 기록이 중요하다.

- 서비스가 계획된 대로 제공되고 있는지, 학생과 학부모가 만족하는지, 목표 달성에 어떤 영향을 주고 있는지, 서비스 계획에 변화를 요구하는 새로운 욕구는 없는지 등에 대해 지속적으로 점검하고 서비스를 조정한다.
- 학생뿐만 아니라 서비스 제공자에게도 정기적으로 점검해야 한다.
- 계획이 제대로 수행되지 못하고 있는 경우, 장애요인이 무엇인지 파악하고 이를 해결하기 위해 노력한다.
- 특히 점검에서 다음의 사항들이 발견될 경우, 서비스를 종결하거나 조정할 필요가 있다.

– 서비스나 자원이 욕구충족에 부적합한 경우

– 서비스 이용 적격조건을 충족시키지 못하는 경우

– 서비스나 자원은 유용하지만 자원접근을 위해 이차적/ 부수적 자원이 필요하지만 이것이 용이하지 않은 경우

– 자원이 존재하고 이용자격이 되지만 학생이나 학부모가 이용을 원치 않는 경우

〈표 10-6〉 서비스 점검 예시

점검일자	시 간	대 상	방법	내 용	사례관리자 의견
2013. 10.21	10:00 ~ 10:15	○○ 지역 아동 센터 교사 ○○○	전화 상담 or 면담	지역아동센터에서의 생활과 학업능력 향상을 점검함. 지난 2주 동안 4번 결석하였으며 나머지 날들도 늦게 왔다고 함. 학습에 집중하지 못하고 특히 수학 문제 푸는 것을 매우 싫어함	지역아동센터 결석문제에 대해 어머니가 알고 계시는지 확인이 필요함

2013. 10.23	14:00 ~ 15:00	어머니	내방 면담	○○의 문제로 전화를 드리니 내방하심. 지역아동센터 결석은 모르고 계셨다고 하심. 동네의 새로운 친구들과 어울려 다니는 것 같다고 하심. 어머니에게 ○○에 대해 세심한 관심을 가져주실 것을 당부함. 지역아동센터 결석문제와 관련하여 사례관리자가 ○○를 만나 면담하기로 함	내일 점심식사 이후에 면담하는 것이 좋을 것 같음
2013. 10.24	12:30 ~ 13:00	사례 관리 대상자 ○○○	내방 면담	지역아동센터 결석문제에 대해 이야기 나눔. 센터에 아는 친구들이 없고 공부가 어렵다고 함. 동네친구들과 돌아다니며 노는 것이 더 좋다고 함. 1주일 5회 중 3번을 출석한 것을 칭찬해 줌. 어머니를 생각해서 3번은 참고 출석했다고 함. 공부의 필요성에 대해 다시 한 번 강조함. 결석을 주 2회 이상 하지 않기로 약속함	어머니께 면담결과를 전화로 알려드리면서 ○○에게 지역아동센터 출석을 강조하고, 그동안 힘든 상황에서도 열심히 출석한 것을 격려해 줄 것과 어머니의 세심한 관심을 다시 한 번 당부드릴 예정임

6) 평가 및 종결 단계

단 계	슈퍼바이지의 세부과업	슈퍼바이저의 슈퍼비전 내용
종결 및 평가	• 사례관리의 지속 여부 결정 • 의뢰 또는 사후계획 수립 • 사례관리의 과정 및 효과성 평가	• 사례관리의 지속 여부를 결정하는 기준은 무엇인가? • 의뢰가 필요한가? • 사후관리를 얼마 동안 어떤 방법으로 진행하는 것이 필요한가? • 사례관리의 과정이 적절했는가? • 사례관리의 목표가 달성되었는가? • 목표를 달성하지 못한 경우, 원인은 무엇이며, 앞으로 어떻게 극복할 수 있는가?

(1) 종결 및 사후관리

- 종결사유 : 목표 달성, 졸업, 전학, 사례관리 자격요건 상실, 서비스 거부 등
- 목표가 달성되거나, 사례관리 자격요건이 변화되거나, 기타 이유로 사례관리가 종결되게 되는 경우, 일정 기간 동안의 사후관리만 할 것인지, 지속서비스를 위해 다른 기관이나 전문가에게 의뢰할 것인지 결정한다.

(2) 평가

- 평가는 목표달성 정도를 검토하며 다면적 평가를 실시하도록 한다.
- 목표를 기반으로 서비스의 전반적 효과와 학생 및 학부모의 서비스 만족도를 평가한다.
- 목표를 달성하지 못했을 경우, 실패의 원인을 찾고 장애를 극복하기 위해 방안을 모색한다.
- 사례관리자의 주관적 의견만 남겨놓기보다는 학생, 가족, 교사, 외부 전문가 등의 의견 또는 객관적 척도를 활용한 측정결과를 남기도록 한다.

〈표 10-7〉 종결평가서 일부

단기 목표 성과				장기 목표 성과			
번호	목표	성과 정도	성과내용	번호	목표	성과 정도	성과내용
1	의료 검사비 지원	기대 이상의 목표달성	검진비 50만 원과 후속 수술비 100만 원을 ㅇㅇ기업의 후원으로 연결하여 지원	1	안질환 치료	기대 수준의 목표달성	수술 후 지속적인 외래치료를 통해 안질환이 완치됨

2	결식 방지	기대 수준의 목표달성	건강가정지원센터를 통해 가사도우미가 1주일에 1회씩 방문하여 반찬을 만들어 주어 아침과 저녁을 거르지 않고 먹고 있음	2	학원비 부담 완화	기대 수준의 목표달성	○○○학원을 연계하여 향후 1년간 학원비를 50% 감면받게 됨
3	방과 후 보호	기대 수준의 목표달성	방과 후에 ○○○지역아동센터에서 보호를 담당하고 있음. 결석하지 않고 잘 다니고 있음	3	자아 존중감 향상	기대수준 이상의 목표달성	Rosenberg의 자존감 척도 점수가 15점 향상됨(서비스 개시시점 점수 : 25점/종결시점 점수 : 38점)

7) 전 과정

단 계	슈퍼바이지의 세부과업	슈퍼바이저의 슈퍼비전 내용
전 과정	• 학생의 건강과 안녕 증진 • 개별화된 과정 적용 • 학생의 인권 및 사생활 보호, 비밀보장 • 효율적이며 목적지향적인 관리 • 학생중심적 접근 • 비차별적이고 문화적으로 적절한 실천	• 사례관리의 전 과정이 효율적이며 목적지향적으로 진행되고 있는가? • 학생 및 가족의 사생활 및 비밀이 철저히 보장되고 있는가? • 비차별적이고 문화적으로 적절한 실천을 진행하고 있는가?

사례관리 전 과정에 걸쳐 사례관리의 원칙이 제대로 지켜졌는지에 대한 검토가 이루어져야 한다. 학생에 대한 개별화, 학생중심적 접근, 학생과 가족의 사생활 및 비밀 보장, 비차별적이고 문화적으로 적절한 실천을 했는지 등에 대한 검토가 필요하다.

핵심포인트

- 슈퍼바이저는 사례관리를 시작하고자 하는 학교의 사례관리체계를 우선적으로 검토해야 한다.
- 슈퍼바이저는 슈퍼바이지가 사례발굴 및 사례 적격 여부 심사, 사정, 계획, 실행 및 점검, 종결 및 평가의 각 단계별 과정에서 요구되는 직무와 역할을 제대로 수행하고 있는지 검토해야 한다.

Chapter 11 지역사회 네트워크 슈퍼비전

우리나라의 외환위기 이후 계층 간 소득격차가 심화되고, 빈곤이 대물림되면서 개인의 능력과 노력보다 부모의 사회·경제적 지위가 교육의 기회와 성공에 영향을 주는 기제가 되고 있다. 따라서 학교라는 공교육은 학생들의 다양한 문제를 해결하기 위해 지역사회와 연계·협력관계를 맺는 지역사회 내 교육복지 공동체를 형성하여 교육서비스를 제공해야만 했다. 교육복지 공동체를 형성하기 위해 학교 내 사회복지실천가는 학생복지를 위해 학교 내 자원을 활용하여 서비스를 지원할 뿐만 아니라 지역사회 자원을 연계하여 적절한 서비스를 제공해야 한다. 더 나아가 필요한 자원이 없으면 지역사회 내에서 개발하여 자원을 발굴하고 연계하면서 지역 내 다양한 기관, 단체, 조직들과의 네트워크 및 지원체계를 구축할 수 있어야 한다.

학교와 지역사회 네트워크 구축에 핵심역할을 맡고 있는 학교 내 사회복지실천가가 학교와 지역사회 네트워크를 구축하기 위한 과정 속에서 어떤 슈퍼비전을 제공하는지를 함께 알아 보고자 한다.

생각해 보기

학교는 왜 지역사회와 연계를 하여 네트워크를 형성해야 할까요?

1. 지역사회 네트워크 이해

학교 내 사회복지실천가는 학교와 지역사회 네트워크 실천을 하기에 앞서 학교가 속한 지역사회에 대한 사정이 필요하다. 이는 지역사회를 이해할 뿐만 아니라 지역사회 자원을 적절히 알고 연계하기 위해서이다. 그리고 학교 내 사회복지실천가는 학교가 속한 지역의 현황을 파악하고, 그 지역의 욕구와 자원을 분석해서 적절한 연계를 하고 자원을 개발할 수 있어야 한다.

생각해 보기

슈퍼바이저는 슈퍼바이지가 학교를 둘러싼 지역사회를 이해하고 있는지를 어떻게 알 수 있을까요?

1) 지역사회 이해

이 성 · 정지웅(2002)은 지역사회를 공동체 또는 지역공동체라고 불리워지면서 대체로 공동체 연대의식을 갖고 상호 교류하며 생활하는 인간집단으로 주로 지역을 단위로 하여 이루는 사회로 정의하고 있다. 지역연대의식을 갖고 공동체를 형성하는 지역사회를 이해하기 위해서는 심층적이고 전문적인 이해가 필요하다. 따라서 지역사회의 욕구나 문제를 규명하고 나아가 문제 해결방안을 탐색하며, 지역사회의 유용한 자원을 파악하기 위한 지역사회 사정은 매우 중요하다.

(1) 지역사회 조사

지역사회 사정은 지역사회의 상황을 사실대로 파악하는 방법이다. 학생을 둘러싼 지역사회의 현재 상황, 해당 지역사회를 구성하는 요소와 욕구, 문제를 유발하는 요인과 활용 가능한 자원을 중심으로 실시하는 조사이다. 지역사회 사정은 학생복지서비스를 위한 필요한 계획을 세우기 위해 자원, 자료를 확보하는 데 중점을 두고 있다. 그러므로 학교 내 사회복지실천가는 지역사회를 구성하고 있는 요소, 환경요인, 지역사회 역동을 주요 사정대상으로 삼아야 한다. 슈퍼바이저는 슈퍼바이지가 작성한 지역사회 사정표 〈표 11-1〉을 함께 검토하면서 지역사회 전반적인 사항과 지역의 역동성, 지역사회의 주요 사회문제와 욕구, 지역사회에 대한 가치관 및 지역사회 내 차별 혹은 억압이 있는지를 파악한다.

〈표 11-1〉 지역사회 사정표

항 목	세부항목	사정내용
기본 현황	인구[1)]	
	가구	
	주택	
	교통	
	소득/ 교육 수준	
	강점과 장애물	
지리적 특성	위치	
	면적	
	자연환경	
	인접 지역	
	강점과 장애물	

지역사회 쟁점[2]	역사, 정치, 경제	
	사회, 문화	
	주민의 상호작용	
	강점과 장애물	
지역 내 기관	종교기관	
	교육 관련 기관(유치원, 초 · 중학교, 일반고, 특목고, 대안학교, 교육청 등)	
	기업(산업체, 공장 등)	
	의료 및 정신보건 관련 기관	
	청소년 기관	
	가족서비스 기관	
	공원과 여가시설	
	지역방송 및 미디어 매체	
	시민단체	
	기타(지역사회 특수 자원)	
	강점과 장애물	
사정결과[3]	욕구/ 문제	
	욕구/ 문제 원인	
	자원	
	강점과 장애물	
	개입 방향성	

1) 기본 현황의 '인구'는 지역사회의 전반적 인구수와 사회복지실천 영역별로 수를 비교하여 기록한다.

2) 지역사회 쟁점의 각 항목의 구분이 쉽지 않으므로 내용을 상세히 기록한다.

3) 사정결과는 지역사회의 주요 욕구/ 문제와 자원의 상황을 고려하여 결정한 개입 여부를 밝히고, 그 이유와 앞으로의 방향을 기록한다.

출처 : 채옥채(2004). 지역사회조직화의 선한 귀재 재구성.

Tip 지역사회 이해를 위해 관찰해야 할 것

- 지역사회의 외형과 지역사회 주민의 변화에 중점을 두고 관찰한다.
- 지역사회 사정은 개입 후에도 지속 관찰한다.
- 지역사회에서 주민들이 학교와 학생들에 대해 그리고 학교에서는 이 지역에 대해 어떻게 생각하는지를 관찰한다.

(2) 지역사회 자원 조사

학교를 둘러싼 지역사회는 포괄적이면서도 상대적이기에 학교 내 사회복지실천가는 지역사회의 범위를 정하고 필요한 정보를 획득해야 한다. 또한 지역사회 자원을 조사할 때 지역사회의 욕구 혹은 문제를 해결하는 데 필요한 자원이 지역사회 내에 있다는 믿음과 희망을 갖는 것이 무엇보다 중요하다.

지역사회 자원에 대해 김범수(2003)는 인적자원, 물적 자원, 공공기관 및 조직자원, 정보자원으로 구분하였다. 이 네 가지를 소개하면서 지역사회 사정의 성공전략도 함께 제시하고자 한다.

① **인적자원** : 인적자원은 지역사회에 거주하고 있거나 지역사회와 연고가 있는 주요 인물을 중심으로 자료화하는 것이다. 이때 접촉하는 인물에 대한 성향을 탐색하기 위해 인적자원 사정의 전략은 다양한 지역주민과 접촉하기 위해 지역주민 모임이 있는 곳을 찾아가고, 그 안에서 역동성을 이해하는 것으로 이루어진다. 또한 좋은 관계 형성을 위해 지역주민들과 인사를 나누는 습관, 편향되지 않는 객관성, 섬기는 자세로 임해야 한다. 지역토착지도자 등 지역사회에 영향력 있는 인물을 파악하고 개별적으로 접촉하여야 한다.

② **물적 자원** : 지역사회에서 후원금의 개발이 가능한 기업이나 복지지원재단, 후원금을 개발할 수 있는 계층에 대한 파악이 이루어져야 한다. 지역의 물

적 자원에 대한 사정방법, 그 방법을 어떻게 실시할 것인가, 그리고 그 물적 자원에 대한 활용방안 모두 중요하다. 또한 클라이언트의 욕구에 적합한 자원을 발굴하고 개발하는 것도 필요하다. 물적 자원 사정을 위한 방법은 지역사회 지도 그리기에서 자세하게 소개하고자 한다.

③ **공공기관 및 조직 자원** : 시청이나 구청(시, 군, 구, 읍, 면, 동 등), 경찰서, 소방서, 교육기관 등의 공공기관과 문화, 체육, 종교, 시민단체 그리고 지역사회에서 다양하게 활동하고 있는 소그룹의 주민조직을 파악하는 것이다.

④ **정보자원** : 정보자원은 생활과 밀접한 법률의 제정 및 개정 사항, 문화공연, 보건이나 의료 및 복지서비스, 자원봉사 참여에 관한 사항이 제공되어야 한다. 이는 클라이언트의 문제해결을 위해 필요한 다양한 의사결정과 문제해결 과정 전반에 영향을 미치게 되며, 학교 현장 실무자가 알고 있는 정보는 해당 클라이언트에게 직접서비스로 제공되기도 한다.

지역사회 자원의 대표적인 인적 · 물적 자원 사정을 성공적으로 수행하기 위한 전략을 정리해 보면 다음과 같다.

〈표 11-2〉 인적 · 물적 자원 사정 성공전략

분 류	전 략	세부전략
인적 자원	지역토착지도자 접촉	토착지도자들의 역동성 이해
		영향력 있는 인물 파악하여 개별 접촉
		섬기는 자세
		지역사회 주민 모임 가입
	주변 공공조직 지도자 접촉	지역 내 아파트 등의 관리사무소, 동주민센터, 파출소, 사회복지관, 병원, 보건소, 학교, 교회 등 대표자 혹은 주요 인물들과의 잦은 접촉으로 정보를 얻고 활용
	지역사회 내에서 권력을 가진 집단과 접촉	지역사회에서 정치적 영향력을 가지고 있거나, 예산확보가 가능한 각종 단체, 시(군, 구)의회 의원, 공무원들과 접촉

인적 자원	잠재적 참여인물에 대한 접촉	지역 잠재자원(상가 운영단 등)을 활용한 지역사회문제 개입
		지역문제를 파악하고 시급한 과제부터 개입
		정보제공능력이 있는 표적 집단을 공략
		유사 관련 활동에 참여하고 있는 집단 활용
		파워를 가진 집단을 적극 활용
물적 자원	물적 자원 조사와 활용	공공기관이 발행한 복지 관련 단체 요람 활용
		지역사회 지도 그리기
		지역복지 자원 편람 제작하기
		조직화사업의 발전과정에서 실시된 자원사정과 자원활용
	자원사정 양식 개발	예 지역의 일반 현황, 역사, 지역자원을 행정 · 교육 · 복지 기관으로 분류하고 기타 조직과 단체 중심으로 구분
		예 사회복지서비스 공급과 관련한 대상별, 복지관련 기관 혹은 법인별 현황 중심으로 구분
		예 복지서비스 수요와 공급에 대한 데이터 베이스를 구축, 수요와 관련한 인구학적 특성에 기초하여 연령 · 유형별 분류, 공급에서는 기관, 단체 및 활용자원 잠재자원을 구분

출처 : 채옥채(2004)와 한국학교사회복지사협회부설 교육복지연구소(2006) 내용을 표로 재구성함.

(3) 지역사회 지도 그리기

지역사회 지도는 학교 내 사회복지실천가뿐만 아니라 지역 내 지역사회 네트워크를 추구하는 실무자라면 지역사회를 한눈에 이해할 수 있도록 돕기 위한 모두에게 필요한 자료이다(최옥채, 2004). 물론 지역 중에서는 이미 지역사회 지도를 만든 지역이 있을 수 있고, 실무자가 지역 내에서 오랜 시간 살아왔기 때문에 지도 없이도 실무를 수행할 수 있다고 생각하는 지역도 있을 수 있다. 그러나 지역사회의 문제상황과 개입의 방향을 가늠하는 데 유익할 뿐 아니라 이 작업을 통해 지역사회를 정확히 파악할 수 있다는 점에서 지역사회 지도 그리기를 수행할 것을 당부한다.

지역사회 지도를 그리기 위해 무엇보다 중요한 것은 지역사회 범주를 정하고, 지역사회 구성요소를 파악하고, 지역사정표를 근거로 하여 지역사회 환경을 파악하고 역동을 파악한 후에 작업이 이루어져야 한다는 것이다. 지역사회 범주는 문제가 드러나는 곳을 중심으로 적당한 범주를 규정하는 것이다. 지역사회 구성요소는 생활공간, 주민, 조직, 상호작용이 있다. 지역사회 환경은 경제, 주민정서, 교육, 지리적 특성을 파악하는 것으로, 유형과 수준은 지역사회 욕구나 문제에 초점을 맞추어 결정하면 된다. 지역사회 역동은 지역사회의 문제와 관련하여 지역사회의 개인, 조직, 단체, 기관 등이 지역사회 환경과 맞물려 각자 서로 작용하는 형태와 정도를 규명해야 한다. 이러한 과정을 거쳐 지역사회 지도를 그리게 된다. 지역사회 지도는 인터넷 지도를 활용하여 표시하는 방법과 지역사회복지협의체 및 사회복지협의회 등 유관기관들이 함께 지도 만드는 작업을 하여 리플렛 혹은 A3 크기에 지도를 만들어 배포하는 방법도 있다. 그리고 공공기관이 비치하고 있는 '관내도'에 중요한 행정기관, 학교, 병원, 주택 등과 욕구 혹은 문제와 관련하고 있는 환경요인을 포함해서 표시하면 활용하기에 좋다.

Tip 지역사회 지도를 그리기 위한 원칙

- 학교 내 사회복지실천가는 지역사회 지도를 통해 개입하려는 지역사회에 대해 정확한 이해와 합당한 개입방안 실마리를 찾아낼 수 있어야 한다.
- 지역사회 지도는 인구수 변동, 기관 혹은 단체 등이 새로이 설립되거나 없어지기에 언제나 수시로 점검해야 한다.
- 학교 내 사회복지실천가는 지역사회 지도를 만들기 위해 해당 지역사회 내 교육지원청, 동 주민센터, 아동 · 청소년 관련 기관, 담당 학교기관과 유사 사업을 하는 타 학교 등 주요 기관과 협력관계를 맺으면서 지역 내 역동성을 파악하여 지역지도의 활용성을 높인다.

적용해 보기

슈퍼바이저는 슈퍼바이지와 함께 지역사회 사정표와 지역사회 지도를 점검한 후 지역사회 이슈와 개입은 어떠한 방향성을 갖게 되었는지 확인해 봅시다.

2) 네트워크 이해

네트워크의 사전적 의미는 그물과 같은 망(網, net)을 의미하나 기계장치, 철도나 도로의 망, 혹은 서로 연결된 체인시스템, LAN과 같은 도구적 연결망, 방송망 등으로 그 의미가 확대되고 있다(한국학교사회복지사협회 부설 교육복지연구소, 2006). 사회과학적으로 네트워크는 사회적 구성체인 개인 혹은 조직과 다른 구성원(체) 간에 연계된 체계 혹은 상호작용 관계의 망(網, net)을 의미하는 것으로 소통(疏通)에 의해 상호작용하면서 망(網, net)을 형성하는 그 자체가 되기도 한다.

한 기관 혹은 조직이 지역사회에 제공하는 서비스는 조직의 구성과 체계 내에서 제한될 수밖에 없고 끊임없이 변화하는 욕구와 사회구조적 문제에 대응하기에는 역부족이다. 그렇기에 여러 기관, 조직들, 즉 지역사회 네트워크는 더욱 더 절실하다.

따라서 네트워크를 잘 하기 위해 네트워크에 대해 아는 것이 중요하다. 특히 네트워크를 강화시킬 수 있는 요인을 안다면 우리는 지역사회에서 네트워크 활용시, 좀 더 높은 가치를 갖고 전략적으로 대처할 수 있으리라 본다. 이러한 전략적 대처를 위해 네트워크 강화요인을 알고 접근한다면 더욱더 효과적일 것이다. 우수명(2006)은 네트워크 강화요인을 다음과 같이 8가지로 보고 있다.

① **소통과 상호작용** : 각 구성원, 조직들과 소통하면서 건강한 상호작용은 네트워크를 더욱 견고하게 한다.

② **상호 의존성과 자율성** : 네트워크는 자율성에 기초하되, 협력기관과 조직 등에 대해서 종속화되지 않는 의존의식을 가질 때 더 강화될 수 있다.

③ **공유된 가치와 언어(멤버십과 유대감)** : 공유되는 가치는 종교나 이데올로기적 신념, 공동의 목표, 운동의 배경, 전공분야 등을 통하여 나타난다. 특정 전문가들이 사용하는 전문용어로 소통하는 것을 볼 수 있다. 그들은 그들만의 언어를 사용하면서 친밀감을 향상시키고, 네트워크를 강화시킨다. 견고한 네트워크일수록 그들만의 고유한 공유된 의식을 갖게 된다. 단, 이때 가치나 언어적 폐쇄성이 지나치면 오히려 네트워크에 독이 될 수 있기에 조심해야 한다. 무엇보다 중요한 것은 지역사회 공동체가 무엇을 지향하는 것인지에 대한 공유와 왜 네트워크를 해야 하는지, 무엇을 위한 네트워크인지를 확인하는 것이다.

④ **공통의 관심사와 이익** : 공통의 관심사나 이익(이권)은 서로 다른 가치를 가졌던 기관 혹은 조직이었더라도 네트워크를 하도록 만든다. 이는 매우 현실적인 과업을 달성해야 하기 때문이다. 가치가 달라도 어떤 공통이슈 중심의 연대가 가능한 것은 지향하는 것과 관심 갖는 것이 일치할 수 있는 것이나, 가치가 다른 공통의 관심사는 관심사의 해결 이후 해체되기 쉽기에 그 관계를 지속하기 위해서는 이슈를 개발하는 등의 노력이 필요하겠다.

⑤ **조정자 혹은 리더의 존재** : 네트워크의 핵심을 이끌어갈 리더 혹은 조율하는 조정자가 있으면 그 네트워크는 강화된다. 자발적인 모임이라도 조율하고 조정하는 사람 없이 결정을 내려야 할 때에 제대로 추진하지 못하고 우왕좌왕한다면, 이런 네트워크는 해체되거나 단순한 친목집단으로 전락하게 될 수 있기에 조정자와 리더가 필요하다.

⑥ **민주주의와 참여의식** : 민주주의 방식으로 참여하는 것은 책임이면서도 성숙한 참여이다. 네트워크를 통해 권력을 얻으려하지 않으면서도 구성체로서의 참여의무에 관심이 더 많다면, 네트워크는 강화된다. 이는 구성원들의 인격적 성숙과 관련되기 때문에 교육, 필요성에 대한 인식 등을 위한 노력이 필요하다.

⑦ **사회적 강제 혹은 조건** : 지역사회복지협의체, 교육복지협의체 등의 네트워크는 자발성보다는 외적 조건의 영향이 더 큰 경우에 강화될 수 있다. 그러나 이것은 단지 필요조건이지 충분조건은 아니기에 상호 소통을 기반으로 형성되어야 하겠다.

⑧ **개방성과 변동성 이해** : 네트워크의 내부와 외부의 경계는 불명확하고, 일정하게 유지하는 것이 어렵다. 때로는 시작하기도 전에 끝나기도 하고, 또 다른 형태로 진화하기도 한다. 네트워크는 현 상태에서 고정된 형식이 아니기에 그 자체가 과정이 된다. 따라서 네트워크를 통해 당장의 실적을 기대하는 것은 네트워크를 제대로 이해했다고 할 수 없다. 네트워크가 갖고 있는 개방성과 변동성을 이해하고 좀 더 큰 관점과 긴 시각으로 접근할 때 네트워크의 지속가능성이 높아진다.

핵심포인트

- 학교 내 사회복지실천가는 지역사회 이해를 위해 지역사회를 조사하는 과정 속에서 자원목록을 만들고, 지역사회 지도를 그리면서 개입하려는 지역사회에 대해 정확한 이해뿐 아니라 합당한 개입방안 실마리를 찾아낼 수 있어야 하고, 수시로 지역사회 조사를 지역 이슈에 대해 끊임없이 고민하고, 해결하려는 노력이 필요하다.
- 지역사회 네트워크를 강화시킬 수 있는 요인을 잘 파악하여 지역사회 네트워크의 강점과 더불어 더욱더 계발할 강화요인들을 분석 · 활용한다.

2. 학교와 지역사회 네트워크 실천

우리 사회의 양극화 현상은 사회적 평등과 통합을 어렵게 할 뿐만 아니라 빈곤의 대물림을 초래하여 사회복지 급여에 대한 의존인구를 증가시킴으로써 사회비용을 증가시키고 있다. 따라서 일자리 창출을 통해 저소득층의 자활을 지원하여 소득을 증가시키는 등 사회보장정책을 통해 빈부격차를 단계적으로 줄이면서 동시에 보다 장기적으로는 빈곤의 대물림을 예방하기 위한 공교육제도를 개선하는 것이 시급하게 요청되고 있다. 아동이 비록 빈곤한 가정에서 태어났다하더라도 교육의 출발점부터 발달단계별 신체 · 심리 · 사회적 지원을 제공받음으로써 평등한 교육기회를 보장받고 즐거운 학교생활을 통해 자신의 능력을 최대한 계발하여 사회보장에 의존하지 않고 자립할 수 있는 성인으로 성장하도록 돕는 것이 무엇보다도 중요하다(이혜원 · 우수명, 2005).

학교는 정형화된 구조의 교육환경을 제공하고, 지역사회는 사회화와 배움의 중요한 기회를 제공하고 있기에 아동 · 청소년 대상으로 하는 지역기관 프로그램은 그들에게 삶의 기술과 권한을 증진시켜야 하고, 아동 · 청소년의 방과 후 여가시간을 통해서는 지역사회와 성인들과의 소통이라는 측면에서 서비스가 제공되어야 한다. 방과 후 시간은 학생들의 능력을 발전 · 육성하는 긍정적인 활동의 기회가 되기도 하지만, 동시에 비행, 반사회적인 활동 등과 같은 부정적 활동에 접촉할 기회가 늘어나기도 하는 곳(Borden & Perkin, 2006)이기에 학교를 둘러싼 지역사회는 학생들이 성장하는 데 결정적인 영향을 미치는 곳으로 중요한 역할을 수행한다. 그러나 그동안의 교육정책은 학생들에 대하여 학교라는 시스템 안에서만 관심의 대상이 되었을 뿐 학교 밖의 지역사회라는 성장환경에 개입할 여지나 노력이 부족하였다(서울특별시 교육청, 2010). 한편 지역 내 기관은 네트워크를 통하여 자신들에게 이로운 점도 있어야 하기에 학교는 좀 더 지역사회에 다가가려는 노력이 필요하고, 지역사회 또한 학교와 함께 학생의 성장에 대한 책임을 공유해야 할 필요가 있다. 따라서 학교 내 사회복지실천가는 지역사회 네트워크 구축의 의미를 지역사회 변화와 교육력의 회복력에 두어야 하겠다. 이에 학교와 지역사회 네트워크의 이해를 위한 학교와 지역사회 네트워크의 특징과 학교와 지역사회 네트워크 구축을 위한 각 활동과 역할들에 대해 단계별로 알아보고, 그 과정 속에서 슈퍼바이저는 슈퍼바이지에게 어떤 슈퍼비전을 해야 하는지를 사례에 적용해 보면서 제시해 보고자 한다.

1) 학교와 지역사회 네트워크의 이해

교육주체로서의 지역사회 역할은 우리의 전통사회에서 찾아볼 수 있는데, 전통사회에서는 자기 완결적인 생활공동체로서의 지역사회가 살아있었기에 가족이 가족연합체로서 지역주민이 청소년들의 교육을 담당하였다(이혜영, 2006). 여러 사회적인 현상과 맞물린 가정붕괴, 공교육의 위기는 교육주체로서의 지역사회를 더욱 필요로 하게 되었다. 특히 공교육의 약화로 인해 일어나는 교육문제를 해결하기 위해 학교가 지역사회의 여러 기관들과 협력해야 한다는 주장은 1960년대부터 제기되어 왔다. 학교가 지역사회와 연계협력하여 아동 · 청소년에게 통합서비스를 제공해야 하고, 특히 생활 및 교육환경이 열악한 지역에서 더 강하게 대두되었는데, 이러한 통합서비스가 제공되어야 한다는 것을 뒷받침하고 있는 근거는 Crowson & Boyd(1993)의 세 가지 이론으로 보면 아래와 같다(안병렬, 2009).

① **생태학적 관점** : 가정－학교－지역사회는 서로 얽혀있어서 여러 사회서비스 간의 연계가 매우 중요한데, 예를 들면, 빈곤지역 학교에서는 맞벌이가정 아동 혹은 부모의 방임, 경제적 어려움으로 제대로 끼니를 먹지 못하는 아이들이 학습부진의 경우가 많기에 학교와 지역사회가 연계하여 아침식사

를 거르는 아이들에게 아침식사를 제공하는 것, 교육적 · 심리학적 측면에서 학교 주변 공원이나 오락시설의 중요성을 강조하는 것 등이 바로 이 생태학적 관점에 의해 개입되고 있다.

② **교육을 투자로 보는 관점** : 아동 · 청소년을 둘러싼 환경이 좋지 않은 경우 이들에 대한 교육투자가 주거 · 건강 · 영양 · 가정의 안정 그리고 지역사회의 발전을 위한 투자와 병행하지 않는다면 효과를 내기 어렵다. 따라서 학교와 그 지역 내 기관들의 파트너십이 강조되고, 학교를 개선하기 위해 공공투자를 넘어서는 투자가 이루어져야 한다. 특히 빈곤지역에서는 다양한 기관이 몇 안되다보니 학교의 역할은 더욱 중요하다.

③ **아동발달 관점** : 보육(care)과 교육(education)은 분리될 수 없다는 입장이다. 학교에서는 아동들을 가르치고 학습하는 것이 장시간으로 요구되는 일이기에 두 가지 역할을 수행하기 어렵다. 그러나 전문가들은 아동 발달 측면에서 볼 때, 보육과 교육은 결합되어야 한다고 주장한다. 또한 아동의 발달이 제대로 이루어지기 위해서는 가정과 학교가 분리되지 않으면서 학업 또한 사회적 · 도덕적 · 정서적 발달과도 분리되어서도 안 된다. 학교의 모든 자원을 보육과 교육을 통합하는 데 투입해야 한다. 따라서 학교의 보육과 교육을 위한 서비스는 가정과 지역사회의 보육과 교육을 위한 서비스와 연계될 필요가 있다.

2) 학교와 지역사회 네트워크 구축

정보화와 지식사회로의 이행과정 속에서 아동 · 청소년의 전인적 발달에 영향을 미치는 환경적 맥락요소로 지역사회 역할은 더욱 중요시되고 있다. '한 명의 아이를 키우려면 온 마을이 필요하다'는 속담이 있듯이 지역사회라는 환경적 맥락은 아동 · 청소년들이 어디에서 누구와 시간을 보내는지, 어떤 상호작용으로 어떤 경험을 하는지에 따라 자아정체감 형성과 자존감 발달 등의 발달과업에 영향을 준다. 특히 저소득 지역의 아동·청소년들은 일반가정 환경보다 가정-학교-지역사회 등에서 상대적으로 대인관계의 어려움, 심리-정서적 문제와 더 나아가 학교부적응과 학습부진 등의 어려움을 보이고 있다. 또한 빈곤 아동·청소년들은 경제적·사회적·문화적 자원으로부터 소외되고, 저소득 지역일수록 환경은 더욱더 열악한 자원, 정보 등으로 인해 점차 교육성취의 수준이 낮아지고, 삶의 질이 떨어지게 된다. 그러므로 학교와 지역사회는 아동·청소년들에게 가정-학교-지역사회를 이어주는 안전그물망이 되는 통합적 지원체계를 확보하여야 한다. 이러한 안전그물망을 만들기 위해 학교 내 사회복지실천가는 지역사회 네트워크 구축을 위한 중개자, 매개자, 옹호자 등의 역할을 할 수 있어야 한다. 단, 지역사회기관의 상황에 대한 이해가 부족한 상태에서는 소통과 협업을 할 수 없다. 결국 함께하는 기관도 학교와 네트워크를 통해 기관에서 수행하는 사업의 목적과의 적합성, 그리고 그에 따른 성과를 얻을 수 있는 잇점이 있어야 협업이 이루어질 수 있다. 따라서 학교는 좀 더 지역사회에 접근성을 높여 다가가려는 노력이 필요하고, 지역사회도 학교와 함께 학생들의 성장에 대한 책임을 함께 할 수 있는 가치와 비전을 만들어 가는 과정이 필요하다.

또한 학교 내 사회복지실천가는 지역사회와 함께 소통하고, 협업하여 교육복지 네트워크 구축을 위한 업무와 관련되어 이루어지는 원칙과 윤리 속에서 올바르고 원활한 소통 등에 대한 조언과 자문, 그리고 자신의 성찰을 하는 것이 필요하다. 슈퍼바이저는 이러한 과정에 대한 점검이 슈퍼비전을 통해 이루어질 수 있도록 준비해야 한다.

따라서 학교와 지역사회 네트워크의 구축이 어떻게 되어야 하는지부터 알아보고, 학교 내 사회복지실천가가 갖추어야 하는 윤리와 철학을 기본으로 슈퍼바이저 자신의 경험을 통한 노하우와 지식과 이론을 네트워크 구축과정에서 발생될 수 있는 몇 가지 사례에 적용하면서 어떤 슈퍼비전을 해야 할지에 대한 해결점을 찾고자 한다.

다음에 제시된 교육복지 네트워크 구축에 대한 기본 내용은 지역기반형 교육복지(투자)우선지역지원사업 운영매뉴얼 중의 일부 내용이다. 이 매뉴얼은 서울시 교육청에서 학교와 지역사회가 해당 사업을 7년간 실행하면서 교육복지가 지역사회와 함께 해야 하는 사업임을 강조한 것으로, 이 내용을 바탕으로 교육복지 사업이 운영됨을 기본 전제로 하여 제시하고자 한다.

학교 내 사회복지실천가는 |그림 11-1| 에서와 같이 지역사회 네트워크 구축의 흐름도를 기본으로 하여 각 단계별 중심이 되는 핵심키워드를 작성한 것이다.

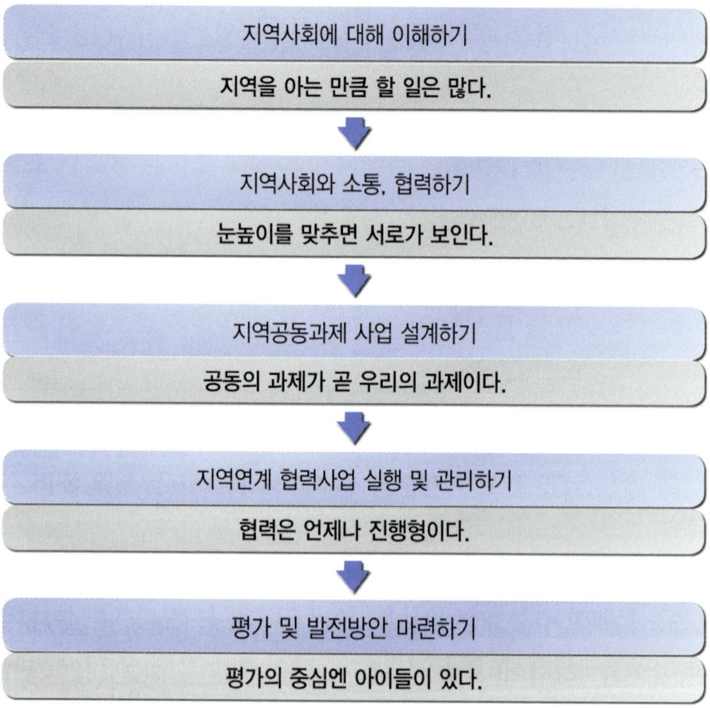

|그림 11-1| 지역네트워크 구축 흐름도

출처 : 서울특별시 교육청(2010). 지역기반형 교육복지(투자)우선지원사업 운영매뉴얼 참조.

(1) 단계 1. 지역사회에 대해 이해하기

학교를 둘러싼 지역사회의 일반적인 현황과 지리적 이해를 바탕으로 지역의 특성을 알아보는 것이다. 앞에서 제시한 지역사회 조사를 위한 지역사회 사정표, 자원조사 사정 성공전략, 지역사회 지도 그리기 등을 참조하여 작성해 보면서 지역사회의 특성을 이해한다.

① 기초자료 수집 : 지역사회에 대한 일반 현황 파악하기

지역사회에 인구학적 특성과 지역의 역사, 지역주민들의 욕구를 알기 위해 기초자료를 수집한다. 아래 〈표 11-3〉을 기본으로 자료를 수집한다.

〈표 11-3〉 지역사회 일반 현황 파악하기 위한 자료 수집내용

구 분	내 용
1. 구정(區政) 현황	– 지역 구청 혹은 읍 · 면 · 동 주민센터 등의 홈페이지에 게시되어 있는 자료 및 자치구 담당자를 통해 자료 수집 – 부서별 저소득 아동 · 청소년 사업운영 현황 – 구의원 및 의원 구성 현황 : 저소득 관련 사업위원회와 위원장, 관련의원 현황 등
2. 교육지원청 현황	– 교육청 지원 저소득학생 지원사업 현황
3. 국가 정책 현황	– 저소득 지원사업 운영 현황
4. 지방자치단체 통계자료를 통한 지역사회 기초 통계자료	– 지역 전체 및 동별 수급자 현황, 연령 현황, 경제활동 현황, 인구분포, 복지계획안, 지역별 1인당 평균 재산세 부과액, 산업구조, 주택상황 등
5. 지역 현황	– 영구임대아파트 및 저소득 밀집 지역 현황 – 지역기관에서 조사한 지역주민 욕구 현황 – 지역사회 사료를 통한 지역의 역사 및 발전 과정에 대한 사료 등
6. 지역사회 저소득학생 인프라 현황	기관 및 단체, 복지시설, 지역사회 네트워크

출처 : 서울특별시 교육청(2010). 지역기반형 교육복지(투자)우선지원사업 운영매뉴얼 재구성.

② 지역사회에 대한 지리적 현황 파악하기

학교와 학생의 집 주변의 보호요인과 위험지역 탐색, 학교와 기관과의 근접성, 학교와 학생, 가정과의 근접성, 주변 탐색 등으로 지리적 현황을 파악한다.

③ 지역사회기관 이해하기

구청, 교육청, 동주민센터, 경찰서, 소방서 등의 관공서, 학교, 유치원, 대학 등과 같은 교육기관, 그룹홈, 보육원, 쉼터 등의 보호시설과 복지관, 아동 · 청소년 관련 기관, 상담기관, 의료기관, 문화시설기관 등이 어디에 위치해 있고, 어떤 서비스가 있는지에 대한 정보를 수집한다.

다음의 사례예시는 한 지역에서 지역사회 이해를 위해 지역기관들과 함께 매뉴얼을 만드는 것을 목적으로 사업을 한 것이다. 현황 조사를 통해 지역사회기관 내 조직원들과의 자연스러운 소통과 협업이 이루어짐을 알 수 있다.

● 사례예시 : 학교와 지역사회 네트워크로 지역 성장 안전망 현황 조사

목 적	1) 지역의 동별 아동 · 청소년의 다양한 인적 · 물적 자원 실태를 파악하여 공유 2) 아동 · 청소년을 위한 학습 · 문화 · 정서 · 복지영역에 필요한 자원 발굴을 통해 지역연계 협력의 질적 성장을 추구
목 표	1) 지역의 다양한 자원 실태를 파악 ① 지역의 아동 · 청소년과 관련한 지역사회기관, 대학, 관공서, 전문기관의 지원 현황 파악 ② 매뉴얼 제작과 보급을 통해 자원 공유 2) 지역 아동 · 청소년 영역에 필요한 자원을 발굴 ① 기존의 지역 자원과 학교별 · 기관별로 진행되고 있는 다양한 자원들을 체계적 정리 ② 사업의 영역별로 필요한 신규자원들을 발굴
실시 기간	2○○○. 4 ~ 2○○○. 7
대상 및 인원	○○지역 내 지역사회기관, 대학, 관공서 및 서울지역 전문기관 총 100개 내외

세부 내용	1) 지역조사 위원회 운영(4~5월) – 매뉴얼에 들어갈 기관 및 자료 선정 – 매뉴얼 구성안 논의, 역할 분담 2) 지역기관 프로그램 및 자원 조사 – ○○구 및 서울 지역자원 조사 – 교육복지학교 연계 자원 조사 – 방문을 통한 기본 조사 및 협의회 실시 – 인터넷 및 여러 자료들을 통한 정보 수집 3) 매뉴얼 편집(7월) : 매뉴얼 구성안에 맞게 편집/ 자료수정 · 보완

출처 : 서울특별시 교육청(2010). 지역기반형 교육복지(투자)우선지원사업 운영매뉴얼.

(2) 단계 2. 지역사회와 소통 · 협력하기

아동 · 청소년을 바라보는 관점, 가치 등에 대해 학교와 지역사회는 같은 목적과 비전을 갖고 서로를 이해하고 협업해야 한다. 학교 안과 학교 밖에서 지원하는 안전망을 통해 아이들은 성인에 대한 신뢰와 자신들이 속해있는 지역사회에 대한 자부심, 세상과 소통하는 방법 또한 알아갈 것이다.

① 지역사회기관 및 지방자치단체와의 관계 맺기

- **지역 연계협력의 목적 인식, 공유** : 지역사회의 욕구와 이슈 그리고 연계협력의 목적을 함께 공유한다.
- **서로 이해하기** : 지역사회에서 여러 기관들의 행정절차, 전통, 그리고 미션 등에 대해 수용한다.
- **연계협력을 위한 세밀한 계획 세우기** : 지역사회기관, 조직과 함께 연계협력의 목적과 부합되는 지점을 찾아 상호 보완적인 관계를 형성한다.
- **꾸준한 소통** : 공식적 · 비공식적 회의와 더불어 다양한 소통은 꾸준히 하는 것이 반드시 필요하다(예 업무시간 외 스터디 모임, 통합 사례회의 등 주기적인 만남을 통한 소통).
- **갈등관리** : 다양한 기관들과 연계하다 보면 상반된 견해와 입장의 차이를 보

일 수 있다. 이때 클라이언트에게 좋은 영향을 주어야 하는 것이면서 클라이언트의 자기결정권 존중, 생명보호, 기관의 정책 준수, 비밀보장 등의 사회복지의 윤리에 근거한 원칙을 잊지 말아야 한다. 또한 학생에 대한 비전을 공유하면서 궁극적인 목적을 상기하여 갈등을 해결해나간다.

- **기초자치단체와 함께하는 협의회 운영** : 공식적인 협의회를 통해 지역 내 교육문제, 사업에 대한 투자, 지역사업 발전방향에 관한 이슈를 건의하고 논의한다.
- **지방자치단체의 복지, 문화, 청소년 등 담당부서와 연계체제 구축** : 지역아동센터, 소외계층 평생교육사업, 청소년 문화활동 등에 연관된 실무자뿐만 아니라 담당하고 있는 지역 담당부서와의 연계를 통하여 필요한 자원을 제안하고 지역 네트워크를 만들어간다.
- **지방자치단체와 협력** : 학교 및 지역기관에서 연계할 수 있는 프로그램을 확인하고 프로그램의 질적 향상을 위한 방안을 마련한다.

② 소통구조 만들기

- 네트워크 사업 초기에 학교 내 사회복지실천가는 지역 내 협의구조 또는 협의체 구축에 더욱 관심을 기울여 지역사회복지협의체, 교육복지 네트워크 협의회 등을 통해 자신의 학교를 홍보하고, 적극적으로 참여한다.
- 지역사회 내 협의회의 목적과 성격에 따라서 다양한 영역의 전문가 및 실무자가 적극 참여할 수 있도록 구조화하고, 협의의 효율성을 높이기 위해 구성원 수를 너무 많지 않게 한다.
- 협의회의 구성원은 지역의 사업방향이나 내용 등에 대해 실질적으로 협의와 결정을 할 수 있도록 기관의 대표성을 띨 수 있어야 하며, 기관에서 협의 · 조정할 수 있어야 한다.
- 협의회에서는 비전을 공유하고 사업의 취지와 목적에 대한 합의, 회원들의 소통을 위한 다양한 워크숍, 연수 등으로 구성원의 자발적인 동기부여를 위한 노력이 있어야 한다.

- 국가 정책에 따른 네트워크 활용 : 주민자치(동주민센터) 활용, 지역복지협의체(대표협의체, 실무협의회, 실무분과 협의회), 위기 청소년 통합지원체계 CYS-NET(청소년지원센터), 정신건강 관련 네트워크(자문위원회, 운영위원회), 드림스타트 등과 네트워크를 형성한다.
- 지역사회의 자생적인 네트워크 활용 : 지역 내 민간기관으로 자생, 형성된 지역아동센터 협의회, 민간단체 네트워크, 사회복지관 연합, 방과 후 교실협의회 등과의 소통은 매우 중요하다.

  사례 : 학교 내 사회복지실천가는 지역아동센터 아동 모집 시 지역아동센터 협의회와 네트워크를 통해 초등학교에서 가정통신문을 각 가정에 보내어 지역 내 다양한 지역아동센터에 대한 정보를 주고, 모집홍보 후 방과 후 돌봄이 필요한 가정과 지역아동센터를 연계하여 가정과 지역아동센터 각 욕구에 적합한 서비스 지원을 하였다.

적용해 보기

■ 연계 기관과의 소통과 협약을 통한 원칙 설정하기

슈퍼바이지는 지역 내 A기관과 연계하여 방학 프로그램을 진행하게 되었다. A기관에서는 기관 실습생이 프로그램을 진행하고 있고, A기관에서는 실습생을 학교에 배치하고서는 슈퍼비전을 주지 않고 있다. 실습생은 프로그램 진행이 미숙하여 아이들과 잦은 갈등도 있고, 프로그램에 참여하는 아이들의 참여율이 저조하다. 슈퍼바이지는 A기관과 실습생에게 어떻게 해야 할지 고민하면서 슈퍼비전을 요청했다. 슈퍼바이저는 어떤 슈퍼비전을 해야 할까요?

다음에 제시한 자료는 슈퍼비전 시 활용하면 좋은 설문도구이다. 슈퍼바이저는 슈퍼바이지와 함께 설문문항을 체크, 검토하면서 슈퍼바이지의 강점을 찾아 지지와 격려를 하고, 슈퍼바이지가 계발해야 할 부분을 발견하면서 반성과 성찰을 통해 성장하는 슈퍼비전이 될 것이라 기대한다.

Tip 슈퍼바이지의 자기 수행 정도 파악하기

■ 네트워크 신뢰 정도를 알기 위한 설문

내 용	매우 그렇지 않다	약간 그렇지 않다	약간 그렇다	매우 그렇다
1) 지역사회 네트워크 사업은 지역사회 내에 적절하게 그 역할과 기능을 수행하고 있다.				
2) 나는 교류하고 있는 동료들의 업무능력을 대체로 인정한다.				
3) 업무와 관련하여 어려움이 있을 때 언제든지 도움 요청할 수 있는 자원이 있다.				
4) 업무와 관련하여 어려움이 있을 때 언제든지 도움을 요청할 수 있는 선배, 친구가 내 주변에 있다.				
5) 나는 지역의 동료들과 업무에 대하여 솔직하게 얘기 한다.				
6) 나는 지역의 동료들과 개인적인 삶에 대하여 터놓고 얘기한다.				
7) 나는 지역사회가 앞으로 나아갈 방향에 대해 동료들과 자유롭게 얘기한다.				
8) 내가 만나고 있는 사람들은 나와 비슷한 목표를 가지고 있다.				
9) 업무와 관련하여 협조요청을 받으면 나는 기꺼이 협조한다.				
10) 나는 업무상으로 만나서 관계를 맺고 있는 사람들을 대체로 존경하는 편이다.				
11) 내 주변에는 사회적인 가치나 공익을 중요시 여기는 사람들이 많다.				
12) 나의 업무상으로 만나는 사람들은 대체로 열정적이며 진심으로 네트워크에 참여한다.				
13) 나의 업무상으로 만나는 사람들은 대체로 성실함과 책임감을 가지고 네트워크에 참여한다.				

출처 : 연세대학교 사회복지연구소 · 한국사회복지행정학회(2009).

(3) 단계 3. 지역 공동과제사업(공동사업) 설계하기

학생들의 삶의 질을 향상하고, 가정–학교–지역사회에서 건강한 삶을 살 수 있도록 교육복지서비스를 지원하기 위해 지역사회와 학교는 네트워크를 하게 된다. 학교가 위치한 지역에서 같은 내용의 지역공동체 과제를 할 때에 각 지역의 인프라 현황, 담당자의 준비 정도, 지역사회와 학교와의 네트워크 정도 등에 따라 같은 내용이라 할지라도 다양하게 적용되어 진행하는 사업의 그 내용이 다를 수 있다. 이때 중요한 것은 지역과제의 우선순위를 정하고 그 과제를 누구와 어떻게 해결할지 전략을 모색하는 것이 필요하다. 우리 지역의 인프라 현황을 점검하여 저소득 아동 · 청소년의 건강한 성장을 위한 안전망을 도식화해 보고, 이를 다각적인 측면에서 분석하여 지역과제를 설정할 수 있다. 이러한 부분은 지역사회 이해를 통해 이루어질 수도 있고, 한 과제를 위해 새로이 TF팀을 만들어 해당 이슈에 맞는 과업을 통해 지역과제를 도출하고, 우선순위를 정하고 장기 혹은 단기 등의 시행기간을 정하고, 네트워크 기관의 역량에 따른 역할을 분배하여 문제를 어떻게 풀어나갈지를 설계한다.

다음 〈표 11–4〉와 같이 지역에서 공동과제를 설계하기 위해 4단계로 구분할 수 있다. 그 첫째는 지역자원을 조사하여 분석하는 단계이다. 이 단계에서는 지역욕구를 파악하여 공동과제를 수행하기 위한 지역자원을 조사하는 것으로 그 목적을 명확히 하여 수행해야 한다. 다음 단계인 지역욕구를 조사하고 분석하는 단계에서는 대상 학생, 그리고 그 가족과 더불어 이들과 관련되어 있는 지역기관에 종사하는 담당자들을 통해 욕구조사를 실시한다. 지역자원과 욕구조사를 바탕으로 하여 마지막 단계인 지역의 역량을 기반으로 하는 단기, 중기 , 장기와 같은 단계적으로 과제를 선정하여 지역기관의 역량, 전문성을 기반하여 공동과제의 운영방식을 설정한다.

〈표 11-4〉 지역공동과제 사업 설계

단계		내용	전략
1	지역자원 조사 및 분석하기	• 지역자원 조사 • 개별기관에 대한 분석 • 생애주기별 자원 분석 • 지역별 자원 분석 • 인적자원 및 네트워크 분석	• 지역 조사의 목적을 명확히 하여 인적·물적 자원 실태를 파악하여 공유(예 매뉴얼 제작, 보급) • 지역사회기관을 구조화하여 인적 자원 네트워크 분석
2	지역욕구 조사 및 분석하기	• 저소득 아동·청소년 사업담당자를 통한 욕구조사 • 대상 학생 및 가족 욕구 조사 • 문헌 및 각종 현황 자료를 활용한 욕구조사	• 대상 학생과 그 가족의 욕구조사 : 가정방문을 통한 설문지 작성과 개별 인터뷰, 상담 및 프로그램 평가회를 통한 욕구조사 • 지역기관 중 아동·청소년을 대상으로 사업을 담당자들을 통한 욕구조사를 통한 분석
3	지역과제 설정하기	• 지역(구) 전체 차원의 과제와 지역(동)별 과제 • 단기과제와 장기과제 • 학교 차원의 과제와 지역사회기관 차원의 과제 • 인프라 구축에 대한 과제와 사업내용에 따른 과제 • 인적자원의 역량강화에 대한 과제	• 지역의 역량을 기반으로 하는 지역과제 설정 • 지역과제는 단계적으로 통합적으로 접근 : 단기, 중기, 장기로 단계적으로 과제 선정 • 지역사회 발전을 위해 자발적인 동기 부여 : 지역 내 이슈 공론화하기 위해 캠페인, 포럼 등 개최
4	과제사업 운영방식 설정하기	• 센터중심의 사업 운영(1기관 주관) • 공동의 과제사업을 여러 기관이 주관·운영(다기관 주관) • 공동의 과제사업을 교육청이 운영(교육청 주관) • 1기관이 주관하고 1기관 이상이 공동기획 및 운영(다자간 협력사업) • 타 부처, 각종 재단 펀드를 활용한 사업 기획 및 운영	• 각 기관의 전문성을 고려하여 효과적으로 공동과제사업을 진행한다(예 여러 기관에서 같은 사업을 하는 것보다 잘 하는 기관에 해당 사업 몰아주기). • 공동과제를 여러 기관이 함께 할 경우 기관 이기주의에 빠지지 않게 주관, 주체, 운영 등의 역할 합의 필요

출처 : 서울특별시 교육청(2010). 지역기반형 교육복지(투자)우선지원사업 운영매뉴얼 재구성.

〈표 11–5〉는 1단계인 지역자원에 대해 안전망을 기준으로 조사하여 관련기관과 그 해당 사업내용을 분석하는 조사양식이다. 1차 안전망은 일상적인 돌봄을 위한 자원을 제공할 수 있는 기관, 2차 안전망으로는 문화와 예술, 진로교육 등의 정서 및 문화를 지원하고, 3차 안전망으로는 전문화된 욕구를 해소하기 위해 개별적으로 전문적인 정신건강이라든지 성문제 등의 상담 및 치료기관 및 사업 등으로 구분하여 기관을 조사할 수도 있다.

〈표 11–5〉 안전망에 따른 지역사회기관 조사

구 분	관련기관	사업내용
1차 안전망 (일상적인 돌봄 및 교육)	복지관, (야간) 방과 후 교실, 청소년 교실, 지역아동센터, 구청 및 동주민센터, 보건소 및 건강지원 관련기관	방과 후 보육 및 교육, 야간보호 및 교육, 결식지원, 건강지원
2차 안전망 (정서 및 문화)	청소년수련관, 청소년 문화의 집, 청소년문화 관련단체, 청소년 자활지원관, 학교 및 지역 도서관, 책시민연대	문화 · 예술 지원, 진로교육, 멘토링 지원
3차 안전망 (개별학생에 따른 전문적 지원)	정신보건센터, 청소년상담실, 각종 상담센터, 건강가족지원센터, 쉼터 및 그룹홈, 성문제 및 학대 관련기관	장애아동 지원, 대안교육 및 쉼터, 새터민 지원, 정신건강 지원, 위기학생 관리, 상담 및 치료

출처 : 서울특별시 교육청(2010). 지역기반형 교육복지(투자)우선지원사업 운영매뉴얼.

다음 사례는 지방자치단체 협력을 위하여 대응투자를 유치하기 위한 사업을 시행한 것이다. 연계와 협력 추진과정을 보면 수년간의 계획, 협의를 통해서 이뤄지고 있음을 볼 수 있다.

● 사례예시 : 지방자치단체 협력을 위한 네트워킹

사업명	기초 지방자치단체 교육복지우선지역지원사업 대응투자 유치
사업 기관	ㅇㅇ구청/ 교육정책과 학교환경 개선팀(구 행정지원과 학교지원팀)
사업내용	본 사업 관련 ㅇㅇㅇ원의 민간 경상이전사업 예산 확보

사업지원 기관 (학교, 지역기관)	ㅇㅇ아동위원협의회, ㅇㅇㅇㅇ종합사회복지관, ㅇㅇ마을사람들, ㅇㅇ아동청소년 센터, ㅇㅇ종합사회복지관, ㅇㅇ열린학교, ㅇㅇ종합사회복지관, ㅇㅇ시민회, ㅇㅇ청소년문화공동체
사업연계 · 협력 추진경과 (과정)	2003~2004년 : 지방자치단체 경상이전사업으로 교복투사업 지역사회 네트워크 사업을 진행하여 ㅇㅇ구청의 협력 및 대응투자를 유치하고자 하였으나, 실질적인 연계가 이루어지지 못하여 2005년부터는 교육청에서 민간 경상이전사업의 형태로 지역사회기관과 사업을 진행함 2005~2007년 : 교복투 지역사업 운영협의회에 ㅇㅇ구청 학교지원담당자를 참여시키고 구청 내 유관사업과도 연속적인 연계를 가짐 ■ 2007년 7~8월 : 지방자치단체 협력 방안 협의 • ㅇㅇ구청 행정지원과 학교지원팀 면담 수시 진행 • 교복투 사업취지 공유, 2003년부터의 추진경과 및 성과 브리핑 ■ 2007년 9월 : 2008년 대응투자 범위 및 방법 협의 • 교육청 학교 현장 전담팀 – 구청 학교지원팀 진행 • ㅇㅇ구청 민간 경상이전사업비 중 교육복지 투자우선지역 지원사업 항목 지원(안)으로 추진 합의 ■ 2007년 10~11월 : 2008년 대응투자 ㅇㅇㅇ원 확정 추진 • 지역 내 기관장 회의 시 교육장, 구청장 협의 진행 • 구의회 부의장 면담 : 프로젝트 조정자, ㅇㅇ지역복지 네트워크 간사 • 학교 및 지역사회 의지 표명 : ㅇㅇ구청 담당자가 '지역 내 학교 및 기관 실무자 대상 2008년 제2라운드를 위한 비전 투어 워크숍'에 참여하여 지역 내 의지 확인 ■ 2008년 2~3월 : 2008년 민간 경상이전사업 추진계획 협의 • 교육청 교육복지 전담팀 – 구청 학교지원팀 사업공모 및 추진은 교육청 주관, 예산은 교육청과 구청이 각각 교부, 심의 및 평가는 공동진행하기로 합의 ■ 2008년 4월 : 사업 협약 체결 • 교육청 – 구청 협약, 교육청 – 구청 – 민간 경상이전사업 기관 • 각 기관의 역할 및 업무협조 관련 세부사항 협약 ■ 2009년: ㅇㅇ구청 연계확대 • 대응투자예산 ㅇㅇ원 증가 : ㅇㅇㅇ원에서 ㅇㅇㅇ원 • 2008년부터 프로젝트 조정자가 참여하던 ㅇㅇ구청 청소년위원회(ㅇㅇㅇ과)에 지속적으로 참여하며 유관사업 협조 증가
연계 · 협력의 어려운 점	교복투사업의 취지 및 필요성, 지방자치단체의 역할 인식 진행과정

향후 추진 및 활성화 방향	안정적인 대응투자예산 유치 앞으로 최소 ○○○원의 민간 경상이전사업 예산 확보 예상 지역 내 취약계층 아동 및 청소년 관련 인프라 구축 추진 야간 보호시설, 청소년 학습 · 문화시설 추진 아동 및 청소년, 취약계층 사업의 통합 지원망 구축 추진 유관사업 조사 및 자원 목록화, 학교 · 지역사회기관 안내 진행
시교육청 지원방안	서울특별시와의 안정적 협력체계 구축 및 유지 서울시 연계사업(서울시 청소년 문화수련활동) 확대 서울시 취약계층 사업안내 및 교육 시 교복투사업 홍보 진행(기초지장사업 실무자의 사업인지도 확대 필요)

출처 : 서울특별시 교육청(2010). 지역기반형 교육복지(투자)우선지원사업 운영매뉴얼.

(4) 단계 4. 지역연계 협력사업 실행 및 관리하기

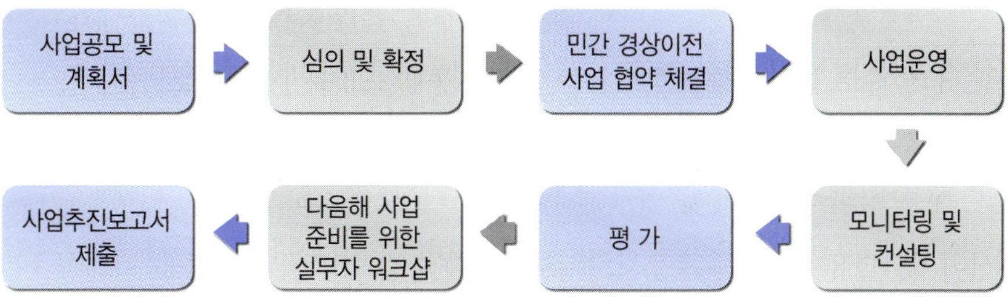

|그림 11-2| 지역연계사업 실행과정

출처 : 서울특별시 교육청(2010). 지역기반형 교육복지(투자)우선지원사업 운영매뉴얼.

① 사업공모 및 계획서

지역사회기관 및 학교와의 간담회 및 전년도 사업평가를 바탕으로 해당연도 사업추진방향을 설정하고 공문을 통해 지역사회와 공유한다. 그리고 사업계획을 위해 함께할 기관 및 사업방향, 내용, 각 기관의 역할을 논의하면서 사전 조율하여 공문으로 사업계획서를 제출한다.

② 심의 및 확정

제출된 사업에 대해 심의위원회를 구성하여 해당연도 사업추진방향, 전해 년도 평가를 반영하여 심의방향과 심의내용 확정, 사업의 발전전망, 네트워크 구성, 사업의 질을 높일 수 있도록 사업에 대해 심의·의결·확정하여 공문을 통해 통보한다.

③ 민간 경상이전사업 협약 체결

사업에 대한 상세한 정보(기간, 정산방법, 사업예산 규모, 예산 및 사업 변경절차, 모니터링 및 컨설팅, 평가계획 등)의 사업계약서 및 경상이전사업 운영계획 등을 통해 사전에 공지되고 공유되어야 한다.

④ 사업운영

효과적이고 효율적인 사업운영을 위해 정기적인 모니터링과 협의체 회의 등을 통한 공식적인 의사소통 채널을 구성하여 기관과의 협력적 관계를 유지해야 한다.

⑤ 모니터링 및 컨설팅

사업담당자와 함께 협의회, 기관방문, 담당자 면담 등을 통해 일상적인 모니터링을 통해 소통이 이루어져야 한다. 외부 자문 혹은 컨설팅도 진행하면 좋다.

⑥ 평가

평가는 지역사회와 네트워크 사업의 내용과 평가방향에 따라 평가보고서 및 평가단 회의를 통해 이루어지고 평가 종결 후에는 평가결과를 공유하고 다음해 사업에 반영해야 할 내용을 논의한다.

⑦ 다음해 사업 준비를 위한 실무자 워크샵

분야별 사업담당자 협의회를 통한 평가결과 공유 및 사업방향 논의한다.

⑧ 사업추진보고서 제출

최종 사업추진보고서를 사업 종료 후 기한 내에 제출한다.

※ 교육청과 일반기관 회계연도 관련해서 기준에 차이가 있음을 유의하자. 기관은 1~12월, 교육지원청은 3월~다음해 2월이기에 기관과 차기 년도 사업을 논의할 때 해당연도 12월 중으로 진행을 해야 하고, 학교와 사업을 논의할 때에는 적어도 해당연도 2월 중까지 마무리를 해야 교육과정과 맞물리지 않고 적절히 배치되어 사업을 진행할 수 있다.

적용해 보기

■ 슈퍼바이지의 지역활동 역량

슈퍼바이지는 지역기관과 연계를 하는데 아주 단순한 지역 네트워크만 하고 있고 적극적으로 일 하기를 꺼려하고 있다.

슈퍼바이저는 슈퍼바이지가 사례관리 시 지역기관에 의뢰할 때 방문도 하지 않고 기관 실무자와 전화통화를 하면서 학생이 어떤 프로그램을 받고 있는지, 그 가정에 자원을 연계하면서 기관들에게 거의 명령조로 하고 있고, 지역기관 연계사업을 할 때 사업비를 수행하는 기관이라는 입장으로 예산집행기관임을 강조하고, 다른 기관을 무시하는 등 여러 부적절한 행동에 대해 지역기관 실무자로부터 전달받았다. 이런 슈퍼바이지에게 어떻게 슈퍼비전을 주어야 할까요?

(5) 단계 5. 평가 및 발전방안 마련하기

평가의 목적은 사업이 잘 수행되었는지, 예산이 적절하게 사용되었는지, 사업 목적이 달성하였는지 등을 알기 위한 것이다. 특히 아동 · 청소년들의 교육복지 서비스에 대해 학교와 지역사회 네트워크 사업은 학생들의 다양한 취약성을 보완할 수 있도록 지역의 다양한 자원과 역할들을 통해 통합적 체계를 갖추는 것이다. 따라서 인적 · 물적 인프라를 구축하는 그 과정을 평가하는 것은 매우 중요한 과정이다. 학교와 지역사회가 네트워크를 구축하면서 지역사회가 지역의 변화, 발전을 몸소 느낀다면 그것만큼 중요한 것이 어디있을까? 그렇기에 평가의 중심에는 항상 클라이언트가 있어야 함을 잊어서는 안 된다. 이러한 평가에 대해 서울시 교육청(2010)에서는 세 가지의 과정을 제시하였다. 슈퍼바이저는 이러한 질문들을 기준으로 슈퍼바이지와 논의하고 평가를 진행한다.

〈표 11-6〉 과정에 따른 평가내용

<table>
<tr><th>과 정</th><th colspan="2">평가내용</th></tr>
<tr><td rowspan="4">사업추진 체계 기반 구축 확인</td><td>지역 현안의 공유</td><td>– 사업의 목적에 대한 가치를 공유하는가?
– 각 기관이 연계협력의 목적을 인식하고 있는가?</td></tr>
<tr><td>소통의 구조 및 협력에 대한 평가</td><td>– 공식 · 비공식적인 상호협조의 흐름을 형성하였는가?
– 사업 운영 시 소통이 원활히 이루어졌는가?</td></tr>
<tr><td>연계 및 사업운영 과정의 적절성과 파트너십</td><td>– 상대방 기관의 사업과 연계절차를 이해하고 있는가?
– 역할분담에 대한 적절성 및 활동내용으로 서로의 장점을 살리고 부족한 부분을 보완할 수 있도록 역할을 분담하였는가?</td></tr>
<tr><td>연계활동 결과의 가치 평가</td><td>– 참여한 기관들은 만족하는가?
– 연계협력 과정 및 사업운영을 통해 얻은 성과와 가치를 공유하였는가?</td></tr>
<tr><td rowspan="2">사업의 실효성 평가</td><td>연계협력을 통한 사업의 효과성</td><td>– 대상자의 변화 정도(목적달성의 정도 측정)
– 대상자의 변화 가능성 정도
– 대상자의 만족도, 참여도, 유익성</td></tr>
<tr><td>사업 운영 및 예산의 효율성</td><td>– 네트워크를 통해서 활용 가능한 자원(인적 · 물적 자원)을 발굴하고 연계하는 것이 쉬워졌는가?
– 연계협력을 통해서 예산과 관계없이 사업이 안정적으로 운영될 수 있는 기반을 마련했는가?</td></tr>
</table>

지역 네트워크의 발전방안 모색	지역사회의 발전을 위한 비전 만들기
	네트워크 내 다양한 사업에 대한 피드백 : 사업의 지향점과 내용, 운영방식 공유하기
	네트워크 운영사업의 성과를 지역사회 내에 홍보 · 전파하기
	간담회, 협의회, 평가회, 워크숍 등을 통해 각 기관의 고민과 문제점을 나누고 부족한 부분에 대해 지원하기
	지역 내 담당자 및 기관장, 지역주민들과의 참여문화 확산하기

출처 : 서울특별시 교육청(2010). 지역기반형 교육복지(투자)우선지원사업 운영매뉴얼.

적용해 보기

■ 지역기관과의 연계활동과 도덕성

슈퍼바이지는 지역기관과 연계사업을 실시하였다. 일 년 동안 사업을 충실히 하고 기관과 협조도 잘 이루어졌다. 이 네트워크 사업은 몇몇 학교와 ○○센터가 함께 진행해온 사업으로 지역에서 활성화되면서 참여하지 않았던 기관에서 합류하기를 원했다. 이에 이제 확대해도 좋을 듯해 합류하여 연계사업을 실시했다. 그런데 그 새로이 연계한 기관이 슈퍼바이지 학교와 실시한 네트워크 사업을 자신의 기관에서 운영한 것처럼 보고서를 작성하여, 기관사례집으로 발표를 했다. 슈퍼바이지는 이 기관에 대해 어떻게 해야 할지를 슈퍼바이저에게 요청하였다.

핵심포인트

학교 내 사회복지실천가는 지역사회 네트워크 구축의 5단계 안에서의 각 핵심키워드를 인지하고 지역사회와 소통하고 협업을 할 수 있어야 한다.

3. 학교와 지역사회 네트워크 구축을 위한 학교 내 사회복지실천가의 전략 및 역할

지역사회 네트워크는 사회적 욕구, 다양한 문제와 상황에 능동적으로 대응하려는 연대적 · 공동체적 활동으로, 학교 내 사회복지실천가는 개인과 지역사회의 욕구에 기반을 둔 전략적 접근과 그 역할을 필요로 하고 있다. 따라서 학교와 지역사회 네트워크 구축을 위한 전략과 역할을 다음과 같이 제시해 보고자 한다.

1) 학교와 지역사회 네트워크 구축을 위한 학교 내 사회복지실천가의 전략

학교 내 사회복지실천가는 학교와 지역사회 네트워크 구축을 통해 교육복지 공동체를 함께 하는 데 있어 둘 간의 특징을 이해하여 전략적으로 접근하는 것이 필요하다. 첫째, 학교와 지역사회 간의 이해가 부족하다는 것이다. 학교가 갖는 특수성과 보수성은 폐쇄적으로 인식되기 쉽고, 또한 현재의 입시 위주의 교육이 교육 본연의 목적을 이루지 못한다는 비판이 있는 것도 사실이다. 그러나 현재 교육복지사업의 중심은 학교에 있다. 학교의 성격과 구조에 대한 이해 없이 교육복지사업이 성공하기는 어렵다. 학교와 의사소통할 수 있는 연결고리를 찾아내는 것이 중요하다(안병렬, 2009). 여러 해를 거듭하면서 학교와 지역사회는 교류하고 공동의 목표를 위하여 네트워크를 구축하는 데 협력하면서 다양하게 변화해왔지만, 아직까지 매우 지엽적이고 학교 내 사회복지실천가의 역량과 학교풍토에 따라 너무도 다양한 형태로 이루어지고 있다. 따라서 학교 내 사회복지실천가는 학교 안에서는 교직원들과 함께 지역사회 네트워크의 필요성에 대해 인식할 수 있도록 연수, 직원회의, 학년회의, 교사 동아리, 신우회, 개별 만남 등의 다양한 소통의 통로를 마련해야 한다. 동시에 외부에서는 교육복지협의체, 지역사회복지협의체 등을 활성화하여 학교와 지역사회가 소통하고 해결해야 할 부분에 대해 공론화하는 전략적 접근을 해야 한다.

둘째, 학교와 지역사회 네트워크는 학교와 지역사회의 욕구 및 자원에 맞게 구성되어야 하며, 지역사회 환경 변화에 적응할 수 있는 융통성이 있어야 한다. 특히 학교와 지역사회와의 네트워크가 한시적으로 끝나는 사업들이 있는가 하면, 다양한 상황 속에서 전년도 사업에 지속적이면서 좀 더 깊이 있게 진행되어야 하는 통합적으로 발전시켜야 하는 사업들도 있다. 이러한 지역사회기관의 연계사업이 체계적이고도 지속적으로 진행될 수 있기 위해서는 사업계획 단계에서 학교와 지역사회기관들이 상호 공조할 수 있도록 협의체를 구성하여 운영하는 등의 지역 네트워크 구축을 위한 노력이 필요하다.

셋째, 학교 내 사회복지실천가는 학교와 지역사회 네트워크를 하면서 예산을 사용하는데 갑 · 을 관계, 즉 서열적인 상부기관 대 하부기관으로 느껴질 수 있는 현상이 발생하여 갈등을 일으키는 경우가 생길 수 있음을 직시하여야 한다. 학교중심으로 이루어지는 예산 사용 시 학교가 상위기관처럼 군림하고자 할 때 지역사회의 기관들이 열의가 떨어질 수 있다. 특히 기관들은 학교 예산으로 하면서도 자신의 기관 예산 혹은 또 다른 기관에 제안서를 작성하여 다양한 인력과 예산을 투여할 수 있기에 대등한 파트너십을 형성할 수 있도록 서로의 전문성을 인정해야 한다. 또한 지도력과 권한의 배분은 갈등을 일으킬 수 있으므로, 계획과정의 처음부터 집단 간의 권한의 한계와 역할 및 책임을 명확히 할 필요가 있다.

넷째, 학교는 서비스 전달을 위해 구체적이고 합리적인 목적을 가져야 하며, 총체적 또는 통합적 서비스의 필요성 대해 비전을 가져야 한다. 이러한 것을 공유한 후 학교 내 사회복지실천가는 네트워크 협력에 있어 서비스 구입과 같은 단순형태의 위탁사업보다는 지역사회와 함께 소통하고 조직화하는 과정 속에서 지역의 자원을 다양화하고, 공동으로 사업을 기획하면서 각 지역기관과 함께 조직의 역량과 내용에 따라 적합한 업무분담을 하면서 사업의 질을 높여야겠다.

다섯째, 학부모, 학생, 지역사회 구성원이나 기관들은 정책이나 실천을 주도하는 데 적극적인 역할을 수행해야 한다. 지역사회와의 네트워크 형태가 대부분 기관중심이고, 지역사회에 다양한 기관이 없는 지역의 경우 실정상 몇 개의 특정 기관에 의존하는 경향이 있었다. 따라서 학교는 가급적 기관과 네트워크 협력에 초점을 두면서 프로그램을 공동으로 개발하고, 운영하는 형태로 나아가야 한다. 학교 내 사회복지실천가는 학교에서의 학부모와 학생, 교사 등의 자원활용과 함께 지역에서의 정신건강증진센터, 청소년문화센터 등 보다 다양한 기관과의 네트워크, 초 · 중등학교 간의 네트워크, 가정과의 네트워크 등 다양한 네트워크를 창출해야 한다.

2) 학교와 지역사회 네트워크 구축을 위한 학교 내 사회복지실천가의 역할

학교 내 사회복지실천가는 학교와 지역사회 네트워킹을 하면서 정체성을 잃지 않고, 그 역할을 분명히 해야 한다. 핵심역할을 제시해 보면 다음과 같다.

① 매개자 역할

학교와 지역사회 네트워크를 형성하면서 학교 안으로 지역사회 조직 구성원 등이 들어온다. 이때 학교로 유입되는 지역사회 구성원들이나 기관들은 학교체계에 대한 이해가 부족하여 복지서비스를 제공하기 위하여 오히려 교육적이지 않을 수도 있는 상황이 벌어질 수 있다. 이럴 경우 사회복지적 목적은 성취되는 반면, 교육적 목적은 간과될 수가 있기에 학교 내 사회복지실천가는 교육의 목적과 분리되어 운영되기 쉬운 지역사회서비스 체계들을 교육목적과 연계시키고 이해시켜 이들 서비스를 통해 교육성과를 높이는 데 기여하도록 돕는 매개자 역할을 하여야 한다.

② 자원 개발자 및 중개자 역할

학교 내 사회복지실천가는 지역사회와 함께 교육복지 공동체를 구성하기 위하여 학교와 학생들의 욕구를 지속적으로 파악하여 필요한 자원을 지역사회 속에서 발굴하고 개발하여 이들을 학생 및 가족과 연계시키는 자원 개발자 및 중개자 역할을 한다.

③ 자원조정자 역할

학교 내 사회복지실천가는 학교와 학생에게 제공되는 서비스나 프로그램의 질, 지속성 보장을 위해 다양한 지역사회 자원들을 조정하고 관리하는 역할을 한다.

④ 촉진자 역할

학교 내 사회복지실천가는 다양한 서비스를 제공받는 학교와 학생, 그리고 그 가족 등이 수동적인 서비스를 받는 수혜자로만 있게 하는 것이 아니라 이들이 기능을 회복하고, 역량이 강화되어 학교와 지역사회에서 책임 있고 의미 있는 역할을 담당하도록 변화시키는 촉진자가 되어야 한다.

⑤ 교육자 역할

학교 내 사회복지실천가는 지역사회 자원의 중요성을 이해하고 지역사회 네트워크 구축을 통해 교육복지 공동체를 형성하는 데 합의하고 적극적인 활동을 할 수 있도록 학교 구성원들의 인식을 전환시키는 교육을 지속적으로 실시하는 교육자 역할을 한다.

핵심포인트

학교 내 사회복지실천가는 학교와 지역사회 네트워크에서 가장 중요하게 생각해야 할 부분이 무엇인지 자기 자신에 대한 성찰과 자신의 강점을 활용한 전략들과 역할을 점검해야 한다.

Chapter 12 프로그램 개발과 평가 슈퍼비전

1. 프로그램 개발과 평가 기본 개요

1) 프로그램 개발과 평가의 단계

프로그래밍 슈퍼비전을 위해서는 기본적으로 프로그램 개발과 평가와 관련한 기본 지식을 확보해야 한다. 다음의 생각해 보기 질문들을 통해서 최근 프로그램의 중요성이 고조되고 있는 맥락과 방향성, 프로그램 개발과 평가의 기본 단계 및 과업을 확인해 보자.

프로그래밍 관련한 기본적인 내용은 본 서에서는 구체적으로 다루지 않고 다음의 생각해 보기를 통해 정리해 보도록 하자.

생각해 보기

- 학교 현장의 프로그램 개발은 어떤 측면에서 중요할까요?
- 당신은 어떤 단계로 프로그램 기획과 평가를 실행하고 있으며, 각 단계별 주요 과업은 무엇인가요?

다음 〈표 12-1〉은 프로그램 개발과 평가의 단계를 PIE(Planning/ Implementation/ Evaluation) 모형에 따라 주요 과업과 실천기법을 정리한 내용이다. 각 단계별 주요 과업과 실천기법에 대한 자기주도적인 학습이 필요하다.

〈표 12-1〉 PIE모형의 단계별 주요 과업과 도구(황성철, 2005 수정)

구 분	기획 · 설계 (planning)	실행 (implementation)	평가 (evaluation)
주요 과업	① 사회문제 분석 ② 욕구 파악 및 조사 ③ 목적과 목표 설정 ④ 대상자 선정 및 개입전략 모색	① 자원 확보 및 관리 ② 기록 및 자료 관리 ③ 모니터링 체계 확립 ④ 서비스 질 관리	① 평가목적 및 계획 수립 ② 평가도구 및 척도 선정 ③ 성과 및 효율성 평가 ④ 평가보고서 작성 · 제출
실천 기법	• 문제분석기법 • 역장분석 • Gantt 차트 • 초점집단 활용 • 브레인스토밍 • 자료 수집 및 종합	• SWOT 분석 • 이해관계자 분석 • 정보체계 관리 • PERT 작성 • 5W1H 체크리스트 • 모니터링 실행 • 슈퍼비전 활용	• 조사 설계 및 실행 • 다양한 개별 및 표준화된 척도 활용 • 클라이언트 만족도 조사 • 효율성 · 비용효과성 분석 • 질적 자료 분석

주요 과업과 실천기법과 관련된 내용을 체크해 보면서, 프로그램 슈퍼비전을 준비해 보도록 한다. 프로그램 슈퍼바이저는 실천기법과 관련하여 기획단계에는 문제 및 욕구를 분석할 수 있는 기법을 사용할 수 있어야 하고, 구체적인 과업별 일정과 작업시간을 예측하면서 이를 토대로 실행단계에는 모니터링을 할 수 있어야 한다. 환경분석과 프로그램의 생존에 영향을 미치는 이해관계자 집단을 분석하여 보다 효과적인 실행전략을 구축하도록 하고, 프로그램 실행에 대한 정보를 정리하고 슈퍼비전 체계를 활용할 수 있도록 지원한다. 다각적 조사설계를 통해 프로그램의 효과성을 평가하고, 차후 프로그램 방향을 위한 개선안을 마련하도록 한다.

일반적인 프로그램 개발과 평가의 단계 및 과정과 더불어 슈퍼바이저는 프로그램 개발의 방향성에 대해 논할 수 있어야 한다. 프로그램 개발 시에 차후 더욱 초점을 두어야 하는 영역을 정리해 보자면 다음과 같다(김상곤 · 최승희 · 안정선, 2010 재구성).

Tip 프로그램 개발의 방향성 논의

① 클라이언트의 참여를 강조
협력적 파트너십, 동반자적 관계를 강조하여 진행된 프로그램임의 결과를 보고하도록 하라
② 다양한 이해관계자들의 의견 반영, 합의
이해관계자를 분석하고 이들을 중심으로 욕구를 수렴하고 평가계획을 수립하고 그 결과를 활용하도록 하라
③ 논리적 간결성과 성과측정 결과 부각
간략함으로 소통하고 승부하는 시대가 되었다. 이를 위해서는 명확한 성과지표 선정 및 측정, 도식화 등이 필수적으로 기획단계에서 진행되어 있어야 한다.
④ 프로그램 개발의 정교성과 다각적 피드백 반영
개발의 정교성, 충분한 피드백, 효과성의 반복 검증, 보급가능성을 강조하라. 사회복지 프로그램도 Social R & D(Research & Development)로 적극적으로 개발, 보급되어야 한다.
⑤ 프로그램 진행상의 팀 협력, 다학제 협력, 다각적 모니터링과 질 관리를 위한 노력을 부각
이제는 효과성만으로 승부하는 시대는 지나갔다. 종결 시의 고객만족을 넘어서서 순간순간과 과정상의 고객감동을 실천할 때이다

2) 프로그램 개발자의 역량 확인

생각해 보기

프로그램 기획과 평가 슈퍼비전을 위해 좀 더 학습해야 하는 영역들에는 무엇이 있을까요?

다음의 체크리스트에 따라서 프로그램 개발자의 역량을 확인해 보자.

먼저 프로그램 개발 및 관리 관련 직무전문역량에 관한 체크리스트이다. 본인의 업무와 관련하여 중요도와 실행도(활용빈도)를 선택하고, 중요도는 높으나 실

행도가 낮은 역량에 대한 개선계획을 우선적으로 실행한다. 또한 본 체크리스트는 슈퍼바이저의 슈퍼비전 역량 분석틀로 활용됨은 물론, 슈퍼바이지로 하여금 프로그램 역량을 진단하고 역량을 강화하기 위한 틀로 활용될 수 있다.

프로그램 개발 및 관리역량 체크리스트(경기복지재단, 2012)

역량명	역량정의	중요도					실행도(활용빈도)				
프로포절 작성	프로그램과 관련하여 보고, 전달하고자 하는 지식과 정보를 논리적·이성적으로 판단하고 단계적이고 체계적으로 전개하여 문서로 표현하는 역량	①	②	③	④	⑤	①	②	③	④	⑤
자원관리	프로그램 운영을 위해 필요한 다양한 인적·물적 자원을 발굴하고 연결하여 활용하는 역량	①	②	③	④	⑤	①	②	③	④	⑤
프로그램 전략수립	프로그램 목표달성을 위해 효과적인 세부활동과 서비스, 도구 등을 선정하고 설계하는 역량	①	②	③	④	⑤	①	②	③	④	⑤
조사설계/분석	프로그램 운영과 결과평가를 위한 설계를 기획하고 평가지표 및 척도(도구)를 선정, 제작하며 조사결과를 분석하는 역량	①	②	③	④	⑤	①	②	③	④	⑤
프로그램 운영/모니터링	프로그램을 효과적이고 효율적으로 운영하고, 프로그램이 의도한 바대로 적절히 수행되고 있는 지를 점검하는 역량	①	②	③	④	⑤	①	②	③	④	⑤
성과평가	프로그램의 평가계획에 따라 주요 결과와 성과지표 달성도를 다각적으로 평가하는 역량	①	②	③	④	⑤	①	②	③	④	⑤
프리젠테이션	프로그램의 기획내용과 평가결과를 적절한 시각적·청각적 수단을 활용하여, 명확하고 논리적인 방식으로 타인이 이해하기 쉽게 발표하고 보고하는 역량	①	②	③	④	⑤	①	②	③	④	⑤
프로그램 마케팅	프로그램 홍보를 위한 전략을 수립하고 다양한 매체를 통해 프로그램의 의미와 효과를 알리는 역량	①	②	③	④	⑤	①	②	③	④	⑤
프로그램 예산 수립 및 관리	조직 내 비용흐름을 이해하고, 프로그램 수행 및 운영을 위한 예산을 편성하고 관리하는 역량	①	②	③	④	⑤	①	②	③	④	⑤
회의 운영	각종 회의를 비롯한 소규모 활동을 목적과 규모에 맞게 효율적이고 효과적으로 준비하고 운영하는 역량	①	②	③	④	⑤	①	②	③	④	⑤

다음 역시 프로그램 개발자가 수행해야 하는 과업 체크리스트이다. 역시 본인의 업무와 관련하여 중요도와 실행도(활용빈도)를 선택하고 중요도는 높으나 실행도가 낮은 역량에 대한 개선계획을 우선적으로 실행한다.

	문 항	전혀 그렇지 않다	다소 그렇지 않다	다소 그렇다	매우 그렇다
1	나는 프로그램 기획의 의미와 필요성을 말할 수 있다.				
2	나는 프로그램 기획의 전반적인 단계를 알고 있다.				
3	나는 기획에 필요한 선행연구를 탐색할 수 있다.				
4	나는 선행연구 결과를 읽고 정리할 수 있다.				
5	나는 로직모델을 이해하고 적용할 수 있다.				
6	나는 문제, 상황 분석을 할 수 있다.				
7	나는 욕구를 파악, 조사할 수 있다.				
8	나는 프로그램의 목표를 적절히 수립할 수 있다.				
9	나는 프로그램 목표를 평가할 수 있는 평가방법을 제시할 수 있다.				
10	나는 프로그램 목표를 성취할 수 있는 전략적 활동들을 구성할 수 있다.				
11	나는 참여자와 프로그램을 홍보할 수 있는 방법을 제시할 수 있다.				
12	나는 프로그램 수행에 적절한 예산안을 작성할 수 있다.				
13	나는 집단의 효과성 평가를 위한 실험설계를 할 수 있다.				
14	나는 프로그램 만족도 평가를 할 수 있다.				
15	나는 개별 클라이언트의 변화를 평가할 수 있다.				
16	나는 질적 방법을 활용하여 평가할 수 있다.				
17	나는 과정평가를 할 수 있다.				
18	나는 평가를 위한 평가척도를 선정하고 활용할 수 있다.				
19	나는 프로그램의 실행과 결과를 구체적으로 기록할 수 있다.				
20	나는 제안서를 타인들이 잘 이해할 수 있게 작성할 수 있다.				
21	나는 프로그램 논리와 전략 등을 간략한 도식화(표, 그림)를 통해 잘 표현할 수 있다.				
22	나는 프로그램 평가지표와 목표치, 평가도구, 평가방법 등을 선정, 제시할 수 있다.				
23	나는 질 높은 프로그램 개발과 평가를 위해 프로그램 관련 이론을 적용할 수 있다.				
24	나는 담당사업의 프로그램 기반 및 근거 이론과 전략을 명확히 제시할 수 있다.				
25	나는 제안서를 효과적으로 발표할 수 있다.				
	〈분석결과〉	〈개선계획〉			

출처 : 김상곤 외(2012). 강의노트.

3) 프로그램 개발에서의 오류

생각해 보기

사회복지 프로그램 기획에 있어서의 잦은 오류로 발견되는 것에는 어떤 것들이 있을까요?
슈퍼바이지들은 어떤 것들을 가장 많이 실수할까요?

현장에서 빈번하게 발생하는 프로그램 기획의 오류들을 선행문헌 및 저자의 경험적 근거들을 토대로 정리해 보자면 다음과 같다.

첫째, 문제분석 과정의 모호성이다. 즉, 소비자 욕구 및 문제파악의 미비로 문제의 정도가 심각하지 않거나 문제제기 방식이 미흡하거나 문제에 대한 부적절한 증거서류 제시, 문제의 범위에 적합하지 않은 대처방법 등에 대한 것이다.

둘째, 불충분한 선행연구 고찰 및 정보 종합의 부재이다. 빈약한 정보의 수집과 특정 정보만을 과하게 활용하는 문제가 있다.

셋째, 목표설정의 문제이다. 즉, 명확하게 측정할 수 없는 목표, 단기 성과에만 치중한 목표, 문제 및 원인과 목표와의 관련성 부족 등이다.

넷째, 조사설계 및 평가계획 수립의 문제이다. 조사설계의 면밀성, 그리고 목표와 효과평가와의 연관성이 부족함은 물론 모니터링과 평가가 덜된 프로그램을 계속 답습하는 문제가 발생하고 있다.

다섯째, 수행방법의 비정교성의 문제이다. 수행방법이 구체적이지 못하고 목표와 세부방법과의 연결성이 떨어진다. 다른 기관이나 우수 프로그램을 모방하는 형태의 프로그램이 많다.

여섯째, 예산쓰임새의 불명확성이다. 예산산출 기초가 현실적이지 못하고 불명확한 경우 내지 너무 부풀려진 경우의 문제이다.

기타, 보급을 전제로 하지 않은 기획으로 프로그램 결과의 공유나 발표를 통한 피드백의 확보가 부재한 것도 빈번한 오류라고 볼 수 있다.

그렇다면 어떤 프로그램 기획이 좋은 것인가? 이론적으로나 선행문헌들을 통해서 우수한 프로그램에 대한 많은 논의들이 이루어져 왔다. 그러나 현실적으로 우리가 프로그램을 기획하고 평가할 때, 특히 염두에 두어야 하는 것은 사회복지시설을 포함한 학교 현장의 프로그램 평가지표이다. 프로그램 담당자들은 프로그램 지표의 주요 변화와 핵심요소에 대해서 면밀히 파악하고 있어야 한다.

토론해 보기

- 사회복지시설의 프로그램 평가지표의 주요 내용과 변화 영역은 무엇일까요?

※참고 : 2015년 사회복지관 프로그램 평가지표.

2. 프로그램 성과측정 모델(논리모형)

1) 논리모형의 개념과 중요성

논리모형은 개발하는 프로그램과 개입을 한눈에 볼 수 있게 해주는 그림으로 무엇이 투자되었는지, 어떤 활동을 했는지, 그 결과가 무엇인지에 대해 시각적으로 표현해 낸 것으로 실천가들이 프로그램에 대해 가지고 있는 가정을 발견할 수 있게 도와주는 효과적인 도구이다. 또한 프로그램 과정과 성과를 간결하게 표현하고 프로그램 관계자들의 대화를 촉진할 수 있는 도구로서 그 유용성이 높아 점차 보급이 확산되고 있는 추세이다. 논리모델은 프로그램 이론이라고 불리기도 하는데, 프로그램이 어디로 시작해서 어디로 가는 지를 보여주는 안내지도의 역할을 한다. 그것은 당신이 어디로 가고 있으며, 거기에 어떻게 도달할 수 있으며, 당신이 도달했다라고 말할 수 있는 것은 무엇인가? 를 보여주는 것이다. 원하는 성과를 달성하기 위해서는 로드맵(road map)이 있어야 하며, 그대로 따라가야 한다. 즉, 프로그램 이론(program theory)은 프로그램 활동이 결과를 산출하게 되는 과정에 대해 논리적 연결과정을 제시하는 시도라 할 수 있다.

1993년에 미국에서 GPRA(Government Performance Result Acts, 정부수행결과법)를 제정하였으며, 이 법은 공공사업에 대한 미국 국민의 불신을 해소하기 위한 목적으로 제정된 것으로, 국가의 지원을 받는 공공기관들은 이 법에 의거 매년 성과주의 예산을 수립, 집행하고 그 결과를 보고하도록 의무화되었다. 이후 성과중심의 사업관리는 공공에서뿐만 아니라 민간영역까지 확산되었으며, 논리모형은 프로그램의 기획과 관리, 평가에서 성과관리를 위한 주요 모델로 인정하고 있다(김영종 외, 2008). 우리나라도 2003년부터 정부에서 성과관리제를 도입하게 되면서 정부 부문으로부터의 보조사업을 수행하는 민간 사회복지기관들에서도 성과관리와 논리모형에 대한 관심이 증대되었으며, 대표적으로 사회복지공동모금회의 사업공모가 논리모형을 근간으로 하면서 사회복지조직과 프로그램에 대한 전문적 기획, 관리를 위한 논리모형 적용이 점차 증가하고 있는 추세이다.

논리모형을 사용하는 것은 프로그램 기획과 관리, 그리고 평가기능을 구성하고 체계화시키는 데에 도움을 준다. 프로그램 설계와 기획에 있어서 논리모형은 프로그램 전략을 발전시키고 프로그램 개념과 자금지원자를 포함한 중요 이해관계자들을 위한 접근을 명확하게 설명하는 기획의 도구로써 기능을 한다. 또한 논리모형은 프로그램 구조와 조직을 정교하게 만들고 자체 평가를 적절하게 설계하는 데 도움이 되며, 프로그램을 개선하고 모니터링 하는 데에도 유용한 틀이다.

2) 논리모형(logic model)의 구성 및 요소

논리모형의 구성요소는 다음의 |그림 12-1|과 같이 상황, 투입, 활동, 산출, 성과로 분류된다.

상황 situation	투입 inputs	활동 activities	산출 outputs	성과 outcomes
프로그램을 기획해야 할 이유로 지역사회의 문제나 욕구	프로그램에 투여되거나 프로그램에 의해 소비된 자원	임무를 수행하기 위해 프로그램에서 투입으로 활동하는 것	프로그램 활동의 직접적인 산물(량)	– 프로그램 활동 중과 활동 이후의 참여자들이 얻은 이익이나 변화 – 문제 해결, 욕구 충족
• 이슈화된 지역사회문제 • 해결되지 않은 개인의 욕구 • 서비스, 프로그램, 자원의 부족	• 인적자원 : 직원, 봉사자 • 물적 자원 : 자금/ 예산, 시설/ 장비, 소모품 • 관계 자원 • 시스템 자원 : 법, 규정, 규칙	• 상담 • 직업훈련 • 치료 및 교육 • 보호 • 대인관계 지도 • 사회적응 훈련 • 캠프 • 자조모임 • 기타 • 개입방법	• 서비스 제공 횟수 • 서비스 참여자 수 • 수료인원 • 서비스 시간 • 분배된 교육적 자료의 수 • 지도한 집단 수	(단기) 새로운 지식, 향상된 기술, 태도 및 가치의 변화 (중기) 행동의 변화 (장기) 조건과 지위의 변화

|그림 12-1| 논리모형의 세부 도식

출처 : United Way of America(1996), 김상곤 외(2012). 논리모형 재구성.

논리모형을 사용하여 프로그램을 개념화할 때는 기초적인 가정을 기술하는 것으로 시작을 하고 프로그램 요소들을 차례대로 첨가한다.

- **상황 분석** : 1차적으로 자원 또는 걸림돌이 되어 잠재적으로 프로그램 효율성을 가능하게 하거나 제한하는 요인들에 대해 정의한다. 상황분석은 변화가 필요한 문제 또는 욕구, 자원의 상황 및 부족 등에 관한 분석을 의미한다.

- 투입(inputs) : 프로그램을 지원하기 위해 필요한 인적 · 재정적 자원을 의미한다. 자원은 자금이나 현존하는 기관, 잠재적 협력파트너, 현존하는 조직적 혹은 사람 간의 네트워크, 스태프, 자원봉사자, 시간, 시설, 장비, 그리고 기타 지역사회 자원들, 서비스 기술, 관련 정책과 법안 등이다.

- 활동(activities) : 활동은 프로그램 결과를 만들어 내기 위해 필요한 모든 활동의 단계들을 포함한다. 자원을 통해서 생성되어지는 프로그램들로 활동에는 과정, 도구, 기술, 구체적인 행동 등이 포함되는데, 이러한 개입들이 프로그램의 변화와 결과를 가져온다. 활동은 프로그램, 도구, 이벤트, 기술, 그리고 실천, 교육, 서비스, 훈련, 컨설팅, 심사, 캠프, 자조집단 등을 의미한다.

- 산출(outputs) : 산출은 프로그램 활동의 구체적인 산출물, 프로그램에 의해 전달되어지는 서비스의 유형, 단위들을 의미한다. 이것은 프로그램이 의도되어진 사람들에게 의도되어진 양만큼 도달하였는가를 나타내어 준다. 예를 들어, 프로그램 결과는 수업의 횟수, 회합의 수, 생산제품의 수, 프로그램 참가율, 제공된 서비스의 시간 결과 등이다.

- 성과(outcomes) : 성과는 활동이나 결과로부터 나오게 되는 변화나 이익이다. 프로그램 참여자의 행동, 지식, 기술, 지위, 기능의 수준의 구체적 변화를 의미하고, 이를 결과의 방향과 시간에 따라 단기성과, 중기성과, 장기성과로 구분한다. 첫 번째로, "단기성과"가 있는데, 이 성과의 변화나 이익은 가장 즉각적이며, 프로그램의 결과에 의해 직접 연계되거나 그것과 가장 밀접하게 연계되어있다. 두 번째로 "중기성과"가 있는데, 이 성과의 변화는 단기성과의 적용에 의한 결과이다. "장기성과" 또는 프로그램의 영향은 중기성과로부터 얻어진 이득으로부터 나오는 결과이다. 영향은 프로그램 활동의 결과라고 기대되어지는 조직, 공동체 또는 시스템 수준에서의 변화이며, 이는 개선된 조건, 증가한 역량, 정책에서의 변화를 포함할 수 있다. 각 성과의 주요 내용을 정리해 보자면 다음의 〈그림 12-2〉와 같다.

성과 OUTCOME 단기(학습)	중기(행동)	장기(조건, 지위)
인식 지식 태도 기술 의견 동기 영감 능력	행동 실천 학습과 지식의 활용 의사결정 정책 사회적 행동	사회 경제/ 시민/ 환경 공동체 및 지역사회 차원에서의 파급효과(보다 안정적인 공동체/ 연계와 참여의 증가/ 고용, 자원봉사자, 교육 등의 비율 증가/ 이용 가능한 기회와 선택의 증가/ 우수한 인프라스트럭처/ 정책의 변화)

|그림 12-2| 성과의 내용

3) 논리모형 만들기 연습

● 연습해 보기

■ 다음의 각 사례들에 대해서 논리모형을 그려보자.

■ 가족들이 여름휴가철 캠프를 떠나기로 했다. 논리모형을 그려보도록 하자!

투 입	활 동	산 출	성 과 단기 (학습)	중기 (행동)	장기 (조건, 지위)

■ **내 인생의 논리모형을 그려보자(앞으로의 계획)**

: 슈퍼바이지의 자기개발과 경력개발을 위해 작성해 보도록 하면 좋은 사례이다.

투 입	활 동	산 출	성 과		
			단기 (학습)	중기 (행동)	장기 (조건, 지위)

■ **프로그래밍 슈퍼비전 교육의 논리모형을 그려보자!**

투 입	활 동	산 출	성 과		
			단기 (학습)	중기 (행동)	장기 (조건, 지위)

■ **부모교육 프로그램의 논리모형을 그려보자!**

투 입	활 동	산 출	성 과		
			단기 (학습)	중기 (행동)	장기 (조건, 지위)

■ **방과 후 교육 프로그램의 논리모형을 그려보자!**

투 입	활 동	산 출	성 과 단기 (학습)	 중기 (행동)	 장기 (조건, 지위)

4) 논리모형에 따른 평가 : 성과측정

① 평가계획 수립

그렇다면 평가는 언제 하는 것인가? 평가는 프로그램이 종결된 이후에 하는 것인가? 평가의 많은 부분은 종결시기에 이루어지는 것이 사실이다. 그러나 평가에 대한 계획은 프로그램 준비단계부터 시작되어, 평가에 관한 정보수집은 매 활동과 프로그램의 지속적인 과정 속에서 이루어져야 한다. 프로그램의 종결시기에 평가를 위한 정보수집을 하기 시작한다면, 평가를 위한 대부분의 정보는 이미 수집할 수 없는 상황이 되어버린다. 평가가 들어갈 자리를 그림으로 표현해 보자면 다음과 같다. 바로 평가는 프로그램의 처음부터 끝까지 지속적으로 이루어져야 한다는 것이다.

|그림 12-3| 평가의 위치

Tip 평가계획 수립을 위한 질문목록

① 무엇을 평가하려 하는가?
② 평가의 목적이 무엇인가?
③ 누가 평가결과를 이용할 것인가? 어떻게 이용할 것인가?
④ 평가질문에 답하기 위해 필요한 정보는 어떠한 것들인가?
⑤ 평가가 필요한 시점은 언제인가?
⑥ 평가에 필요한 자원은 어떤 것인가?
⑦ 어떠한 자료수집 방법을 사용할 것인가?
⑧ 수집된 자료는 어떻게 분석될 것인가?
⑨ 평가자료는 어떻게 활용될 것인가?

일반적인 평가계획 요소들과 더불어 사회복지사는 이해관계자 요구에 기반한 평가계획을 함께 점검해야 한다. 이해관계자(stakeholders)란 조직의 생존 및 목적달성에 의하여 영향을 받거나 영향을 주는 집단이나 개인을 의미한다. 이를 두 가지로 분류해 보면, 조직과 직접 계약의 관계를 맺고 있으며 직접적으로 필수적인 영향을 끼치는 집단을 1차적 이해관계자로, 조직의 활동에 직접적으로 관여하지는 않으나 조직에 영향을 끼치거나 영향을 받는 2차적 이해관계자로 분류할 수 있다. 사회복지조직의 이해관계자란 조직의 자원을 외부로 의존하고 마케팅 대상도 이중성을 갖고 있기 때문에 일반기업에 비해 더욱 다양한데, 대표적으로 클라이언트들, 지역사회 주민들, 정부관계자들, 자금원들과 기관장과 프로그램 운영자, 동료 등 내부 이해관계자들, 그리고 지역사회 유관기관 및 경쟁기관, 전문직 협회집단 등이 있다. 프로그램의 성과와 존폐에 대한 결정력은 이러한 프로그램을 둘러싼 다양한 이해관계자의 요구를 얼마나 반영하고 또한 그 요구에 맞는 결과를 도출했는가에 있다.

토론해 보기

- 현재 프로그램과 관계된 이해관계자는 누구이고 각 이해관계자는 무엇을 요구하고 있으며 그에 따라 나는 어떤 결과를 보여줄 수 있을까요?

② 성과측정

논리모형의 성과는 프로그램의 개입수준, 즉 개인, 집단, 가족, 조직, 시스템, 지역사회 차원에서 다양하게 규명할 수 있다. 성과는 프로그램의 성격, 개입시간 등에 따라 단기, 중기, 장기로 구분되어 확인 가능해야 하고, 설계 시부터 논의, 합의를 통해 결정되어야 한다. 논리모형에서 성과평가는 중요하지만 앞서 강조한 바와 같이 논리모형의 구성요소인 투입, 활동, 산출, 성과의 네 가지 요소를 모두 평가하게 된다. 이러한 요소들을 평가하고 측정하기 위해서는 프로그램 실행 결과들을 경험적으로 제시할 수 있는 지표가 수반되어야 한다. 지표(indicator)란, 일종의 증거(evidence)나 정보(information)로서, 성과가 달성되었는지를 확인시켜 주는 경험치를 나타낸다. 평가내용과 평가지표는 반드시 일치된 개념이 아닐 수 있다. 평가지표는 보통 특정 수치로 나타나는데, 몇 점, 몇 %, 변화 유무, 빈도로 표현될 수 있다. 논리모형에서는 그 기본 요소에 따라 투입지표, 활동지표, 산출지표, 성과지표의 네 가지 지표가 균형적으로 선정된다.

일반적으로 평가지표를 선정하는 방법이 있는데, 문헌조사나 선행사례를 통해 유사한 내용이 평가되었는지 검색하고, 사용한 평가척도가 무엇이었는지를 확인하는 방법이다. 다른 기관에서 유사한 내용이 평가된 적이 있는가를 확인하고 대부분의 클라이언트들이 해낼 수 있는 적절하고 합리적인 수준으로 결정한다.

평가지표 선정이 끝났다면, 구체적인 목표치를 선정해야 한다. 목표치라 함은 사전적으로 목표로 정해놓은 값이나 양을 의미한다. 그러므로 성과목표치라 함은 성과로 볼 수 있는 목표에 대한 달성값이나 양까지 제시하라는 의미이다. 선택된 성과목표와 그에 따른 성과지표, 목표치 등은 평가(측정) 가능하여야 하며, 내용적으로도 타당성이 있어야 한다. 물론 사업의 성격에 따라서 전형적인 성과내용을 제시할 수 없고, 산출이나 과정, 때로는 투입목표를 제시하는 경우도 있으나, 그 내용 또한 사업의 속성을 볼 때, 이해관계자들을 설득할 수 있는 내용이어야 한다.

● 연습해 보기

■ 아래의 성과내용들에 대해 성과지표를 제시해 보자.

성과내용	성과지표 목록
안정적인 학교 출석	
또래관계 향상	
학업능력 향상	
가족의 응집력 증가	
학교생활 적응력 향상	

③ 평가계획 수립

논리모형을 활용한 평가는 투입, 활동, 산출, 성과 측면에서 어떠한 내용과 지표, 방법으로 평가할 것인지가 사전에 계획되어야 한다. 욕구분석 후 개입계획을 수립할 시에 다음의 〈표 12-2〉와 같은 형식에 의해 평가계획을 수립하도록 한다. 평가를 위해서는 평가내용, 평가지표, 자료원, 자료수집 방법, 자료수집 시기 등이 사전에 정리되어야 한다.

〈표 12-2〉 평가계획 수집표

요 소	평가내용	평가지표 (기준값, 목표값, 달성도)	자료원 (정보원)	자료수집 방법 (평가방법, 도구)	자료수집 시기 (평가시행 시기)
투 입					
활 동					
산 출					
성 과	단기성과				
	중기성과				
	장기성과				

구체적인 각 평가용어 의미와 작성요령을 구체적으로 살펴보면 다음과 같다.

- 평가내용은 프로그램의 효과적인 실행과 결과를 무엇을 보고 평가할 것인가의 기본 내용을 의미한다.
- 평가지표는 평가내용을 측정할 수 있는 지표, 측정 가능하도록 해주는 증거를 의미한다. 평가지표는 성과내용만이 아닌 투입, 활동, 산출을 모두 포함하여 작성한다. 변화량, 빈도, 수 혹은 % 등으로 제시되어야 하며, 제시된 지표를 통해 변화의 정도(증가, 감소)를 확인할 수 있어야 한다. 특히 평가지표 중에서 가장 중요한 지표는 성과지표인데, 이는 주로 참여자들의 성장 · 변화 정도를 의미하는 지표로 이해향상도, 능력향상도, 취업률 등이 해당된다. 성과지표를 선정할 시에 사전 · 사후 향상도인지, 전체 참여자 중의 향상자 비율인지, 5점 만족도 점수의 백분율 점수인지 등 구체적인 측정기준을 제시하고 그에 따라 달성도를 평가해 주어야 한다.
- 목표치 선정 : 평가지표가 선정되면 그에 따라 보다 세부적으로 기준값, 목표값, 달성값을 평가하게 되는데, 기준값이란 선행문헌이나 연구들에서 제시한 타당성 있는 값이나 작년도 사업 결과값을 의미한다. 신규사업인 경우에는 기준값이 없을 수 있는데, 일반적으로 프로그램의 성공을 인정받을 수 있

는 값 내지 사전 조사값을 선정한다. 목표값이란 올해에 목표로 한 값을 의미하며 결과값이란 실질적으로 사업을 통해 달성한 값을 의미한다. 달성률은 목표 대비의 결과에 대해 백분율로 제시하여 달성도를 평가하는 것이다.

- 자료원이란 해당 자료를 누가 가지고 있는가에 관한 항목으로, 자료원은 사람이 될 수도 있고, 기록물이 될 수도 있다.
- 자료수집 방법은 해당 자료를 어떻게 수집할 수 있는가에 관한 항목으로 표준화된 도구나 그 외 측정도구를 이용한 사전 및 사후 조사방법이 해당된다.
- 자료수집 시기는 해당 자료를 언제 수집(설문지의 경우 측정시기)하는가에 관한 항목(월, 분기, 상/ 하반기, 사전-사후, 종결시기 등)이다.

3. 프로그램 기획서 작성기법

다음은 프로그램 기획서 작성요령과 몇 가지 사례들에 대해서 주로 평가해 보는 형태로 살펴보고자 한다.

1) 사업의 사명 및 비전과 관련해서 가지는 의미와 중요성

해당 사업이 기관(학교)의 목적과 한 방향을 보고 있고 조직 사명과 비전의 어느 측면에 기여하는 것인지를 구체적으로 설명할 수 있어야 한다. 기획서 양식에 직접 기록하지 않더라고 슈퍼바이지로 하여금 질문에 대해 답할 수 있도록 지도한다. 단순히 내용적인 측면에서의 일치성뿐만 아니라 운영과 전략 측면에서 담당자가 어떻게 사업을 실행해나갈 것인지에 대한 소견이 포함되어야 한다.

2) 사업명

공식적인 사업제목은 대상과 목적(방향성), 주요 방법이 포함되도록 작성되어야 한다. 너무 추상적이거나 내부 추진인력만이 이해할 수 있는 사업명은 부적절하다. 상징적인 사업명(케치프레이즈 등)에 대해서는 어떤 의미인지 각주 등을 이용해 설명하는 것이 필요하다.

연습해 보기

■ 다음의 사업명 사례를 평가해 보자.

• 저소득 아동을 위한 사랑교실, 열린교실(보완이 필요한 예)

• 멘토링를 활용한 저소득 아동의 진로역량 강화 프로그램

3) 사업개요

사업개요는 사업 전반의 요약을 통해 해당 사업을 간략히 이해할 수 있도록 기술(대상, 일정과 장소, 문제, 목적, 방법–전략, 결과 등이 포함되도록)되어야 한다. 간단히 표로 제시해도 좋으나, 표보다는 사업의 전반적인 내용을 그림형식인 구성도 내지 체계도로 그려보는 것이 더욱 효과적이다.

● 연습해 보기

■ 사업개요 사례를 평가해 보자.

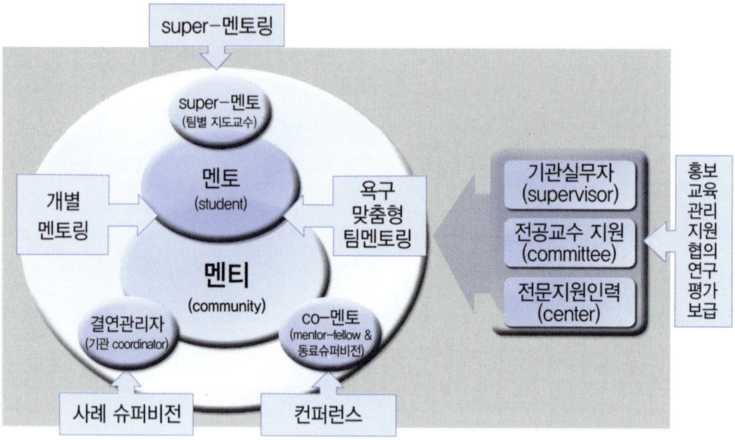

4) 사업의 필요성

사업의 필요성은 문제 분석을 의미하며, 문제와 그 원인을 세부적으로 분석하는 과정이 필수적으로 진행되었어야 한다. 학교 현장 사업의 경우 현황 분석에 관한 내용이 보다 근거를 가지고 논의되어야 하며, 주변환경 및 여건 분석이 보다 구체화될 필요가 있다.

담당자의 주관적 논의만이 아닌 선행문헌, 보도자료, 보고서 등에서 문제의 심각성에 대해 제시한 통계치 등을 제시하고 인용한 문헌들의 출처를 명확히 밝혀 주어야 한다.

Tip 문제분석 등 필요성 평가질문목록

① 문제 및 클라이언트에 대한 정의는 무엇인가?
② 일반적인 데이터 등의 근거로 설명(통계치, 비율 등)하고 있는가?
③ 문제와 관련한 지역사회 특성은?
④ 문제상황을 겪고 있는 사람들의 주요 특징은?
⑤ 문제를 다루고 있는 기존 서비스의 분석은? 부족한 부분은? 새롭고 차별성이 있는 부분은 무엇인가?
⑥ 문제의 시너지적인 사회가치(사회적 이슈, 사회적 관심도 증대 가능성)는?
⑦ 문제해결의 가능성 측면도 거론하고 있는가?
⑧ 문제관련한 다양한 이해관계자의 요구를 반영하고 있는가?
⑨ 이전부터 지속되어온 프로그램이라면 이전의 경험을 통해 얻은 것을 어떻게 반영 · 수정할 것인지를 요약기록을 보완하였는가?(실행 프로그램상에서의 세부욕구 내용이나 만족도 평가 내용을 근거로)
⑩ 기획자의 기반이 되는 신념이나 사상, 관점, 가치들이 반영되었는가?

5) 사업의 이론, 근거, 모델(선행연구, 사례분석, 선택이론 및 전략 제시)

사업과 관련한 관련서비스나 전략에 관한 국내외 선행사례들(특히 성과를 밝힌), 연구들에 대해 간략히 요약하면서 종합적으로 정리해 주어야 한다. 주로 선행 프로그램에서 어떤 전략을 사용했고, 어떤 성과가 있었는지, 즉 본 사업에서는 어떤 전략을 사용할 것이며, 어떤 것이 차별화된 점인지 등과 관련이 있는 선행논의들이 분석되어야 한다. 관련 사례만이 아닌 여러 선행연구, 문헌에서 어떤 요인이 중요하며, 어떤 문제와 욕구에 어떤 전략이 효과적이었는지가 명확해야 한다.

최종적으로 선행문헌, 사례들에서 문제해결을 위해 사용했던 방법들, 즉 전략들이 프로그램 활동에 반영될 수 있도록 해야 한다. 활용한 '이론이나 모델'은 '문제를 해결'하는 데에 연관성이 있어야 한다. 또한 선행전략, 이론이나 모델 반영에 따른 운영틀, 세부방법들은 프로그램 부분에서 전체적으로 기술해 주어야 한다. 기본적으로 사업제목에서 제시하고 있는 내용(대상, 문제의 원인 및 해결의 전략에 관한 검증내용, 조사연구 내용, 사례 등)은 모두 고찰되어야 한다.

● 연습해 보기

■ 다음의 틀에 따라 프로그램의 근거를 정리해 보자.

주요 문제(욕구) 및 대상	주요 활용이론(모델)과 관점, 가치 등	세부활동(서비스, 주요 개입내용)	주요 결과 (클라이언트의 변화)

6) 사업대상 및 서비스 선정기준

표적 대상과 클라이언트 수가 심하게 차이가 나는 경우 문제가 되므로 산출근거와 출처를 명확하게 제시하면서 적절한 수치로 표적 대상을 선정하여야 한다. 예를 들어, 표적 대상에 비해 클라이언트가 일반적으로 1/10 이하가 될 정도로 매우 적은 경우, 표적 대상 커버리지가 너무 떨어지는 프로그램으로 평가절하받게 된다.

또한 표적 대상에서 어떤 기준으로 클라이언트를 선정할지에 대한 기준이 제시되어야 한다. 단순히 담당자의 주관적 판단이나 선착순의 방법이 아닌, 표준화된 도구나 평가지표를 활용하여 대상자를 선정하는 것이 적절하다.

7) 목적 및 목표

목표와 바람직한 결과와 성과내용이 일치하여야 하는데, 담당자의 기획논리와 성과목표 설정이 일치하지 않는 경우가 빈번하다. 목표는 대표적으로 성과목표와 산출 및 활동목표가 균형적으로 들어가야 하며, 추상적이지 않고 측정 가능하도록 작성하여야 한다. 또한 목표의 서술이 수동형이지 않도록 유의한다. 즉, 프로그램의 참여주체가 클라이언트가 되는 방향으로 되도록 수정한다. '시킨다', '제공한다', '도움을 준다' 등 수동형보다는 '한다', '된다' 등으로 클라이언트 변화중심이 되도록 구성한다. 또한 기회 제공, 지원 등의 어투는 적절하지 않다.

● 연습해 보기

■ 다음의 목적 및 목표 사례를 평가해 보자(보완이 필요한 예).

- '괴롭힘에 대한 민감성을 증진시키고, 괴롭힘 상황에 대처할 수 있는 힘을 키우는 교육을 받고자 함'
- '공부에 자신감, 긍정적 자아개념 형성, 학습의욕을 고취하고, 학습동기를 유발하여 학력증진을 도모함으로써 폭넓은 진로선택의 기회를 제공함'

8) 세부 프로그램 운영

선정한 주요 관점 및 개입방법이 세부 프로그램과 운영, 기록과 평가틀에 어떻게 반영되고 실행될 것인지 드러나게 작성한다. 간트차트의 경우, 하위 세부과업을 최대한 작게 분류하고 주요 과업의 담당자까지 명시한다. 간트차트는 모니터링 도구로도 사용될 수 있기에 과업별로 분류하는 것이 효과적이다.

● 연습해 보기

■ 다음의 토요휴업 프로그램 사례의 목표와 내용을 평가해 보자(보완이 필요한 예).

- 목표 : 가정방치 예방, 적성소질 함양, 교육문화 격차를 보완하고 건강한 성장 지원, 다양한 특기적성 활용, 흥미 있는 활동 참여
- 내용 : 강사 활용해 주 1회 비즈 공예, 종이 접기

9) 평가계획

선택된 성과목표와 그에 따른 성과지표, 목표치 등은 평가(측정) 가능하여야 하며, 내용적으로도 타당성이 있어야 한다. 평가계획은 사업 내용과 속성을 볼 때, 이해관계자들을 설득할 수 있는 내용이어야 하며, 계획 수립 시, 이해관계자들을 설득할 만한 대표적인 성과는 무엇인지를 고민하여야 한다. 학교 현장 사업 전체의 논리모형과 성과지표, 각 사업별 논리모형과 성과지표가 선정될 필요가 있다.

평가지표는 측정 가능하여야 하고 평가도구는 표준화된 척도를 1차적으로 활용한다. 효과성 검증을 위한 사전 · 사후 설계 등의 평가방법을 적용한다. 효과성 평가를 위해 만족도만을 제시하는 경우가 있는데, 만족도는 효과를 대변한다고 볼 수 없다.

연습해 보기

■ 다음의 평가계획 사례를 평가해 보자(보완이 필요한 예).

목 표	평가도구	평가방법
프로그램에 대한 만족도	설문지	프로그램에 참가한 학생을 대상으로 실시함
방과 후 시간 활용 정도	출석률	프로그램 참가 출석률을 분석함

목 표	평가도구	평가방법
공부에 대한 자신감을 가지도록 하며, 긍정적 자아개념을 형성	출석부	출석부를 통해 대상 학생에 대한 참여도를 조사한다.
학습컨설팅으로 자신에게 맞는 학습방법을 습득하고, 학습동기와 학습의욕을 고취하여 성적 향상을 도모	성적관리카드	성적관리카드를 통해 사전과 사후의 학업성취도를 비교 · 분석한다.
맞춤형 학습서비스를 통해 폭넓은 진로선택의 기회를 제공	만족도 설문지	프로그램 종결 시 대상 학생과 학부모 교사의 만족도를 조사한다.

10) 모니터링 & 의사소통 계획

사업 운영의 질을 높일 수 있는 다양한 방법을 모색한다. 외부자문가와의 회합 주기와 횟수, 내부 슈퍼비전 계획, 주 담당자 간의 소통과 모니터링 계획이 필요하다. 또한 본 사업을 둘러싼 다양한 이해관계자 집단에게의 사업 운영과 성과에 대한 소통전략도 논의되어야 한다. 기본적으로 다각적인 사업홍보 방법이 포함되어야 한다.

연습해 보기

- 모니터링 및 의사소통 계획을 수립해 보자.

11) 사업수행인력 투입 및 역량강화활동 계획

업무 '비중'과 주요 역할(분장) 함께 정리하고 실질적으로 투여된 업무비중과 필요 훈련, 자격, 역량내용 등을 기록한다. 사업수행에 필요한 교육훈련 과정이 있다면 포함한다.

12) 사업예산

직접사업비 외에 간접비, 자부담분을 정확히 정리한다. 계획 대비 변동 사용률을 점검하며, 산출 단위당 비용을 계산하여 경제성 분석을 위한 토대로 활용한다.

13) 차후 연구조사 및 보급 계획

운영하는 사업내용 중에 '어떤 연구주제들이 있는가?', '이를 위한 연구조사 설계는 어떻게 할 것인가?'가 담겨져야 한다. 담당자가 명확히 효과성 검증에 대한 설계 내지 연구를 통해 정리할 계획을 가지고 있을 때에 신뢰도가 훨씬 높게 느껴짐이 사업 평가계획표에도 반영되어야 한다.

또한 사업의 결과를 어떤 방식으로 확산하고 구체적으로 보급하겠는지에 관한 공유 및 보급계획이 수립되어야 한다. 워크숍, 세미나, 보고서, 매뉴얼, 학회지 작성 및 게재, 홈페이지, 내부홍보 등 다양한 방법으로 진행될 수 있다.

이제까지 기획서 작성의 구성요소에 따라 자주 실수하는 영역과 사례를 통해서 작성기법을 연습해 보았다. 슈퍼바이지가 작성한 기획서를 다음의 틀에 따라 체크해 보도록 한다. 슈퍼바이지와 슈퍼비전을 제공하는 슈퍼바이저가 각각 작성하여서 차이가 있는 영역을 확인해 보는 것도 방법이 된다.

기획서 체크리스트(자가용)

■ 사업명 O / x

1) 공식적 제목은 적절한가? (　　　)
   대상과 목적(방향성, 주요 방법)이 포함되게 작성되었는가? (　　　)
2) 상징적인 제목(케치프레이즈, 자체 설정제목 등)에 대해서는 왜 그런 제목을 만들었고 어떤 의미인지 보충 설명(각주 이용)이 되었는가? (　　　)

■ 사업개요 O / x

1) 사업 전반의 요약을 통해 해당 사업을 간략히 이해할 수 있도록 기술(대상, 일정과 장소, 문제, 목적, 방법-전략, 활동, 결과 등이 빠지지 않도록)되었는가? (　　　)
2) 사업의 구성도(체계도)를 명확히 작성하였는가? (　　　)

■ 사업의 필요성 O / x

1) 선행문헌, 보도자료, 보고서 등에서 문제의 심각성에 대한 통계치 등은 제시되었나? (　　　)
2) 출처를 명확히 밝히고 있는가? (　　　)
3) 문제 분석은 잘 이루어졌는가? (　　　)
4) 지역(클라이언트) 내 욕구조사 결과를 기반으로 하였는가? (　　　)
5) 지역 내 기존 서비스들에 대한 분석이 이루어졌는가? (　　　)
6) 기존 서비스들과 차별성이 있는가? (　　　)

■ 사업의 이론, 근거, 모델 O / x
1) 충분히 선행연구들을 분석하고 종합하였는가? (   )
2) 사업의 근거나 이론, 전략은 명확한가? (   )
3) '사업제목에서 주로 제시한 용어들'에 대해서는 개념정의나 이론적 고찰이 있었는가? (   )
4) 최종적으로 선택한 전략이나 방법에 대한 기술이 포함되어 있는가? (   )

■ 사업대상 O / x
1) 선정수치는 적절한가? (   )
2) 표적 대상과 클라이언트 수가 심하게 차이가 나지는 않는가? (   )
3) 주 대상자 선정기준은 구체적이며 적절한가?

■ 목적 및 목표 O / x
1) 산출목표와 성과목표가 적절히 제시되어 있는가? (   )
2) 목표는 수동형이 아닌, 능동형의 문장으로 되어 있는가? (   )
3) 목표와 세부목표의 위계는 적절한가? (   )

■ 논리적 구성 O / x
1) 인력 수, 예산총액, 확보자원 등이 구체적으로 기록되었는가? (   )
2) 참여자 수와 활동 수 등 명확한 실적이 들어갔는가? (   )
3) 프로그램 구성의 논리적인 근거는 명확한가? (   )

■ 평가계획 O / x
1) 평가방법은 적절히 수립되었는가? (   )
2) 평가지표는 명확한가? (   )
3) 평가지표의 목표치는 타당한가? (   )
4) 다각적 평가를 하고 있는가? (   )

■ 예산/ 홍보, 보급 등 O / x
1) 예산 산출 기초는 구체적인가?
2) 이해관계자와의 소통전략을 구상했는가? (   )
3) 다양한 홍보방법을 제시했는가? (   )
4) 역량강화 계획을 수립했는가? (   )
5) 각 사업관여자의 과업은 잘 분장되었는가? (   )
6) 경제성 분석을 고려하여 예산이 수립되었는가? (   )
7) 프로그램의 보급을 고려하여 계획하였는가? (   )
8) 모니터링 계획을 수립하였는가? (   )
9) 계획서는 간결하며 이해하기 쉬운가? (   )
10) 사업의 효과성 평가를 고려하였는가? (   )

핵심포인트

- 간결하게 작성되었는가?
- 목적이 분명하며 핵심내용이 정리되었는가?
- 현장과 친밀하며 실용적으로 활용될 수 있는가?
- 창의적이며 차별적인 아이디어들이 사용되었는가?
- 논리적인 오류는 없으며, 평가결과를 객관적으로 분석하였는가?
- 이해하기 쉽게 정리되었는가? 프로그램 담당자만이 이해하는 용어는 없는가?
- 전문용어는 설명을 잘 넣었는가?
- 도표와 그림을 적절히 활용했는가?

위와 같은 과정에 따라 프로그램 개발을 위해 기획서를 작성해 보았다. 최종적으로 다음의 점검질문을 통해 기획서를 완성한다.

토론해 보기

본인의 기획서를 점검해 보자! 아래의 각 문항에 대해 자신 있게 말할 수 있겠는가?

- 본 사업기획에서 자랑할 만한 점은 무엇인가? 함께 공유하고 보급하고자 하는 내용은 무엇인가?
- 본 사업에 관련되어 있는 이해관계자는 누구인가? 이해관계자들을 고려하는 것 내지 이해관계자들의 욕구에 부합하여 기획이 이루어졌는가?
- 본 사업의 이해관계자들에게 내세울만한 대표적 성과는 무엇인가? 사업의 성공 내지 효과성을 대표하면서, 가장 어필할 수 있는 성과는 무엇이라고 생각하는가?(대표적 지표 2~3개를 고른다면?)
- 본 사업에 대해 효율성 내지 경제성 평가를 해보자면 어떻게 평가하겠는가?
- 기획서의 논리모델은 명확한가?
  우리는 이것을 왜 하려하고, 그것을 왜 우리가 해야 하는가?
  각 실행 '전략들'은 성과를 달성하는 데에 효과적인 것이며 증거는 확실한가?

부록

서울여자대학교 교육복지연구센터 교육복지 현장 슈퍼비전 양식

교육적 사정척도

학교사회복지사 · 지역사회교육전문가 교육적 사정 목록

슈퍼바이지가 작성하여 슈퍼바이저에게 제출합니다. 단, 3번 이론적 숙련도 빈칸 항목은 슈퍼바이저와 논의해 추가할 수 있습니다.

1. 슈퍼바이지 소개

1) 이전 경험 : 이전의 사회복지사, 자원봉사, 기타 관련 경험(프로파일로 대체)

2) 자신의 성격적 특성, 의사소통 특성, 학습유형 등을 포함하여 자신을 소개해 주십시오.

2. 윤리적 자각(인식)

1) 당신은 한국사회복지사협회에서 제정한 '사회복지사 윤리강령'을 처음부터 끝까지 읽어본 적이 있습니까?

□ 예 □ 아니오 □ 모르겠음

2) 읽었다면, 언제 읽었습니까?

(처음 읽은 시기? 가장 최근에 읽은 시기?)

3) 당신의 사회복지사 윤리강령 준수 정도를 체크한다면 어느 정도입니까?

	읽어본 적 없음	매우 낮음	낮 음	보 통	높 음	매우 높음
윤리강령 준수 정도						

3. 본인의 이론적 지식 숙련도를 표시해 주십시오.

	이론에 대해 전혀 모른다 1	이론에 대해 약간 알고 있다 2	이론은 알고 있으나 적용할 줄 모른다 3	이론도 알고 약간 적용할 줄도 안다 4	이론도 잘 알고 적절히 적용할 줄 안다 5
생태체계적 관점					
강점관점					
위기개입					

* 빈칸은 슈퍼바이저와 슈퍼바이지가 특별히 관심을 가지고 있거나 실제 사용하고 있는 이론을 합의해 추가하시면 됩니다.

4. 이전에 슈퍼비전 받았던 경험을 기록해 주십시오(슈퍼바이저, 슈퍼비전 내용 및 형태 등에서 좋았던 점과 좋지 않았던 경험을 적습니다).

5. 사회복지실천에 있어 자신의 강점과 한계점을 기록해 주십시오.

6. 학교사회복지사(지역사회교육전문가)로서의 역량 개발에 대한 견해, 자기개발 계획(방향성 및 전략 등)에 대해 기록해 주십시오.

7. 본 슈퍼비전에서 다루었으면 하는 내용과 방식이 있다면 기록해 주십시오.

직무역량척도 1

※ 각 문항에 대한 중요도, 우선도, 숙련도를 번호로 기입해 주십시오.

- 중요도 : 직무를 성공적으로 이끌기 위해 이 능력이 필요한 정도
- 우선도 : 직무수행자를 위한 교육 내지 슈퍼비전을 계획한다고 했을 때 우선적으로 다루어지기 바라는 정도
- 숙련도 : 직무수행에 대한 개인의 능력. 즉, 직무수행자의 보유수준과 숙련성 정도

⇒ 번호 설명 : 1 (전혀 그렇지 않다)　2 (별로 그렇지 않다)
3 (보통이다)　4 (대체로 그렇다)
5 (매우 그렇다)

학교사회복지사 · 지역사회교육전문가 역량 – 가치 및 태도 영역

항 목	중요도	우선도	숙련도
1. 사회복지 윤리 내재화 (인간존엄성, 비밀보장, 클라이언트 중심 등)			
2. 전문가 다운 문제해결 태도			
3. 사회복지전문가로서의 자긍심			
4. 사회 변화 민감성			
5. 지속적 자기계발과 자기관리			
6. 창의성과 도전의식			
7. 스트레스 내성 및 조절			
8. 능동적인 태도			
9. 적극적 실행 및 추진력			
10. 합리적 판단력			

직무역량척도 2

학교사회복지사 · 지역사회교육전문가 역량 – 지식 및 기술 영역

직무(duty)	과업(task)	중요도	우선도	숙련도
1. 집중지원학생 발굴 · 지원 · 관리	1.1 집중지원학생 발굴 및 특성 분석			
	1.2 상담을 통한 학생정보 수집 · 분석 · 지원계획 수립			
	1.3 집중지원학생 관리 및 추후 기도			
	1.4 사례관리			
2. 가정 – 학교 – 지역 연계	2.1 지역 자원 현황 파악, 발굴 및 연계			
	2.2 지역 사회 네트워크 구축 참여			
	2.3 학생 지원을 위한 가정–학교–지역사회 연결, 가정방문			
	2.4 공동사업 기획 및 운영			
3. 개인, 집단, 가족 상담	3.1 개인상담			
	3.2 집단상담			
	3.3 가족상담			
4. 교사 및 학교체계 개입	4.1 학교체계 개입			
	4.2 교직원 협의 및 자문			
5. 교육복지실 (학교사회복지실) 운영 및 정보 관리	5.1 교육복지실 운영			
	5.2 사업 관련 정보 DB 구축			
	5.3 교육복지실 관련 인력 교육			
6. 학교단위 교육복지체제 구축, 사업기획 지원	6.1 학교단위 활용자원 현황 및 특성 분석			
	6.2 추진체계 구성			
	6.3 사업 설명 및 홍보			
	6.4 사업 목표 수립			
	6.5 사업 기획 및 계획			
7. 사업 프로그램 운영과 지원	7.1 프로그램 소개 및 참가 학생 모집 관리			
	7.2 프로그램 진행			
	7.3 프로그램 모니터링			
	7.4 강사 등 서비스 제공자 지원 및 관리			
	7.5 장소와 시설 및 안전 관리			

8. 사업 평가 및 보고	8.1 평가계획 수립			
	8.2 평가 실시			
	8.3 평가결과 분석 및 보고, 활용			
9. 행정	9.1 사업관리 책임자(교장 등)와 사업 논의 및 보고			
	9.2 공문서 작성 및 처리			
	9.3 보고서와 회의록 작성			

* 각 직무에 대한 설명은 별첨 참고

● 직무역량척도 3

일반주의 실천 기반 핵심지식과 기술

영 역	슈퍼비전 내용	중요도	우선도	숙련도
1. 전문적 발달 측면	1-1. 사회사업 가치 및 윤리에 대한 사명감 : 전문직 가치, 윤리의 내면화 및 증진			
	1-2. 인간의 다양성 존중 : 특성, 문화, 계층 이해 및 수용			
	1-3. 사회·경제정의 증진의 사명감 : 사회적 약자에 대한 인식, 개선을 위한 노력			
	1-4. 자기인식 : 자신의 강·약점 파악, 전문가로서의 자신에 대한 이해			
	1-5. 전문적 성장에 대한 책임감			
	1-6. 자신의 실천활동에 대한 효과성 평가			
2. 행정적 측면	2-1. 기관사명, 비전 이해 : 기관 철학, 사명, 목적			
	2-2. 기관구조 파악 : 구조분석, 역동성 분석			
	2-3. 조직 내에서 기능하는 능력 : 업무책임, 역할숙지, 업무계획			
	2-4. 기록 유지와 기록활동 : 기록방법과 기록 피드백			
3. 지역사회, 정책적 측면	3-1. 관련 사회복지정책 : 기관 및 직무 관련 정책			
	3-2. 지역사회에 대한 이해 : 지역 및 자원 조사			
	3-3. 서비스 전달체계 이해 : 서비스연계망 활용, 지역사회 내 관련 조직과의 관계 등			
	3-4. 인적·물적 자원 개발 및 관리 : 모금, 홍보, 매체활용, 자원봉사자 개발 및 관리			
4. 기본적 대인관계 측면	4-1. 대인관계 의사소통기술			
	4-2. 동료와의 관계기술			
5. 클라이언트 체계 개입 측면	5-1. 인간 행동, 다양성에 관한 지식 적용			
	5-2. 클라이언트 면접기술			
	5-3. 클라이언트 사정기술			
	5-4. 평가 및 종결 기술			
	5-5. 집단에의 개입기술			
	5-6. 의뢰 및 사례관리 기술			
	5-7. 옹호활동기술			
	5-8. 프로그램 계획, 실행, 평가 기술			

슈퍼바이저 프로파일

작성일 : 년 월 일

1. 인적 사항

<table>
<tr><td>성 명</td><td></td><td>생년월일</td><td colspan="2"></td><td>성 별</td><td></td></tr>
<tr><td rowspan="2">학교명(소속)</td><td colspan="2" rowspan="2"></td><td>학교 연락처</td><td colspan="3"></td></tr>
<tr><td>개인 연락처</td><td colspan="3"></td></tr>
<tr><td>e-mail</td><td colspan="2"></td><td>팩 스</td><td colspan="3"></td></tr>
<tr><td>최종학력
(최종학력 전공)</td><td colspan="2"></td><td>부(복수) 및
기타 전공</td><td colspan="3"></td></tr>
<tr><td>사회복지사 1급
자격 여부(취득 연도)</td><td colspan="2"></td><td>자격증</td><td colspan="3"></td></tr>
</table>

2. 슈퍼비전 관련 교육경험

교육명	주관기관	기 간	수료/ 자격 여부

3. 실습지도 경험

실습지도 실행기관	기 간	실습지도 대상 (해당 칸에 명수 기입)			실습지도내용
		대 학	대학원	기 타	

4. 근무경력(학교, 사회복지 및 기타 분야)

기 관	직위명	기 간	업무내용

슈퍼바이지 프로파일

작성일 :   년   월   일

1. 인적 사항

성 명				생년월일		성 별	
학교명 (소속)				학교 연락처			
				개인 연락처			
e-mail				팩 스			
최종학력 (최종 전공)	__학사	__석사과정	__석사	부/ 복수 전공	부전공		복수전공
자격증 여부	__ 사회복지사 1급 __ 사회복지사 2급 __ 사회복지사 자격증 없음			기타 자격증			

2. 사회복지 전공 이수 과목

교과목명	이수 여부	수강 중	교과목용	이수 여부	수강 중	교과목용	이수 여부	수강 중
인간행동과 사회환경			사회복지실천론			사회복지실천기술론		
지역사회복지론			사회복지정책론			사회복지행정론		
사회복지법제론			사회복지조사론			프로그램 개발과 평가		
사회복지개론			사회복지자료분석론			청소년복지론		
가족복지론			아동복지론			장애인복지론		
노인복지론			여성복지론			자원봉사론		
정신건강론			정신보건사회복지론			사회보장론		
학교사회복지론			산업복지론			사회복지현장실습		
사회문제론			사회복지발달사			사회복지 윤리와 철학		
교정복지론			사회복지지도감독론			의료사회복지론		

* 이외 관련 이수 과목(상담, 교육, 청소년 지도 등)

3. 실습경험

기 관	기 간	실습지도자명	내 용

4. 경력[구분 : 전일제(주 40시간 이상 근무)/ 인턴/ 자원봉사 등 경험]

구 분	기 관	직 위	기 간	주 평균 근무시간	내 용

개별 슈퍼비전 계획서

교육적 사정척도와 직무역량척도를 통해서 파악한 슈퍼바이지의 욕구와 강점 및 약점 등을 기반으로, 슈퍼바이지와의 논의를 통해 앞으로 슈퍼비전에서 다루어야 할 목표와 내용에 대한 계획을 슈퍼바이저가 작성하시기 바랍니다.

1. 각 도구에 의거한 슈퍼바이지 사정 결과 및 슈퍼바이지 욕구 정리

구 분	사정 결과
가치 및 태도 영역	
직무지식 및 기술 영역	
일반주의 실천기반 핵심지식과 기술	
특성 및 강점	
욕 구	

2. 계 획

구 분	목 표	수행방법 (필요 자원 포함)	시행시기	평가지표 및 방법
가치 및 태도 영역				
직무지식 및 기술 영역	예시) 지역사회 자원 파악	– 과제) 슈퍼바이지 학교가 소속된 구청 산하 지역사회 자원 조사 – 슈퍼비전 시간에 조사한 자료를 바탕으로 기관을 기능별로 분류해 사업과 연결해 보기	5~6월 중	– 슈퍼바이지 자가 진단 ㉮ 수행 전후 지역사회자원 파악도 : 최상, 상, 중, 하, 최하로 표시하게 함 – 슈퍼비전 수행 전후 기관 연계수와 질의 변화도 측정
일반주의 실천기반 핵심지식과 기술	예시) 학교 비전 및 조직에 대한 파악	– 과제) 소속 학교 교육과정 책자 숙독 – 과제) 소속 학교 조직도 및 교직원 업무 분장표 확인 – 슈퍼바이저가 제시한 '학교 이해' 원고 읽고 슈퍼비전 시간에 토론	4~5월 중	– 슈퍼바이지 자가 판단 – 사전사후 직무역량 척도 점수 비교
기 타				

* 필요 자원 : 슈퍼바이저, 외부강사, 내부 교육, 타 직원, 연구소, 서적 등

3. 월별 추진일정표

	3~4월	5~6월	7~8월	9~10월	11~12월	1~2월
월별 주요 업무 검토사항 예시*	• 집중지원대상 학생 인테이크 • 교육복지사업 안내, 설명회 • 프로그램 시작 • 실습생 및 자원봉사자 관리	• 상담 및 사례관리 진행상황 점검 • 학생 프로그램 참여 중간 점검 • 지역기관 연계상황 점검	• 방학 프로그램 준비 및 진행 • 방학집중 가정방문 및 기관방문 • 2학기 사업 준비	• 2학기 프로그램 시작 및 관리 • 집중지원 학생 추가 발굴 점검	• 교육복지 운영협의회 평가회 • 학생, 학부모, 교사 대상 사업 평가 및 자체 평가서 작성	• 방학 프로그램 준비 및 진행 • 내년 사업 준비를 위한 지역기관 협의 • 내년 사업 및 프로그램 계획준비 • 방학집중 가정방문 및 기관방문
주요 슈퍼비전 내용						

* 월별 주요 업무 검토사항은 하나의 예시입니다. 사업이나 학교의 성격에 따라 슈퍼바이저와 슈퍼바이지가 수정ㆍ보완할 수 있습니다.

슈퍼비전 기록지(슈퍼바이저용)

※ 매회 슈퍼비전이 끝난 후 작성해 슈퍼바이지용과 함께 교육복지연구센터에 1주일 이내에 제출합니다.

슈퍼바이저 :	슈퍼바이지 :
슈퍼비전 일시 : 회기/ 201 년 월 일 요일 (시작) ~ (끝) 시	
작성일시 : 201 년 월 일 요일	

• 세션의 초점(목표) :

• 논의된 내용 :

• 차기 세션을 위한 계획 또는 과제 :

• 기타 :

• 자기 평가(평가요소 : 슈퍼비전 태도, 내용, 방법, 상호작용, 준비도 등)

• 이번 세션에서 슈퍼바이저로서의 만족도

______매우 불만족 ______불만족 ______보통 ______만족 ______매우 만족

• 위와 같이 평가한 이유를 기술해 주세요.

• 자기 성찰(배운점, 느낀점, 적용점 등)

• 슈퍼비전을 제공하면서 스스로 부족하다고 느끼는 점, 어려운 점, 장애요인

• 슈퍼바이지에게 바라는 점

슈퍼비전 기록지(슈퍼바이지용)

※ 매회 슈퍼비전이 끝난 후 3일 이내에 작성해 슈퍼바이저에게 제출합니다.

슈퍼바이지 :	슈퍼바이저 :
슈퍼비전 일시 : 회기/ 201 년 월 일 요일 (시작) ~ (끝) 시	
작성일시 : 201 년 월 일 요일	

• 세션의 초점(목표) :

• 논의된 내용 :

• 차기 세션을 위한 계획 또는 과제 :

• 기타 :

• 자기 평가(평가요소 : 슈퍼비전 태도, 내용, 방법, 상호작용, 준비도 등)

• 이번 세션에서 슈퍼바이저로서의 만족도

______매우 불만족 ______불만족 ______보통 ______만족 ______매우 만족

• 위와 같이 평가한 이유를 기술해 주세요.

• 자기 성찰(배운점, 느낀점, 적용점 등)

• 슈퍼바이저에게 바라는 점

학교 내 사회복지실천가 대상 슈퍼비전 단계별 진행내용 예시

서울여자대학교 교육복지연구센터

단 계	회 기	주요 내용
초 기	1	• 라포형성 • 현재 슈퍼바이저와 슈퍼바이지의 현황, 슈퍼비전에 대한 욕구 및 기대 나눔 • 슈퍼바이지 프로파일, 교육적 진단척도, 직무역량척도 1, 2, 3 작성 • 슈퍼비전 구조화 : 앞으로 만날 시간, 간격, 횟수, 만날 장소 등에 대한 확정 • 슈퍼비전 계약 및 가이드 확인 및 슈퍼비전 기록지 작성 안내
	2	(2회기 시작 전에 슈퍼바이지가 작성한 내용에 근거해 슈퍼바이저가 슈퍼비전 계획서를 작성해서 슈퍼바이지에게 송부 및 합의) • 최근 교육복지 사업진행 현황 나눔 • 슈퍼비전 계획서에 대한 논의, 수정 보완 및 합의 • 슈퍼비전 구조화 확인
중 기	3~10	• 월별 주요 업무 점검 • 사례논의 • 슈퍼비전 계획서에 따른 월별 슈퍼비전 내용 진행
말 기	11	• 월별 주요 업무 점검 및 사례논의 • 사후검사 : 직무역량척도 1, 2, 3 작성 • 그동안 슈퍼비전 진행에 대한 슈퍼바이지 보고서 제출
	12	• 월별 주요 업무 점검 및 사례논의 • 종결 평가(슈퍼바이지 보고서, 직무역량척도 향상도, 목표달성도, 회기별 만족도 등을 중심으로) • 추후 방향 논의

지역사회교육전문가 직무 표준

직무(duty)	직무의 정의	과업(task)
1. 집중지원학생 발굴 · 지원 · 관리	집중지원학생을 발굴하여 학생의 필요와 요구에 대응하여 지원하고 이들의 성장 변화를 추적, 관리하는 일	1.1 집중지원학생 발굴 및 특성 분석
		1.2 상담을 통한 학생정보 수집 · 분석 · 지원계획 수립
		1.3 집중지원학생 관리 및 추후 지도
		1.4 사례관리
		1.5 통합사례관리 회의 진행
2. 가정–학교–지역 연계	사업에 필요하고 활용 가능한 자원을 발굴, 필요한 대상과 연계하며, 학생 지원을 위해 가정–학교–지역사회를 연결하고 지역의 공동사업을 실행하는 일	2.1 지역 자원 현황 파악 및 연계 가능 자원 발굴
		2.2 지역 자원 연계
		2.3 학생 지원을 위한 가정–학교–지역사회 연결하기, 가정방문
		2.4 공동사업 기획 및 운영
3. 개인, 집단, 가족 상담	상담이 필요한 개인이나 집단, 가족, 교직원을 대상으로 상담을 진행해 기능 강화를 지원함	3.1 개인상담
		3.2 집단상담
		3.3 가족상담
4. 교육복지실(학교사회복지실) · 관련 인력 운영 및 정보 관리	교육복지실 등 관련 시설을 운영하면서 집중지원학생 관련정보 DB를 구축하고, 실습생이나 자원봉사자를 교육하는 일	4.1 교육복지실 또는 학교사회복지실 운영
		4.2 사업 관련 정보 DB 구축
		4.3 교육복지실 학교사회복지실 관련 인력 교육
5. 학교단위 교육복지체제 구축, 사업기획 지원	학교단위에서 사업에 필요한 자원을 조사하고 추진체제를 구축, 사업목표를 세우고 기획하여 추진을 위한 실행계획을 수립하며 사업 설명과 홍보를 실시하는 일	5.1 학교단위 활용 자원 현황 및 특성 분석
		5.2 추진체계 구성
		5.3 사업 설명 및 홍보
		5.4 사업목표 수립
		5.5 사업 기획 및 계획
6. 교사 및 학교 체계 개입	학생을 지원하기 위해 교직원들과 협의 및 자문을 행하며, 더 나아가 학교 체계 개입을 실시하는 일	6.1 학교체계 개입
		6.2 교직원 협의 및 자문

7. 사업 프로그램 운영과 지원	사업 프로그램 안내와 소개를 통해 학생의 참여를 유도하고 프로그램 모니터링을 실시하며 운영에 필요한 지원과 관리 활동을 수행하는 것	7.1 프로그램 소개 및 참가 학생 모집 관리
		7.2 프로그램 진행
		7.3 프로그램 모니터링
		7.4 강사 등 서비스 제공자 지원 및 관리
		7.5 장소와 시설 및 안전 관리
8. 사업 평가 및 보고	사업 평가 계획을 수립하여 평가를 실시하고 그 결과를 분석하여 보고하고 활용하는 일	8.1 평가계획 수립
		8.2 평가 실시
		8.3 평가 결과 분석 및 보고, 활용
9. 행정	사업을 합리적 · 효율적으로 추진하는 데 필요한 제반 지원적 · 수단적 활동	9.1 사업관리 책임자(교장 등)와 사업 논의 및 보고
		9.2 공문서 작성 및 처리
		9.3 보고서와 회의록 작성

출처 : 김정원 외(2008). 교육복지사업 발전방안연구. 한국교육개발원.
김정원 외(2009). 교육복지투자우선지역지원사업 연수 프로그램 –지역사회교육전문가용–. 한국교육개발원 두 자료에서 제시한 내용을 중심으로 재구성.

학교사회복지사의 직무 표준

세부과업	
1. 개별개입(학생)	1) 개별사정
	2) 개별상담
	3) 사례관리
2. 집단개입(학생)	1) 성장집단 개입
	2) 문제해결집단 개입
	3) 학급개입
	4) 특별 프로그램(캠프 등)
3. 가족개입	1) 가정방문
	2) 가족지원
4. 학교체계 지원	1) 교사지원
	2) 정책참여
	3) 학교환경 지원
5. 지역사회 개입	1) 지역사회 자원 개발 및 관리
	2) 지역사회 연계
	3) 지역사회 지원
6. 일반행정 업무 및 기타 업무들	1) 인력관리
	2) 전문성 신장 활동
	3) 행정서류 관리
	4) 시설 및 비품 관리
	5) 학교사회복지실 홍보

출처 : 안정선 · 윤철수 · 진혜경(2006). 학교사회복사의 직무분석과 직무표준안 개발. 한국아동복지학.

참고문헌

강진령(2011). 집단과정과 기술. 학지사.

강철희 · 최소연(2004). 슈퍼비전 개념과 모델 및 선행변인과 결과변인에 관한 고찰 : 사회복지 조직을 위한 논의. 한국사회복지행정학회 2004년 춘계학술대회 및 워크샵 자료집, 25-48.

______________(2005). 사회복지 슈퍼비전의 방향 및 변인들에 관한 고찰 : 연구와 실천방향을 위한 논의. 한국사회복지행정학, 7(1) : 29−66.

강흥구 · 윤현숙(2005). 사회복지사의 직무분석과 표준직무 개발에 관한 연구. 한국사회복지행정학, 14, 33-62.

경기복지재단(2012). 사회복지사의 경력개발 방안 연구. 경기복지재단.

고유나 · 성희자(2002). 정신보건 직장체험 연수생 슈퍼비전 욕구. 복지행정 논총, 93-117.

김경희(2001). 사회복지관 사회복지사의 책무성에 영향을 미치는 변인. 서울여자대학교 대학원 박사학위논문.

김기태 · 김수환 · 김영호 · 박지영(2002). 사회복지실천론. 공동체.

김범수(2003). 지역사회복지의 이해. 현학사.

김상곤 · 최승희 · 안정선(2012). 사회복지 프로그램 개발과 평가. 학지사.

김서규(2009). 학교상담 12가지 사례. 학지사.

김영종 · 민소영 · 김영미 · 김찬우 · 임정기 · 홍현미라(2008). 사회복지성과측정기법. 학지사.

김융일 · 양옥경(2004). 사회복지 슈퍼비전론. 양서원.

김정원 외(2008). 교육복지사업 발전방안 연구. 한국교육개발원.

김정원 외(2009). 교육복지투자우선지역 지원사업 연수 프로그램 −지역사회교육전문가용−. 한국교육개발원.

김지연(2007). 학교사회복지사의 자기효능감 향상을 위한 학습조직 슈퍼비전의 적용과 효과. 부산대학교 대학원 박사학위논문.

남기철 · 변귀연 · 양숙미 · 정선욱 · 조성희 · 최승희 공역(2005). 사회복지실천 기법과 지침. 나남출판.

박경현(2011). 제7회 학교사회복지사 자격시험 합격자 자격연수. 한국학교사회복지사협회.

사회복지공동모금회 연구센터(2009). 성과측정 자료집.

서울시사회복지관협회(2005). 지역사회복지관 사회복지현장실습. 실습지도자를 위한 지침, 9-144. 서울시사회복지관협회.

서울특별시 교육청(2010). 지역기반형 교육복지(투자)우선지원사업 운영매뉴얼. 서울특별시 교육청.

성민선 외(2009). 학교사회복지의 이론과 실제. 학지사.

성희자(2002). 정신보건사회복지사의 자기효능감 향상을 위한 슈퍼비전 모형 탐색. 경북대학교 대학원 박사학위논문.

______(2007). 슈퍼비전이 사회복지사의 자기효능감에 미치는 영향. 한국지역사회복지학, 22 : 73-91.

______(2009). 슈퍼비전이 사회복지사의 전문직업성과 조직몰입에 미치는 영향. 한국지역사회복지학, 28 : 49-68.

신규진(2008). 아이들의 성장을 돕는 학교상담. 우리교육.

신성자(2007). 사회복지실천기술론. 양서원.

안병렬(2009). 교육복지사업에서 학교와 지역사회 네트워크에 관한 연구. 서울시립대학교 도시과학대학원 석사학위논문.

안정선(2005). 사회복지관 사회복지사의 직무분석에 관한 연구. 사회복지연구, 28(3), 243-274.

______(2006). 액션러닝(action learning)을 활용한 학습조직 구축 사례연구. 한국사회복지학회 춘계학술대회자료집.

______(2007). 사회복지 슈퍼비전 표준체계 개발에 관한 연구-사회복지관 직원 슈퍼비전을 중심으로-. 서울여자대학교 대학원 박사학위논문.

______(2008). 사회복지 슈퍼비전 표준체계 개발-사회복지기관 직원 지도감독 운영 길잡이. 한국학술정보(주).

안정선 · 최원회(2010). 사회복지 슈퍼비전의 이론과 실제. 신정

양옥경(2004). 산학협동체계로서의 실습교육의 현황과 과제. 연세대학교 사회복지현장실습 기관 슈퍼바이저 워크샵 자료집.

______(2005). 사회복지현장실습지침서 개발. 한국사회복지관협회.

양옥경 · 이기연 · 최소연 · 현진희(2010). 사회복지지도감독론. 양서원

연세대학교 사회복지연구소 · 한국사회복지행정학회(2009). 지역사회 네트워크에 관한 조사 설문지.

우수명(2006). 네트워크의 개념 및 필요성 : 사회복지 네트워크 분석. (재)한국보건복지인력개발원.

이 성 · 정지웅(2002). 지역사회조직론. 학지사.

이시연(2001). 사회복지 전공 학부생 실습지도 모델 개발에 관한 연구. 서울여자대학교 대학원 박사학위논문.

이시연 · 안정선 · 김은영 · 김영일(2003). 사회복지실습지도. 양서원.

이혜영(2006). 교육복지투자우선지역지원사업 활성화를 위한 가정–학교–지역사회 협력 강화 방안 연구. 한국교육개발원.

이혜원 · 우수명(2005). 학교사회복지 관련 조직 간 네트워크의 특성에 관한 연구 I : 서울시 강서구 교육복지투자우선지역 지원사업을 중심으로. 한국사회복지학, 57(4) : 119–146.

정수경(2009). 학교사례관리 준거틀에 대한 사회복지사들의 인식. 경성대학교 사회과학연구, 25(4) : 393–423.

조성심(2010). 학교상담의 실제. 서울시교육연수원.

조성심 · 좌동훈(2011). 학교사회복지사의 슈퍼비전 실태 및 욕구 분석. 한국학교사회복지학 춘계학술대회 자료집.

조성심 · 주석진(2012). 학교사회복지사의 슈퍼비전 경험에 관한 질적 분석 연구. 한국학교사회복지, 22 : 23–48.

조학래(2006). 집단사회복지실천론. 침례신학대학교출판부.

주석진 · 조성심 · 나미영 · 방진희 · 전구훈 · 엄경남(2013). 학교사회복지론. 양서원.

채옥채(2004). 지역사회조직화의 선한 귀재. 태화기독교사회복지관.

최세나(2011). 2011년 학교사회복지 기초과정 연수. 개별집단실천. 한국학교사회복지사협회.

최원희(2009). 사회복지 슈퍼비전의 중요 성공요인에 대한 델파이 및 AHP 분석. 서울여자대학교 대학원 박사학위논문.

태화사회복지연구소(2011). 논리모델을 활용한 핵심사업 보고회 자료집.

한국사례관리학회 편(2012). 사례관리론. 학지사.

한국학교사회복지사협회(2005). 학교사회복지실천사례집.

______________________(2013). 한국학교사회복지사협회 자격관리규정.

한국학교사회복지사협회부설교육복지연구소(2006). 학교교육과 복지. 양서원.

황성철(2005). 사회복지 프로그램 개발과 평가. 공동체.

Applebaum, R., & Austin, C.(1990). *Long–term care case management : Design and evaluation.* New York, NY : Springer Publishing Company.

Austin, M. J., & Karen M. Hopkins(2004). *Supervision as Collaboration in the Human Services.* CA : Sage Publication, 21–34, 71–84.

Bill, N.(1997). *Working with people : The Helping Process*(6th ed). New York : Longman.

Borden, L. M., & Perkins, D. F.(2006). Community youth development professionals : Providing the necessary supports. *Child & Youth Care Forum, 35* : 101–153.

Bradshaw, J.(1972). A taxonomy of social need in G. McLachlan(ed.) Problems and Progress in Medical Care. Oxford : Oxford University Press.

Brown, A., & Bourne, I.(1996). *The Social Work Supervisor : supervision in community, day care, and residential settings.* Buckingham · Philadelphia : Open University Press.

Caspi, J.(1997). *The Task–Centered Motel For Field Instruction.* Dissertation, Ph. D. Albany State University.

Caspi, J., & William J. Reid(2002). *Educational Supervision in Social Work.* NY : Columbia University Press, 126–133.

Crowson, R. L., and Boyd, W. L.(1993). Coordinated Services for Children : Designing Arks for Storms and Seas Unknown. *American Journal of Education, 101*(2) : 140–179.

De Jong, T.(2006). *A kit on Effective School Case Management.* Edith Cowan Australian Guidance and Counseling Association.

Fortune. A. E.(1994). Field Education. *The foundations of Social Work Knowledge.* New York : Columbia University Press.

Hawkins, P., and R. Shohet(2000). *Supervision in the helping professions : an individual, group and organizational approach.* Open University Press. Buckingham/ Philadelphia.

Jeffreys, J. W.(2001). *The Impact of Supervision on Social Worker Perception of Self–Efficacy.* Ph. D. Dissertation State University of New York at Albany.

Johnson, P., & Rubin, A.(1983). Case Management on mental health : A social work domain?.

Social Work, 28(1).

Kadushin, A.(1974). Supervisor - Supervisee Survey. *Social Work, 19*, 288−298.

Kadushin, A.(1992). 사회복지실천과 슈퍼비전. 조휘일 역(2002). 학지사.

Kadushin, A., & Harkness, D.(2002). *Supervision in Social Work*. NY : Colombia University Press.

Maher, K., & Cooper, B.(Eds.)(2008). *National standards of practice for case management*. Case Management Society of Australia.

Moore, S.(1992). Case management and the integration of services : How service delivery systems shape case management. *Social Work, 37*(5) : 418−423.

Morrison, T.(2001). Supervision : Purposes, policies and definitions. *Staff Supervision in Social Care*. Pavilion, 13−47.

Moxley, D. P.(1989). *The practice of case management*. Newbury Park : SAGE Publications.

Munson, C. E.(ed.)(1979). *Social work supervision : classic statements and critical issues*. New York : Free Press.

____________(ed.)(1981). Style and Structure in Supervision. *Journal of education for Social Work, 17*(1), 65−72.

____________(2002). *Handbook of Clinical Social Work Supervision*. New York : Haworth Press.

National Association of Social Workers(NASW)(1995). *Encyclopedia of Social Work*. Washington, DC : NASW Press.

National Association of Social Workers(NASW). NASW Standards for Social Work Case Manangement.

Pesut D. J., & Williams, C. A.(1990). The Nature of Clinical Supervision in Psychiatric Nursing : Survey of Clinical Specialists. *Archives of Psychiatric Nursing, 4*(3), 188−194.

Secemsky, V. O., & Ahlman, C.(2003). Proposed Guidelines for School Social Workers Seeking Clinical Supervision : How to Choose a Supervisor. *School Social Work Journal, 27*(2) : 79−88.

Shulman, L.(1993). *Interactional Supervision*(2rd ed.). The NASW Press.

Smith, Martin(2000). Supervision of Fear in Social Work-A Re-evaluation of Reassurance. *Journal of social work practice, 14*(1), 17−25.

Stevens C. D., J. P. Guthrie, C. J. Coate.(2002). Does Personality Predict Preferred Managerial Style? Evidence from New Zealand and United States. *Asia Pacific Journal of Human Resources, 40* : 322−344.

Tsui, M.(1997). Empirical study on Social Work Supervision. *Journal of Social work Service study, 23*(2), 39−51.

Tsui, M., & Ho, W. S.(1997). In Search of a Comprehensive Model of Social Work Supervision. *The Clinical Supervisor, 16*(2), 181−205.

__________________(2002). Functions of Social Work Supervision in Hong Kong. *International social work, 48*(4), 485−493.

__________________(2004). Social Work Supervision. *Sage Publications, 20*, 33−61, 137−146.

United Way of America(1996). *Measuring program outcomes : A practical approach*. United Way of America.

Weil, M., and Karls, J. M., and Associates(1985). *Case management in human service practice : A systematic approach to mobilizing resources for clients*(Jossey Bass Social and Behavioral Science Series). San Francisco : Jossey−Bass Publishers.

Worthington, E. L., & Roehlke, H. J.(1979). Effective Supervision as Perceived by Beginning Counsellors in Training. *Journal of Counselling Psychology, 26*, 64−73.

찾 / 아 / 보 / 기

인 명

내 용

저/자/약/력

■ **홍순혜**

서울여자대학교 사회복지학과 교수
서울여자대학교 교육복지연구센터장
한국학교사회복지학회장 역임
저서 학교와 사회복지실천 공저(2004), 사회복지기록 공역(2010) 외 다수
논문 학교사회복지실천가의 현장 슈퍼비전 현황과 발전방안 공저(2013) 외 다수

■ **조성심**

신한대학교 사회복지학과 교수
한국학교사회복지사협회장
경기도교육청 교육복지 평가위원/ 한국사회복지사협회 NCS 개발위원
저서 사회복지개론(2014), 아동복지론 공저(2013) 외 다수
논문 학교사회복지사의 슈퍼비전 경험에 관한 질적 연구 공저(2012) 외 다수

■ **안정선**

한국성서대학교 사회복지학과 조교수
한국학교사회복지학회 연구위원장/ 한국사회복지슈퍼비전센터 부회장
태화기독교사회복지관 팀장/ 태화복지재단 연구소장 역임
저서 사회복지 슈퍼비전의 이론과 실제 공저(2010) 외 다수
논문 사회복지전공실습생의 실습스트레스와 대처 공저(2014) 외 다수

■ **방진희**

서울여자대학교 교육복지연구센터 책임연구원
한국성서대학교 사회복지학과 겸임교수
성동광진교육복지특별지원사업 연구지원단 및 한국학교사회복지학회 분과 위원
저서 학교사회복지론 공저(2013)
논문 학교사회복지 현장실습교육의 현황 및 발전방안 연구 공저(2013) 외 다수

■ **엄경남**

서울여자대학교 교육복지연구센터 책임연구원
한국성서대 평생교육원, 신한대 등 외래교수
서울서부교육지원청, 군포의왕교육지원청 지역사회교육전문가 슈퍼바이저
저서 학교사회복지론 공저(2013)
논문 복지국가 관점에서 바라 본 교육복지우선지원사업 정책분석(2011) 외 다수

사회복지 슈퍼비전의 이해와 활용

– 교육복지 현장을 중심으로 –

|저자| 홍순혜 · 조성심 · 안정선 · 방진희 · 엄경남
|초판 1쇄 인쇄| 2014년 10월 1일
|초판 1쇄 발행| 2014년 10월 6일
|발행인| 김동훈
|발행처| 공동체

|주소| 경기도 고양시 일산동구 호수로 358-39, 동문타워 I 905호(백석동)
|전화| 031)920-8305(대표)
|팩스| 031)920-8308
|e-mail| compub@naver.com
|출판등록| 2005년 10월 6일
|등록번호| 제396-2005-36호

|ISBN| 978-89-6352-654-6
정가 17,000원